中国改革开放史料丛书

金融体制改革

尚福林　吴晓灵　主编

中国工人出版社

"中国改革开放史料丛书"编委会

主　　任：魏礼群

副主任：陈锡文　彭　森　张卓元　迟福林

编　　委：王娇萍　刘尚希　李小雪　杨　睿
　　　　　吴晓灵　吴海龙　宋晓梧　迟福林
　　　　　张占斌　张卓元　陈　薇　陈锡文
　　　　　林兆木　郑新立　徐善长　曹远征
　　　　　彭　森　董　宽　魏礼群

（以姓氏笔画为序）

总序

铭记改革开放历史
奋进新时代新征程

历史是一面镜子，也是一部教科书。重视历史，研究历史，借鉴历史，是中华几千年文明的一个优良传统。当代中国是历史中国的延续和发展，书写着中国人民和中华民族不懈奋斗的宏伟篇章。历史的无穷魅力在于包含了大量丰富的史料。史料是保存历史、记述历史、再现历史的基本素材和重要依据。重视历史的学习、研究和传承，必须重视史料的收集、整理、汇辑。

改革开放是中国人民和中华民族发展史上一次伟大革命，正是这场伟大革命推动了中国特色社会主义事业的伟大飞跃。1978年底，中国共产党召开具有重大历史意义的十一届三中全会，开启了改革开放历史新时期。从那时以来，中国共产党带领全国人民以一往无前的进取精神和波澜壮阔的创新实践，谱写了壮丽史诗。改革开放40多年来，从农村到城市，从生产到投资、流通、分配、消费,从所有制结构到企业形式,从经济领域到生产关系和上层建筑的某些环节,都进行了系统和全面改革,成功实现了从高度集中的计划经济体制到充满活力的社会主义市场经济体制的伟大历史性转变;对外开放从建立经济特区到沿海、沿江、沿边,从东部到中西部地区,再到加入世界贸易组织,从大规模"引进来"到大踏步"走出去",成功实现了从封闭半封闭到全方位开放的伟大历史性转变。我们在深化经济体制改革的同时,不断深化政治体制、文化体制、社会体制、生态文明体制改革和其他领域改革,不断推进国家治理体系和治理能力现代化。在改革开放推动下,我国经济和社会发展取得了举世瞩目的辉煌成就,实现了人民生活由温饱不足到小康宽裕的伟大历史性转变。事实雄辩地证明,改革开放是决定当代中国前途命运的关键一招,是当代中国发展进步的动力之源,是大踏步赶上时代前进步伐的重要法宝,为实现中华民族伟大复兴提供了充满新活力的体制保障和快速发展的物质条件,中华民族迎来了从站起来、富起来到强起来的伟大飞跃。

现在,我国在广袤大地上全面建成小康社会,正阔步迈向全面建设社会主义现代化国家的新征程。在庆祝中国共产党成立100周年大会上,习近平总书记强调,"以史为鉴,可以知兴替。我们要用历史映照现实、远观未来,从中国共产党的百年奋斗中看清楚过去我们为什么能够成功、弄明白未来我们怎样才能继续成功,从而在新的征程上更加坚定、更加自觉地牢记初心使命、开创美好未来"。改革开放以来的岁月将彪炳于中华民族发展的壮丽史册。40多年来,中国共产党从理论到实践的伟大创造,探索和积累的宝贵经验是党和人民弥足珍贵的精神财富,对于新时代坚持和发展中国特色社会主义有着极为重要的指导意义,应当倍加珍惜。

总序

2022年，党的二十大召开。"中国改革开放史料丛书"的出版，为了铭记改革开放以来的光辉历史过程，收集、保存、传承40多年的宝贵历史资料，也为了以实际行动落实党中央关于加强改革开放史教育的部署要求，展示改革开放历史的史料价值。

这套丛书共有20卷。分别是：《中国社会主义市场经济体制形成与发展》《计划投资体制改革》《农业农村改革》《对外开放》《行政体制改革》《财政税收体制改革》《价格体制改革》《经济特区发展》《城市改革与发展》《国有企业改革》《金融体制改革》《教育体制改革》《收入分配改革》《科技体制改革》《外贸体制改革》《商品与要素市场改革》《就业体制改革》《社会保障体制改革》《民营经济发展》《改革开放大事记》，力求从不同领域、不同角度，全面、系统、客观记录我国改革开放40多年的历史进程，重点收录具有重要价值的史料，特别是历史文献、重要人物和事件、实物和口述史料，以期在服务全面深化改革开放事业、加强改革开放史研究和教育中提供参考、发挥作用。

这套丛书的各卷主编和参与者大多是相关领域知名的专家学者，也是我国改革开放的亲历者、见证者。丛书集结了他们长期亲历和研究我国改革开放的重要成果，凝聚了他们对改革开放伟大事业的深厚情怀和责任担当。中国工人出版社对这套丛书的出版给予了大力支持，集全社之力，不舍昼夜，为本书如期付梓出版不辞辛劳；中国（海南）改革发展研究院作为30多年如一日勇立改革开放潮头、以建言改革为己任的改革智库，为此书的策划、组织和出版作出了重要贡献，彰显出改革智库记录好、传播好改革开放历史的初心使命。我作为这套丛书的编委会主任，在此向为本套丛书付出艰辛努力的各位编委会成员、作者，对中国工人出版社的领导、编辑表示由衷的敬意和感谢！

这套丛书内容时间跨度大，涉及领域多，涵盖方面广，力图史料全面、翔实、准确，任务艰巨。由于时间较紧，难免有不足之处，恳请读者批评指正。

魏礼群

2024 年 3 月

前言

经过一段时间的努力，书稿终于交给了中国工人出版社。首先要感谢中国（海南）改革发展研究院和中国工人出版社约请我们撰写《金融体制改革》一书。我和晓灵女士在金融行业工作多年，经历了改革开放的历程，也做了很多的思考，因此我对撰写那段金融体制改革史颇有兴趣。虽然书稿已经付梓，但关于改革的思考仍在继续。

改革开放最初的十年，金融体制改革是"摸着石头过河"，在探索中解放思想，逐步建立起独立于财政的金融体制，打好了改革开放的基础。1978年，党的十一届三中全会作出把党和国家的工作重心转移到经济建设上来的具有划时代意义的战略决策，从此揭开了经济体制改革的序幕。1984年，党的十二届三中全会通过了《中共中央关于经济体制改革的决定》，在改革价格体系的同时，要进一步完善税收制度，改革财政体制和金融体制。此后，国务院决定成立金融体制改革研究小组。

20世纪90年代初期是中国金融体制改革的分水岭。从20世纪90年代初期开始，我国积极学习东亚国家和地区的出口导向战略，对外开放步伐明显加快，金融体制改革也迎来了新阶段，即在目标引导下有序、有步骤地进行改革，边改革边规范，制度建设与改革并行。

进入21世纪，我国对外开放的力度不断加大、领域不断拓宽、水平不断提高，逐步融入全球化。2001年12月，中国正式成为世界贸易组织成员。党的十六大报告提出，要完善社会主义市场经济体制，推动经济结构战略性调整；完善国家计划和财政政策、货币政策等相互配合的宏观调控体系，发挥经济杠杆的调节作用；加强金融监管，防范和化解金融风险，使金融更好地为经济社会发展服务。为适应中国人民银行职能的调整和金融监管体制的改革，2003年12月27日，十届全国人大常委会第六次会议通过了《中华人民共和国中国人民银行法》《中华人民共和国商业银行法》的修改决定，并通过了《中华人民共和国银行业监督管理法》，以法律的形式肯定了中国金融业改革的成果。

2008年国际金融危机的爆发为我国金融体系敲响了警钟。在这一阶段，我国在建立健全宏观审慎管理政策框架的同时，积极推进金融双向开放，建设更高水平开放型经济新体制，坚持中国特色社会主义道路，以开放促改革、促发展。2020年5月，中共中央、国务院发布《关于新时代加快完善社会主义市场经济体制的意见》，要求"必须进一步解放思想，坚定不移深化市场化改革，扩大高水平开放，不断在经济体制关键性基础性重大改革上突破创新"。2023 年 10 月，习近平总书记在中央金融工作会议的讲话中提出，"要加快建设金融强国，全面加强金融监管，完善金融体制，优化金融服务，防范化解风险，坚定不移走中国特色金融发展之路，推动我国金融高质量发展，为以中国式现代化全面推进强国建设、民族复兴伟业提供有力支撑"。为新时代我国金融业改革发展指明了方向道路。

以上是中国金融体制改革的大致历程，我们尝试把这些历程撰写出来，希望与感兴趣的读者共享、探讨。本书编委会成员还有李小雪、陆磊、王兆星、魏迎宁（按拼音字母排序），编写小组有李德、丁志杰、田园、杨洁、杨洋、兰盈、张尔聪、丁玥、严灏、李沅等，向为本书付出辛苦努力的各位同事表示衷心感谢！

尚福林　吴晓灵

2024 年 3 月 20 日

目录

第一部分
历程篇

总　论	现代化金融服务体系的建设历程	3

第一章　金融体制改革序幕：在探索中解放思想（1978—1992） 　11

第一节　探索建立中央银行制度 　11
第二节　初步建立以国有银行为主的金融业格局 　19
第三节　资本市场出现萌芽 　28
第四节　开启对外开放序幕 　36

**第二章　建立社会主义市场经济下的金融体制：改革与制度建设并行
　　　　（1993—2000）** 　43

第一节　探索社会主义市场经济下的中央银行职能 　43
第二节　金融业在改革中多元化 　49
第三节　资本市场进入有序化发展阶段 　58
第四节　对外开放取得明显进展 　66

I

第三章	金融体制现代化建设：逐步融入全球化（2001—2008）	**75**
第一节	调整、整合中国人民银行职责	75
第二节	金融业的发展成熟与监管完善	84
第三节	资本市场进入规范化发展时期	92
第四节	对外开放发展迅速	100
第四章	金融体制改革步入新时代：以开放促改革促发展（2009年迄今）	**107**
第一节	现代中央银行制度不断完善	107
第二节	丰富多元有序的金融业格局形成	116
第三节	资本市场进入国际化发展时期	124
第四节	对外开放成效卓然	132

主要参考资料　　　　　　　　　　　　　　　　　　141

第二部分 史料篇

政策法规　　　　　　　　　　　　　　　　　　　149

国务院批转中国人民银行《关于改革中国银行体制的请示报告》　　149

国务院关于中国人民银行专门行使中央银行职能的决定　　151

国务院办公厅关于加强经济体制改革协调工作的通知　　155

国务院关于金融体制改革的决定 157

国务院关于农村金融体制改革的决定 168

中共中央 国务院关于深化金融改革，整顿金融秩序，
 防范金融风险的通知 177

国务院关于印发深化农村信用社改革试点方案的通知 196

国务院关于进一步促进资本市场健康发展的若干意见 205

中国人民银行等十大部门关于促进互联网金融健康发展的指导意见 216

人民银行 银保监会 证监会 外汇局关于规范金融机构资产
 管理业务的指导意见 225

关于在上海证券交易所设立科创板并试点注册制的实施意见 244

国务院办公厅关于促进平台经济规范健康发展的指导意见 252

中国人民银行关于开展内地与香港债券市场互联互通南向
 合作的通知 260

中华人民共和国国库券条例 263

储蓄管理条例 265

中华人民共和国外汇管理条例 272

人民币利率管理规定 282

中华人民共和国人民币管理条例 290

中华人民共和国外资银行管理条例 298

期货交易管理条例 315

期刊摘要 343

银行体制改革的若干探讨意见 343

我国金融体制改革的方向和步骤 344

专家学者座谈金融体制改革 344

中国的银行制度改革——兼谈银行的股份制改革问题 345

金融体制改革的重大突破 346

规范中国保险市场的重要法律武器 　　347

我国外汇体制改革的进展
　　——人民币实现从经常项目可兑换到资本项目可兑换 　　347

市场结构和价格管制：对中国利率市场化的评析 　　348

深化投融资体制改革与完善货币政策传导机制 　　348

推进资本市场的改革开放和稳定发展 　　349

关于当前我国金融改革和资本市场发展若干重要问题的看法 　　350

中国银行业的改革发展方向 　　350

深化金融体制改革 　　351

新中国成立70年金融事业取得辉煌成就 　　351

我国外汇管理改革事业70年 　　352

70年保险监管改革与发展 　　352

著作介绍 　　355

《中国目前金融工作》 　　355

《中国金融体制改革问题研究》 　　355

《中国金融体制改革》 　　356

《银行法的实践与发展》 　　356

《戴相龙金融文集》 　　357

《系统性的体制转变——改革开放进程中的研究与探索》 　　357

《中国金融体制改革30年回顾与展望》 　　358

《中国金融改革开放大事记》 　　358

《中国金融改革30年》 　　359

《中国金融改革：历史经验与转型模式》 　　359

《中国金融改革思考录》 　　360

《新中国财政金融制度变迁事件解读》 　　360

《新中国金融业发展历程》 　　361

《资管大时代》 361
《中国资本市场变革》 362
《读懂中国金融：金融改革的经济学分析》 362

重要文献索引 **363**
政策文件 363
法律规章 367
期刊文章 371
图书著作 376

中国金融体制改革大事记 **379**

第一部分
历程篇

总　论
现代化金融服务体系的建设历程

▼

中国共产党高度重视经济金融工作，一直坚持牢牢把握金融事业发展方向，指引我国金融事业实现一次又一次跨越发展。党的十八大以来，以习近平同志为核心的党中央统筹国内国际两个大局，推动党和国家事业取得历史性成就、发生历史性变革，我国金融事业发展同样取得举世瞩目的伟大成就，展现出蓬勃发展、欣欣向荣的十年。抚今忆昔，金融体制改革一直在路上，促进经济高质量发展，助力实现"两个一百年"奋斗目标。

一、我国金融体制改革的奋斗历史

1978 年至 1992 年，我国拉开金融体制改革的序幕，"摸着石头过河"，在探索中解放思想，逐步建立起独立于财政的金融体制。1978 年，党的十一届三中全会作出把党和国家工作重点转移到经济建设上来、实行改革开放的历史性决策，从此揭开了经济体制改革的序幕。随着我国经济体制改革的逐步开展，在邓小平同志"要把银行真正办成银行"思想的指导下，中国开始进行有计划、有步骤的金融体制改革。1984 年，党的十二届三中全会通过了《中共中央关于经济体制改革的决定》（简称《决定》），提出中国经济体制改革的目标是建立以公有制为基础的有计划的商品经济。《决定》提出,"在改革价格体系的同时,还要进一步完善税收制度,改革财政体制和金融体制"。此后,国务院决定成立金融体制改革研究小组,金融体制逐步走向多元化。这一阶段,我国成功解决了1988年出现的通货膨胀,稳妥处置了转轨时期的风险。

1993年至2000年,我国开始建立社会主义市场经济下的金融体制,制度建设与改革开放并行。20世纪90年代初期是中国金融体制改革的分水岭,我国开始积极学习东亚国家和地区的出口导向战略,对外开放步伐明显加快,金融体制改革也迎来了新阶段。1992年10月召开的党的十四大提出,"我国经济体制改革的目标是建立社会主义市场经济体制";1993年12月,《国务院关于金融体制改革的决定》发布,提出了要对金融体制进行全面改革,开启金融体制改革的新阶段。1995年,我国颁布了《中华人民共和国中国人民银行法》,以国家立法形式确定了中国人民银行的执行金融监管、金融宏观调控和金融服务等三项职能,以及货币发行权、资金调控权、利率调整权和金融机构市场准入权等四项权限;同年颁布实施的《中华人民共和国商业银行法》明确了中国工商银行、中国农业银行、中国银行、中国人民建设银行是实行"自主经营、自担风险、自负盈亏、自我约束"的国有独资商业银行;同时进一步明确证监会的监管职能与机构编制,负责对国内的证券期货和证券交易所进行统一管理。这一阶段,我国金融领域的制度规范逐步建立,并妥善应对了1997年亚洲金融危机,并于同年11月召开了第一次全国金融工作会议,进一步议定了金融领域的主要改革措施,分业监管的体制进一步确立。

2001年至2008年，我国开启金融体制现代化建设，对外开放的力度不断加大、领域不断拓宽、水平不断提高，逐步融入全球化。2001年12月，中国正式成为世界贸易组织（WTO）成员。2002年11月，党的十六大提出了21世纪头20年我国全面建设小康社会的战略目标，并提出要完善社会主义市场经济体制。2003年10月，党的十六届三中全会通过了《中共中央关于完善社会主义市场经济体制若干问题的决定》；同年12月，第十届全国人大常委会第六次会议通过了《中华人民共和国中国人民银行法》和《中华人民共和国商业银行法》的修改决定，并通过了《中华人民共和国银行业监督管理法》，以法律的形式肯定了中国金融业改革的成果。2007年，第三次全国金融工作会议召开，提出要把金融改革发展推向新阶段，全面深化金融改革，促进金融业持续健康安全发展。这一阶段，我国积极应对2008年国际金融危机，在危机发展演变的不同阶段把握好政策的取向和力度，处理好保增长、调结构与稳物价之间的关系。

2009年以来，我国建立健全宏观审慎管理政策框架，积极推进金融双向开放，金融体制改革步入"以开放促改革促发展"的新阶段。2008年国际金融危机的爆发为我国金融体系敲响了警钟。2013年11月，党的十八届三中全会明确提出，经济体制改革的核心问题是处理好政府与市场的关系，使市场在资源配置中起决定性作用和更好发挥政府作用。党的十八大以来，面对错综复杂的国内外经济金融形势，在以习近平同志为核心的党中央坚强领导下，金融改革有序推进，金融体系不断完善，人民币国际化和金融双向开放取得新进展，金融监管得到改进，守住不发生系统性金融风险底线的能力增强。这一阶段，我国金融工作以新发展理念引领金融支持实体经济实现高质量发展,现代化金融服务体系迈上新台阶,有效应对世纪疫情等内外部压力冲击。

二、我国金融事业取得的辉煌成就

40多年栉风沐雨,我国基本建成了与中国特色社会主义相适应的现代金融市场体系,在服务实体经济、维护金融稳定、扩大对外开放等方面成效卓著。从数据看我国金融事业取得的辉煌成就有:

——我国是世界货物贸易第一大国、服务贸易第二大国、使用外资第二大国、对外投资第一大国,是近200个经济体的主要贸易伙伴,截至2023年9月,已与152个国家、32个国际组织签署200多份共建"一带一路"合作文件,中欧班列已铺画运行线路84条,通达欧洲25个国家的211个城市。

——我国金融业增加值占国内生产总值(GDP)的比重,从1981年的1.9%上升至当前的8%左右,已基本达到英美等传统金融强国水平。

——我国银行业金融机构总资产不断攀升,1990年末仅有3.5万亿元人民币,2021年末达345万亿元人民币;加上保险、证券业,全部金融机构的总资产已超过380万亿元人民币。

——我国债券市场和股票市场市值已居全球第二,境外机构和个人持有境内人民币金融资产经历从无到有,2021年末达到10.8万亿元人民币。

——我国保险市场规模已居全球第二,2021年末保险业总资产达24.9万亿元,世界500强中有7家中国内地的保险公司,我国已成为全球最重要的新兴保险市场大国。

——人民币汇率市场化形成机制持续深化，人民币国际化稳步推进，人民币成功加入国际货币基金组织特别提款权，成为第三大篮子货币，权重达 12.28%。

——我国外汇市场的广度、深度、厚度显著提升，外汇市场可交易货币超过 40 种，交易品种涵盖国际主流外汇交易产品，2021 年交易量达到了 36.9 万亿美元。

——外汇储备近年来保持在 3 万亿美元以上，连续 18 年稳居世界第一，告别了改革开放早期外汇短缺的时代，是维护国家经济金融安全的重要的"稳定器"和"压舱石"。

——普惠金融取得突出进展，2012 年至 2021 年，普惠型小微企业贷款、普惠型涉农贷款年均增速分别达到 25.5% 和 14.9%，大大高于贷款平均增速。

——资本项目开放稳步推进，已经达到较高的可兑换水平。2021 年末，我国对外金融资产 9.3 万亿美元、对外负债 7.3 万亿美元，净头寸近 2 万亿美元。

三、我国金融体制改革凝练的宝贵经验

坚持党对金融工作的集中统一领导。党的领导是中国特色社会主义最本质特征。中国共产党百年奋斗历史经验表明，中国人民和中华民族之所以取得今天的伟大成就，最根本的原因是党的坚强领导。金融是"国之大者"，是中国共产党的执政要事。百年来，党领导下的金融工作总能在历史的十字路口选择科学道路、确定正确航向，关键在于始终坚持党中央集中统一领导。党的十八大以来，在以习近平同志为核心的党中央坚强领导下，金融工作紧紧围绕服

务实体经济、防控金融风险、深化金融改革,着力建设现代金融体系,健全货币政策和宏观审慎政策双支柱调控框架,对外开放布局进一步完善,金融业综合实力进一步增强,进一步彰显了党中央集中统一领导的制度优势。

坚持金融服务实体经济。习近平总书记指出,金融要回归服务实体经济的本源。经济兴,金融兴,实体经济是金融的根基。金融强,经济强,为实体经济服务是金融的天职和宗旨。党领导下的金融工作历经了革命、建设、改革等历史淬炼和时代检验,坚持实事求是、理论联系实际,深刻认识和把握经济金融本质和运行规律,始终坚持法治化原则,尊重市场规律,不断完善金融有效支持实体经济的体制机制,发生了历史性变革。在深化金融供给侧结构性改革、优化资源要素配置两条主线引领下,金融在提升服务实体经济效能、打通实体经济血脉上取得良好成效。

坚持改革开放的路线不动摇。改革开放是实现中华民族伟大复兴的关键一招。习近平总书记指出,改革"是中国特色社会主义制度的鲜明特征和显著优势",改革开放"是我们党最鲜明的旗帜"。深化金融领域改革开放,既符合基本国策与国家发展大势,又是当前我国金融事业和经济发展的内在需要,事关构建新发展格局与经济高质量发展的成效。无论放眼长期趋势还是着眼于当前局势,必须坚持改革开放的路线不动摇。

坚持守住不发生系统性金融风险的底线。金融是管理风险的行业,防范风险是金融业的永恒主题。在一系列重大风险考验面前,由于党中央的坚强领导、准确研判、科学决策、果断出手,我国得以妥善应对各种金融风险,成功经受了历次金融危机考验。从1997年亚洲金融危机期间坚决支持香港抵御外部冲击,到2008年国际金融危机中出台一揽子政策措施使我国成功经受住了重大考验，再到 2015 年底至 2017 年初外汇市场出现的"跨境资本大规模流出—外汇储备持续下降—人民币贬值压力增大"负向螺旋，我国牢牢守住不发生系统性风险的底线，稳妥有序应对外部冲击，为金融事业的平稳健康可持续发展保驾护航。

坚持金融为民。"以人民为中心"是中国共产党的根本价值取向，是党领导金融工作的出发点和落脚点。金融发展必须始终坚持以人民为中心，高水平开放是为了满足人民群众的实际需要，维护金融安全是为了保护人民群众的切身利益。要坚定不移地站稳人民立场，着力解决市场主体急难愁盼问题，确保金融为民落到实处，提升人民群众在金融领域的获得感、幸福感、安全感。

在世纪疫情冲击下，百年变局加速演进，外部环境更趋复杂严峻，不确定性因素层出不穷。赓续前行，回顾金融体制改革历史，记录金融领域开放历程，总结金融事业成功经验，意义非凡，价值深远。

第一章
金融体制改革序幕：在探索中解放思想（1978—1992）

▼

改革开放最初的十年，金融体制改革是"摸着石头过河"，在探索中解放思想，逐步建立起独立于财政的金融体制，打好了改革开放的基础。1978年，党的十一届三中全会作出把党和国家的工作重心转移到经济建设上来的具有划时代意义的战略决策，从此揭开了经济体制改革的序幕。

1984年，党的十二届三中全会通过了《中共中央关于经济体制改革的决定》，在改革价格体系的同时，还要进一步完善税收制度，改革财政体制和金融体制。此后，国务院决定成立金融体制改革研究小组。

第一节 探索建立中央银行制度

从1978年起，中国人民银行的组织机构体系经历了一系列重大改革，从在双重职能的国家银行体制下逐步强化中央银行职能，到专门行使中央银行职能，建立了中央银行制度。

一、建立中央银行制度的前期酝酿

1978年1月，中国人民银行与财政部正式分开办公，中国人民银行总行的内设机构恢复到14个司局。各省、自治区、直辖市以下的银行机构也在1978年全部完成了与财政部门的分设工作。到1978年末，全面恢复了中国人民银行的统一体制。自此，中国人民银行在业务工作上恢复了自上而下的垂直领导，金融管理的指挥体系和银行工作的集中领导原则得到了加强。但是地方分治的问题并没有解决，人民银行省分行、各商业银行的省分行都是准法人，由于地方政府等的干预，引起了资金市场的混乱。

1993年，按照《国务院关于金融体制改革的决定》，中国人民银行进一步强化金融调控、金融监管和金融服务职责，划转政策性业务和商业银行业务。1995年3月18日，八届全国人民代表大会第三次会议通过《中华人民共和国中国人民银行法》，第一次以国家立法的形式确定了中国人民银行是中华人民共和国的中央银行。《中华人民共和国中国人民银行法》规定：中国人民银行的全部资本由国家出资，属于国家所有；中国人民银行在国务院的领导下，依法独立执行货币政策，履行职责，开展业务，不受地方政府、各级政府部门、社会团体和个人的干涉。随着中国经济的日益发展和金融机构的增加，迫切需要加强金融业的统一管理和综合协调，由中国人民银行来专门行使中央银行职责。1981年1月，国务院发出《关于切实加强信贷管理 严格控制货币发行的决定》，明确指出人民银行要认真执行中央银行的职责。

二、中国人民银行开始专门行使中央银行职能

（一）发布中国人民银行专门行使中央银行职能的决定

国务院在征求各方面意见，经多次酝酿和讨论后，决定中国人民银行专门行使中央银行的职能。1982年7月，国务院批转中国人民银行的报告，进一步强调"中国人民银行是我国的中央银行，是国务院领导下统一管理全国金融的国家机关"。1982年7月7日，姚依林等三人联名给中央财经领导小组上报了《关于设置中央银行的几点意见》，提出单设中央银行势在必行，工商信贷业务分离出来另成立中国工商银行。1983年8月，国务院成立中央银行筹备小组。

1983年9月17日，国务院发布《关于中国人民银行专门行使中央银行职能的决定》（简称《决定》），明确提出中国人民银行单一行使中央银行职责，同时设立中国工商银行，经营原由中国人民银行办理的工商信贷和储蓄等经营性业务。该《决定》具体规定了人民银行的主要职责：研究和拟定金融工作的方针、政策、法令、基本制度，经批准后组织执行；掌管货币发行，调节市场货币流通；统一管理人民币存贷利率和汇价；编制国家信贷计划，集中管理信贷资金；管理国家外汇、金银和国家外汇储备、黄金储备；代理国家财政金库；审批金融机构的设置和撤并；协调和稽核金融机构的业务工作；管理金融市场；代表我国政府从事有关的国际金融活动。至此，中央银行制度正式确立。

（二）进一步探索人民银行的职能

从1984年1月1日起，中国人民银行开始专门行使中央银行

职能，集中力量研究和实施全国金融宏观决策，加强信贷总量的控制和金融机构的资金调节，以保持货币稳定。中国人民银行于1984年10月8日发布了《关于信贷资金管理试行办法》，把人民银行与各国有专业银行的资金往来，由计划指标分配改为借贷关系，这就使人民银行完全摆脱了商业银行业务，专门行使中央银行职能，从而构建起以中央银行为核心的金融机构体系。中国人民银行对各专业银行和其他金融机构主要采取经济办法进行管理，建立存款准备金制度和中央银行对专业银行的贷款制度，相应地修订和调整了金融规章，调整系统机构设置，开始把工作重心向宏观调控和金融监管方面转移。

1986年1月，国务院发布《中华人民共和国银行管理暂行条例》，明确中国人民银行是中央银行，并明确了货币政策、金融市场监管及货币发行等12项职能，奠定了中国人民银行作为中央银行专门行使职能的法律基础，树立了管理全国金融事业的权威性。

三、初步建立改革开放初期的外汇管理体制

（一）汇率双轨制

在计划经济时期，人民币汇率作为计划核算工具长期保持固定，逐步脱离进出口贸易的实际情况。随着改革开放的推进，高估的汇率不能适应新形势的要求，因此，从1981年起实行双重汇率制。1981年新订一个贸易外汇内部结算价，1美元合2.8元人民币，这是按当时出口换汇成本加10%利润计算确定的，适用于进出口贸易的结算。同时继续公布官方汇率，沿用原来的一篮子货币加权平衡的计算方法。汇率双轨制对鼓励出口和促进非贸易外汇收

入起到一定作用。1981年至1984年,保持贸易外汇内部结算价不变;随着国际市场美元汇率上升,逐步调低挂牌汇率,至1984年末挂牌汇率已接近贸易外汇内部结算价。1985年1月1日取消了内部结算价,官方汇率定为1美元合2.8元人民币。

(二)外汇留成制度和外汇调剂市场

为配合外贸体制改革和鼓励企业出口创汇,我国开始实行外汇留成制度,并配套建立外汇调剂市场。汇率双轨制实现了价格维度的市场化改革,与之相配套的数量维度也必须按"双轨制"进行调整。1979年至1993年,我国实行了外汇留成制度,在用汇上开始了市场化探索,调动创汇单位的积极性,扩大外汇收入,优化外汇资源管理。外汇留成主要是额度留成,外汇留成的对象和比例由国家确定。在外汇由国家集中管理、统一平衡、保证重点的同时,实行贸易和非贸易外汇留成,适当留给创汇的地方部门和企业一定比例的外汇,以满足发展生产、扩大业务所需要的物资、技术进口。

实行外汇留成制度后,有的企业有留成外汇,但无用汇需要;有的企业需用外汇,国家计划未能安排,因而产生了企业间调剂外汇的需要。因此,从1980年起,国家开办外汇调剂业务,允许持有留成外汇的单位把多余的外汇额度通过外汇调剂市场转让给缺汇的单位。调剂外汇的对象开始时只限于国营企业和集体企业的留成外汇,后来逐步扩大到外商投资企业的外汇、国外捐赠的外汇和国内居民的外汇。调剂外汇的汇率原由国家规定,在官方汇率的基础上加一定的幅度。总体而言,外汇管理的改革实现了用汇与创汇挂钩,本着"谁创汇、谁受益"的原则,创汇越多,留成越多,调动了地方、部门、企业的创汇积极性,弥补了出口亏损,促进了贸易和非贸易外汇收入的增长。

（三）逐步放宽个人用汇限制

随着对外交往的不断扩大，我国逐步放宽了对个人用汇的限制，并相继建立起外汇调剂中心。从 1985 年起，对境外汇给境内居民的汇款或从境外携入的外汇，准许全部保留在银行开立的境内居民外币存款账户中，在规定范围内提取外汇或提取外币现钞，但不准私自买卖、私自携带或邮寄出境。从 1988 年起，部分经济发达地区和侨乡开办了个人外汇调剂业务，允许个人将手中的外汇按调剂价卖出。1991 年 11 月，经国务院批准，国家外汇管理局公布了《关于境内居民外汇和境内居民因私出境用汇参加调剂的暂行办法》，进一步放宽了对境内居民用汇的限制，允许个人持有的外汇参与外汇调剂。

这期间最为典型的现象是"中国银行外汇兑换券"（简称外汇券）的发行和使用。改革开放初期，我国外汇短缺，加之对外经济文化交流活动日益增加，为便于外国友人、华侨、港澳台同胞消费，并尽可能避免外汇流失，防止非法倒汇炒汇，国务院于 1980 年 4 月 1 日授权中国银行发行外汇券，来华海外人士可以将所持外币、外汇在中国银行或指定的外汇代兑点换成外汇券，并在指定范围内与人民币等值使用，如友谊商店。外汇券允许自由携带出入境，极大地方便了经常出入境人员。随着国内市场商品供应逐渐满足消费需求、外汇储备逐年增加，且国内外货币兑换更加便利，1994 年 1 月 1 日外汇券停止发行，并于 1995 年 1 月 1 日起停止在市面上流通使用，由中国银行回收。外汇券完成了它的历史使命。

（四）外汇调剂中心相继设立

1985年10月，国务院决定在上海进行外汇调剂市场的改革试点工作，试点工作取得了较好效果。深圳经济特区作为改革开放前沿城市，于1985年11月首先设立外汇调剂中心，其主要职责：受理客户买卖外汇的申请，办理交易双方的成交，监督买卖双方的交割和清算，提供外汇调剂市场信息和服务。1986年2月，中国人民银行根据上海的试点经验，制定了《关于办理留成外汇调剂的几项规定》。1986年11月6日，上海外商投资企业外汇调剂中心正式开业。从1988年3月起，为了配合外贸推行承包责任制，在国家外汇管理局的统一领导和管理下，各省、自治区、直辖市均设立了外汇调剂中心，经济特区和沿海主要开放城市也设立了外汇调剂中心，负责办理本地区企事业单位以及外商投资企业之间的外汇额度和现汇的调剂业务。在北京成立全国外汇调剂中心，负责办理中央部门所属企事业单位之间的外汇额度和现汇的调剂业务。1988年9月，上海首先开办外汇调剂公开市场，实行会员制、公开竞价交易和集中清算制度，同时，放开了外汇调剂市场汇率，让其随市场供求状况浮动。

四、行使中央银行职能仍处于初期过渡阶段

在计划经济体制和市场调节机制并存的条件下，中国人民银行行使中央银行职能仍处于初期过渡阶段，距离真正的中央银行还有一定差距。对信贷规模和现金发行额的控制仍然是中央银行的主要政策工具；各地方和各部门出于自身的需要，对金融业有不同程度的

干预，使宏观金融调控力度难以到位；同时，中国人民银行还承担了部分专项贷款业务。总的来看，全面履行中央银行职能受到制约。

1987年，中国人民银行比较系统地提出了建立新型金融体制和改革要实现的四个目标：一是建立以间接调控为主要特征，宏观调控有力、灵活自如、分层次的金融控制和调节体系；二是建立以银行信用为主体，多种渠道、多种方式、多种信用工具筹集和融通资金的信用体系；三是建立以中央银行为领导，各类银行为主体，多种金融机构并存和分工协作的社会主义金融体系；四是建立金融机构现代化管理体系。

五、体制转轨中的金融宏观调控和通胀治理

1984年至1988年，我国经济经历了一个快速发展的飞跃阶段，综合国力迈上了一个新台阶。与此同时，随着经济的快速发展和经济体制的转轨，一些深层次的矛盾也逐步暴露出来，影响社会稳定和经济健康发展。

该时期人民银行与专业银行分设后监管体制不健全，导致信贷需求迅速转化为信贷供给的扩张。1985年全面推行"拨改贷"政策，要求银行信贷实行限额管理，基数是1984年底的贷款额。这导致各大银行和地方分支为了扩大未来放贷的基数，在1984年底突击发放各类贷款，资金来源于联行透支*。在此之前，企业固定资产投资由财政拨款，日常运营所需流动资金在一定限额内也由财政拨款，超出限额的部分才贷款。但此时期银行为了增加贷款额度，发放固定资产投资贷款。这些因素导致了短时期内信贷膨胀扩张，造成了该时期的经济过热。针对货币信贷失控的局面，1985

* 由于所有银行的清算都是在后台的统一清算账户，当时虽然划分了中央银行资金和商业银行资金，但联行是相通的，所以商业银行在中央银行自行透支。

年1月1日，我国开始实行"统一计划，划分资金，实贷实存，相互融通"的信贷资金管理体制。1986年1月，国务院发布《中华人民共和国银行管理暂行条例》，使中国银行业监管向法治化方向迈出了重要的一步。1986年6月，中国人民银行颁布《城市信用合作社管理暂行规定》，城市信用社的发展步入正轨，交通银行等股份制综合性银行和各种类型的地区性银行得到初步发展。经过几次改革，我国已形成了包括中央银行、银行业监管机构、政策性银行、商业银行和其他金融机构的银行体系。1987年秋，中央决定放缓经济发展的速度，同时加大改革的力度。1988年上半年，一系列重大改革措施相继出台。

1988年，"价格闯关"政策催生了一场席卷全国的抢购风潮，我国出现了改革开放后前所未有的通货膨胀。1988年9月，我国推迟价格改革，并转向治理整顿。1988年9月，中共中央政治局召开中央工作会议，正式作出治理经济环境、整顿经济秩序、全面深化改革的决定，并提出了坚决抑制通货膨胀、深化改革的若干政策建议。同月，国务院作出《关于进一步控制货币稳定金融的决定》，实施了更为严厉的货币信贷紧缩政策，加强了对拆借资金的管理，清理整顿信托投资机构，稳妥处置了通胀问题。

第二节 初步建立以国有银行为主的金融业格局

改革开放初期，四大国有专业银行的设立及其企业化改革是重头戏，奠定了未来我国整个金融体系的基础。1980年6月7日，时任中国人民银行行长李葆华向国务院汇报银行工作和改革情况，并于 7 月提交了《关于银行改革汇报提纲》。8 月,国务院密集召开中央财经领导小组扩大会议,专门讨论银行改革和银行工作。当时提出:在财政有困难的时候要把银行搞活,有利于度过财政困难;要给银行自主权,给更多的活动领域,要银行承担更多的担子,要银行到社会上吸收资金。[①]

一、四大国有专业银行设立

计划经济时代我国银行业处于大一统的局面,其间,人民银行也被并入财政部,我国的金融机构实际上成为财政的会计和出纳机构。在改革开放的新形势下,银行业这种大一统的局面不再适应经济发展的要求,于是从 1979 年开始,我国先后设立了四大国有专业银行,在四个不同的领域提供资金融通服务。

(一)恢复中国农业银行

1978 年,国务院召开全国农田基本建设会议,提出考虑恢复农业银行,以便更好地管理运用农业贷款、支援农业建设。党的十一届三中全会认真讨论了农业问题,要求全党把农业尽快搞上去。这次全会通过的《中共中央关于加快农业发展若干问题的决定(草案)》中明确规定,恢复中国农业银行,大力发展农村信贷事业。根据党的十一届三中全会的决定,中国人民银行于 1979 年 1 月向国务院报送《关于恢复中国农业银行,统一管理国家支农资

---

① 刘鸿儒:《我国中央银行体制的形成》,《中国金融》,2013 年 23 期。

金的报告》。1979年2月，国务院发布《关于恢复中国农业银行的通知》。该文件规定，中国农业银行作为国务院的一个直属机构，由中国人民银行代管。中国农业银行的主要任务是，统一管理支农资金，集中办理农村信贷，领导农村信用合作社，发展农村金融事业。1979年2月底，中国人民银行发布《关于贯彻执行〈国务院恢复中国农业银行的通知〉加强农村金融工作的意见》。中国农业银行总行于1979年3月13日正式恢复建立，3月14日挂牌办公，各省、自治区、直辖市也在1979年内陆续建立了分支机构。

（二）另设中国银行

随着中国对外贸易和国际交往的规模不断扩大，银行的国际结算任务也日益繁重。1979年3月13日，国务院批转中国人民银行《关于改革中国银行体制的请示报告》，将中国银行从中国人民银行分设出来，负责管理国家外汇。起初，中国银行与一同设立的国家外汇管理总局是两块牌子、一个机构，直属国务院领导，并由中国人民银行代管，这一时期中国银行兼具行政管理部门和企业的双重身份。1982年8月，根据全国人大常委会和国务院的决定，国家外汇管理总局改为国家外汇管理局，划归中国人民银行直接领导，中国银行仍为国务院直属机构，由中国人民银行代管。对此，国务院于同年8月发布的《关于中国银行地位的通知》指出，中国银行是中华人民共和国的国家外汇专业银行，它的任务是组织、运用、积累和管理外汇资金，经营一切外汇业务，从事国际金融活动，为社会主义现代化建设服务。中国银行除经营本身业务外，还可以根据国家的授权和委托，代表国家办理信贷业务。

（三）分离中国人民建设银行

中国人民建设银行（1996年更名为中国建设银行）从20世纪50年代起一直是隶属财政部的司局级单位，主要任务是办理基本建设拨款并监督其使用。1979年8月28日，中国人民建设银行由办理基本建设投资拨款监督工作的专业银行（隶属财政部的司局级单位）升格为国务院直属单位，由国家建委、财政部代管，以财政部为主。国务院确定中国人民建设银行是主管固定资产投资的专业银行，它除了办理国家的固定资产投资拨款监督、拨款改贷款，也办理固定资产投资的信贷业务和储蓄业务。随着经济改革的不断深入，建设银行业务中的基本建设和技术改造的信贷业务不断扩大，为统一安排国家对基本建设和技术改造的信贷计划，1985年11月，经国务院批准，中国人民建设银行的信贷计划纳入中国人民银行的信贷体系管理，在信贷业务上受中国人民银行的领导和监督。

（四）设立中国工商银行

虽然中国农业银行、中国银行和中国人民建设银行的成立分担了中国人民银行相应领域的业务，但是城镇储蓄业务和工商信贷业务仍然由人民银行办理，这样人民银行既办理具体的储贷业务，又负责制定货币政策、执行金融监管职能，妨碍了其真正发挥中央银行的作用。针对这种情况，1983年9月17日，国务院作出《关于中国人民银行专门行使中央银行职能的决定》，明确中国人民银行专司中央银行职能，不对企业和个人办理信贷业务；同时，决定设立中国工商银行，作为国务院直属局级的经济实体，承担原来由中国人民银行办理的工商信贷和储蓄业务。1984年1月1日，中国

第一章　金融体制改革序幕：在探索中解放思想（1978—1992）

工商银行在北京正式成立，其主要职能：依据国家的方针政策筹集和使用资金，支持工业生产的发展和商品流通的扩大，支持集体、个体工商业和服务性行业的发展；按照中国人民银行的统一部署和搞活经济的要求，加强现金管理，调节市场货币流通，办理清结算业务，加速资金周转，通过信贷资金活动促进社会主义商品经济发展。

二、改革信贷资金管理体制

在邓小平提出的"银行要成为发展经济、更新技术的杠杆"思想的指导下，银行强调运用经济方法组织各项存款，重新重视利率杠杆作用，改变"统存统贷"信贷资金管理体制。1961年7月到1983年6月，国营企业的流动资金一直由财政、银行两家供应和管理，即由财政拨给企业定额内流动资金，银行对企业发放超定额存款。1983年6月，国务院批转了中国人民银行《关于国营企业流动资金改由人民银行统一管理的报告》，决定国营企业的流动资金，改由中国人民银行统一管理。银行突破了只发放流动资金贷款的禁区，开始发放固定资产贷款、科技贷款以及各种开发性贷款。从而使资金供应与管理相结合，行政措施与经济杠杆并用，有利于挖掘资金潜力，节约使用资金，加速资金周转，提高资金使用效益，以支持经济发展。

（一）发放信贷资金支持轻工业发展

1979年，中国人民银行决定拿出5亿元信贷资金，对全民所有制企业发放中、短期设备贷款，以解决轻纺工业发展滞后引起的市场供求关系失衡，全年实际发放中短期设备贷款 3.6 亿元。1980 年 1 月，国务院批转国家经委、中国人民银行等部门《关于批准轻工、纺织工业中短期专项贷款试行办法的报告》，商定从 1980 年起，在国家安排的基本建设投资和技术措施费以外，由中国人民银行、中国银行发放 20 亿元轻工、纺织工业中短期专项贷款和 3 亿美元的买方外汇贷款，每年保持这个余额周转使用。这笔专项贷款主要用于轻工、二轻（手工）纺织工业企业（包括原料基地）的挖潜、革新、改造，增加市场急需的产品和扩大出口的产品。贷款期限一般为一年到两年，最长为三年。

（二）拓宽信贷领域，重视对科技进步的支持

从 1980 年起，银行首先在襄樊、株洲、重庆、常州等国务院确定的科技体制改革试点城市综合进行了科技信贷的试点工作。上海、陕西等地银行配合经委、科委系统，也对科技三项费用的使用以及委托贷款方式进行监督和管理，支持科技开发，收到良好成效。但经过几年的实践，也反映出银行统管流动资金体制的一些问题，财政统管已逐步演变为由银行统包，迫使银行背上沉重的包袱。

1979 年以前，国有企业所需资金几乎全部由财政拨付，只有少量流动资金由银行贷款，在此之后，流动资金改为银行全额贷款，财政部门不再拨付企业流动资金。1984 年城市经济体制改革以来，财政收支出现巨额赤字，国家不得不把部分收支缺口转嫁给企业，一些原本由财政拨付的固定资产投资、企业铺底资金、国有企业政策性亏损改为企业向银行借款。这就导致国有企业的资本金得不到应有的补充，而且出现了一批缺少资本甚至无资本的企业，国有企

业的正常生产经营资金来源得不到保障，只得向银行借款。

三、四大专业银行的企业化改革探索

1984年，党的十二届三中全会后，中国经济体制改革的重点转到城市，金融领域的专业银行企业化改革成为讨论的热点问题。1986年，专业银行的企业化改革全面展开。

（一）信贷资金管理体制改革

1985年，人民银行开始实行"统一计划，划分资金，实贷实存，相互融通"的信贷资金管理原则，把中央银行与专业银行之间的资金往来由计划分配改为信贷关系，改变了过去专业银行有计划就有资金发放贷款，不用考虑是否组织到资金的状况。这一改革使各专业银行开始重视吸收存款，利用多种手段吸收存款，例如推出有奖储蓄、住房、耐用消费品等专项储蓄。除了鼓励储蓄，各银行也向人民银行贷款或从其他机构拆借资金，这为货币市场的发展创造了有利条件。

（二）各银行之间的业务壁垒开始被打破

随着商品经济发展，各专业银行的业务范围都开始扩展，在保持业务特色的同时，都开办了城乡人民币业务和外汇业务，出现了"中国银行上岸，农业银行进城，工商银行下乡，建设银行进厂"的竞争局面。企业和银行之间也可以自由选择，一家企业可以同时在多家银行获取服务，银行也不再承担对一批固定客户提供贷款的义务。

(三）银行管理制度改革

企业化改革的一个重要方面就是打破"铁饭碗"和"铁交椅"，把银行由机关式管理方式向企业化管理方式过渡。1986年，农行进行了以行长负责制为内容的县支行扩权试点；1987年，建行部分分行试行了干部聘任制、任期制、目标管理责任制、干部评议考核等改革措施；1987年，工行确立了以城市行作为基本经营核算单位，实行"统一规划，分级经营，逐级核算"的经营体制，先后进行了下放"六权"（业务经营权、信贷资金调配权、利率浮动权、干部任免和奖惩权、劳动组织和工资奖金形式的决定权、利润留成支配权），核定"三率"（收入成本率、综合费用率、利润留成与增补信贷基金或保险周转金的比率），扩大了城市行的权力，改革了城市行内部管理机制；1992年，农行开始改革机构、人事、劳动工资制度，分别进行了干部聘任、聘用制，职工合同制，个人贡献与个人收入挂钩等试点。

承包经营责任制试点。借鉴农村家庭联产承包责任制的经验，20世纪80年代中期到90年代初，各专业银行也进行了分支机构特别是基层机构的承包经营责任制试点。1986年，根据国家体改委和人民银行的决定，工行在13个城市分行进行了金融体制改革试点工作，各试点实行了多种形式的储蓄所承包，探索了在财务、劳资、干部管理制度方面的改革。其他如农行黑龙江省分行、建设银行都进行了承包经营试点。

专业银行的企业化改革提升了员工的积极性，推动了现代金融市场的形成。但以放权让利为主导的承包制改革导致银行分支机构特别是基层机构经营混乱，暴露了承包制的弊端。1993年以后，国有企业改革开始转向建立"产权清晰、权责明确、政企分开、管理科学"的现代企业制度，专业银行的企业化经营不再继续推进承包制，而是强调要强化统一法人制度，建设现代商业银行。

四、其他金融机构的设立

中国国际信托投资公司是典型代表，其发展与中国改革开放的历史交织在一起。1979年7月1日，五届全国人民代表大会第二次会议通过《中华人民共和国中外合资经营企业法》，7月8日正式公布。1979年10月4日中国国际信托投资公司宣布成立，2002年进行体制改革，更名为中国中信集团公司，2011年整体改制为国有独资公司，更名为中国中信集团有限公司，简称中信集团。中信集团顺应时代和公司发展要求，先后成立了中国东方租赁公司、中信证券、中信控股、中信银行等，开创了综合经营的模式。中信集团充分发挥经济改革试点和对外开放窗口的重要作用，在诸多领域进行卓有成效的探索与创新，成功开辟出一条通过吸收和运用外资，引进先进技术、设备和管理经验，为中国改革开放和现代化建设服务的创新发展之路。

此外，我国股份制银行、保险、信托、城市和农村的信用合作社、合作银行也逐步发展起来。1979年，中国人民银行全国分行行长会议提出恢复国内保险业务，重新建立中国人民保险公司；1986年至1992年，我国陆续设立了交通银行、中信实业银行、招商银行、深圳发展银行、福建兴业银行、广东发展银行等股份制银行；城市和农村信用合作社也经历了创建、发展和整顿；信托业在这一阶段作为银行业金融机构的补充，经历了数轮发展与整顿。

第三节　资本市场出现萌芽

个别典型事件成为资本市场出现萌芽的重要推手，我国资本市场由盲目扩张进入有序渐进的发展阶段。从市场主体来看，证券、债券和期货等在数量、规模和范围上均有明显增加，但在制度设计上的局限性以及改革初期存在的结构性矛盾日益突出，过度投机行为削弱了资本市场的融资职能、扰乱了金融市场秩序。为保障资本市场各项业务的顺利开展，政府开始着手建立健全相关基础性制度和法律法规监管体系。

一、早期资本市场萌芽开始出现

1978 年，安徽省凤阳县凤梨公社小岗村的 18 位农民签下包干保证书，开了家庭联产承包责任制先河，中国改革率先在农村地区取得突破。与农村改革相对应，城市国企改革试点也相继开展。1984 年，国务院颁布《关于进一步扩大国营工业企业自主权的暂行规定》，进一步调动企业的积极性，搞活经济。1984 年 7 月，原天桥百货商场改制为北京天桥百货股份有限公司，此举使其拥有多个"第一"的属性——北京市第一家实行股份制的企业、全国第一家正式注册的商业股份制企业以及全国第一家由国营转制为股份制的企业。随着相关政策的放开以及试点工作的推进，从 1984 年至 1991 年底，全国试点股份制转制 3200 个企业，每年的产值和利税都有较大幅度的增长，高于其他国有企业。1997 年，党的十五大提出，"公有制实现形式可以而且应当多样化，一切反映社会化生产规律的经营方式和组织形式都可以大胆利用"。经过 5 年发展，股份制逐渐成为我国公司所有制的主要形式。部分企业开始尝试半公开或公开发行股票*。

二、建立全国性交易流通平台

随着经济体制改革从农村转向城市,为了进一步放活国有小型企业,我国开始正式股份制试点,促进了小城镇的繁荣和沿海城市的快速发展。1984年7月,北京天桥百货股份有限公司和上海飞乐音响股份有限公司经中国人民银行批准向社会公开发行股票。1986年8月,沈阳市信托投资公司率先开办了代客买卖股票和债券及企业债券抵押融资业务。

构建全国性交易平台用以各项交易活动开展成为当务之急。1986年9月26日,新中国第一个证券交易柜台——静安证券业务部开张,标志着新中国从此有了股票交易。新中国第一股——上海飞乐音响股份有限公司在南京西路1806号静安证券业务部正式挂牌买卖,当天上市的100股股票不到一个半小时即被抢购一空。11月14日,邓小平在北京人民大会堂会见美国纽约证券交易所董事长约翰·范尔霖时,向来宾赠送了改革开放后我国公开发行的第一只股票——一张面额为人民币50元的上海飞乐音响股份有限公司股票,这成为我国股票市场发展史上的标志性事件之一。

我国资本市场建设也离不开在海外学习的专业人士的推动。1988年9月8日,"金融体制改革和北京证券交易所筹备研讨会"以国家体改委和中国人民银行总行体改办的名义,在北京万寿宾馆召开,主要探讨如何建立中国的资本市场。1988年7月18日,上海首家证券公司——上海万国证券公司成立。1989年3月15日,

* 1983年,深宝安成为首家通过报刊公开招股的公司;1984年北京天桥百货股份有限公司向社会公开发行定期3年的股票。20世纪90年代初期,上海证券交易所最初有8只股票上市交易(真空电子、飞乐音响、飞乐股份、爱使电子、延中实业、申华电工、浙江凤凰、豫园商城,俗称"老八股"),深圳证券交易所有5只股票上市交易(深发展、深万科、深金田、深安达、深原野,俗称"老五股")。

证券交易所研究设计联合办公室成立*，简称联办。

（一）证券交易所出现

经国务院授权，由中国人民银行批准，1990年12月19日，上海证券交易所正式开业，1991年7月3日，深圳证券交易所正式开业。沪深交易所建立之初，当地发行的股票率先进场交易。同期，各地出现了一些股票交易所，由于缺乏规范的交易规则和统一监管，市场无序发展问题较为突出。1992年4月，国务院决定股票交易所设立只限于上海、深圳两地。其他地区具备上市条件的股份制企业，可到上海、深圳异地交易。随后几年，沪深交易所在交易品种、交易规模、投资者数量、股票发行筹资额等方面均出现明显增长。以深圳交易所1998年市场统计年鉴为例，从1991年的6家上市公司发展至1998年的413家，增长了约68倍。同时，新的交易品种如可转换债券、国债期货、基金以及认股权证等也实现了从无到有的零的突破。

在我国证券市场创建初期，由于法律法规体系存在缺陷，加之监管力量和监管经验均显不足，导致各种违法违规行为有机可乘，股市也时常暴涨暴跌，在1999年7月1日《中华人民共和国证券法》施行前，陆续出现了一些违法违规事件。

（二）债券融资作为投融资的另一个主要渠道开始发挥其职能

1981年，国务院常务会议通过《中华人民共和国国库券条例》，确定从当年开始发行国库券，共发行48.66亿元。为了筹措资金，国债发行主要靠行政摊派，由国家财政部门直接向认购人（主要是

---

* 1989年1月15日，王波明与高西庆等人在北京饭店召集了一些大信托投资公司、产业公司的"老板"开会，讨论中国证券市场的早期筹备工作。最后，与会者确定，每家公司各出50万元人民币，作为组建机构的经费，并成立一个民间的机构来推动证券市场的建立，即"证券交易所研究设计联合办公室"，简称联办（后来又正式更名为"中国证券市场研究设计中心"）。

企业和居民个人）出售。然而，按照当时的规定"国库券不得当作货币流通，不得自由买卖"，这些国债履行的更多是一个凭证职能，即"有债无市"。此后，企业债、政策性金融债相继推出，并形成了以信托公司和证券公司营业部柜台交易为依托的二级市场。1990年末，上海证券交易所成立并开展国债交易，建立了相对集中统一的全国性国债登记、托管体系，标志着交易所债券市场的建立。

从1981年到1987年，国库券的年均发行规模为59.5亿元。这期间，中国除了发行国债弥补财政赤字，还通过财政向银行透支，其中国债发行规模占财政收入的比例很小。1987年，国务院作出了财政不得向中央银行透支的明确规定，发行国债逐步成为弥补财政赤字的唯一手段。除此之外，由于国债存在偿还时间长、不能变现的缺点，导致国债越来越难卖，几乎完全靠行政摊派。

1988年4月，国家批准在部分城市进行开放国库券转让市场的试点，可以流通的国债变成能赚钱的有价证券。国债的流通转让，催生出一些国债中介、国库券的黑市等。被誉为"中国第一股民"的上海人杨怀定，人称"杨百万"，当时正是利用国库券在各地转让市场间的价格差异进行买卖，掘到了人生的第一桶金。1994年，国债发行额首次突破了千亿元大关。1996年，记账式国债诞生，国债发行逐步走向了无纸化，过去要用麻袋来装的实物券逐渐退出了国债市场。

（三）建立以商品期货交易为主的期货市场

我国期货市场的建立与政府直接推动分不开。1985年，国家领导人到现代期货发源地——美国芝加哥进行访问，参观了芝加哥商业交易所。1988年，七届全国人大一次会议的《政府工作报告》

明确提出要探索期货交易。同年，国家有关方面在北京组织了一场市场经济研讨活动，香港专家做了一个有关期货市场交易的报告，该报告的录像和文字整理稿送给了国务院领导参阅。国务院开始研究论证建立期货市场的可行性。

与此同时，1984年我国开始从计划经济转向社会主义市场经济的探索，全国价格体系由国家制定，变成了一部分由国家定价，另一部分由市场定价，即所谓的"双轨制"价格体系。这种价格体系对当时的经济发展带来了严重的破坏，工业品价格暴涨暴跌，严重损害了经济的正常发展。于是，建立一个可以稳定价格体系、对价格有前瞻指导作用的期货市场逐渐提上日程。

1988年3月，《政府工作报告》提出，"加快商业体制改革，积极发展各类批发贸易市场，探索期货交易"。1990年7月，国务院批转《商业部等八部门关于试办郑州粮食批发市场报告的通知》后，期货市场建设开始起步。同年10月，商业部和河南省政府在郑州粮食批发市场中引入期货交易机制，成为我国商品期货交易的开端。期货市场建设逐渐起步。一是交易平台相继建立。1991年、1993年和1999年分别成立深圳有色金属期货交易所、大连商品交易所、上海期货交易所，以商品期货交易为主。二是开始采用标准化合约。1991年3月，郑州粮食批发市场推出第一个小麦现货远期合约；1992年10月，深圳有色金属期货交易所推出第一个商品期货标准合约——特级铝期货合约。

（四）基金市场拉开序幕

1991年10月，中国人民银行武汉分行和深圳南山区政府分别批准设立"武汉证券投资基金"和"深圳南山风险投资基金"，这是我国第一批投资基金。1992年11月,中国人民银行批准设立"淄博乡镇企业投资基金",成为第一只公司型封闭式基金,首期募集规模1亿元人民币,并于1993年8月在上海证券交易所上市。此基金的设立揭开了证券投资基金业发展的序幕,并在1993年上半年引发了短暂的发展热潮。

(五)资本市场开始迈出国际化的第一步

20世纪90年代初,我国外汇储备连续三年保持增长的势头开始出现了下降的趋势,但进口用汇的需求却大幅增长。与此同时,我国需要偿还的外债也陆续到期,1992年当年的外汇储备结余甚至不足200亿美元。此外,我国需要大量的外资支持经济的发展,但原有的以境外商业贷款和境外发行债券来获得外资的方式,还存在不灵活、融资成本高、需还本和承担外汇汇率风险等一系列问题。基于上述情况,我国有关部门开始研究利用股票市场吸引外资的办法。在操作层面上,只允许境外投资者用外汇买卖,这样既可以解决外汇管制带来的问题,又可防止外国投资者入市对国内股票市场造成太大的冲击。

1991年6月4日,香港联合交易所宣布成立"中国研究小组",负责对内地企业在港上市的可行性进行研究,并探索香港联交所在内地扩大集资功能的潜在角色。1991年12月,以时任国家体改委副主任刘鸿儒牵头的专家组对香港进行考察,作了一份分析报告,认为境外上市利大于弊,并将这一结论于1992年4月向国务院作了汇报。1992年4月下旬,时任香港联交所主席的李业广率团来到北京,又提出内地企业到香港上市的问题,解决办法是:选择10家左右国有企业到香港上市,并成立一个联合工作小组负责此项工作。此后不久，经过与港方协商并请示国务院有关部门批准，由 10 名成员和 2 名秘书组成的"证券事务内地香港联合工作小组"（简称工作小组）正式成立。工作小组仔细研究了内地企业到香港上市主要涉及的三类问题：一是法律问题，二是会计问题，三是上市方式、交易、托管问题。经过内地、香港有关方面积极且高效的合作与协调，最终达成了比较一致的意见，为内地企业到香港上市扫除了障碍、铺平了道路。同时工作小组在推动中国企业的会计制度向国际制度靠拢方面起了很大的作用。

改革开放后，通过资本市场中的外资股吸引外资成为新的融资渠道。外资股主要是指在内地发行的B股以及在香港发行的H股两种。B股市场是迈入国际市场的第一步，1993 年 8 月，渣打、里昂、新鸿基、高诚、柏毅等 5 家境外券商成为深圳证券交易所首批特许经纪商，可直接进场进行B股交易。而深圳南方玻璃股份有限公司和上海真空电子器材股份有限公司则率先在深圳、上海证券交易所发行B股。但B股存在的问题是上市公司和企业都在境内，只有投资者是境外的，H股的出现才真正标志着中国企业进入了国际资本市场。1993 年 7 月，第一只H股——青岛啤酒——在香港联交所挂牌上市。这次上市使投资者进一步了解了中国的情况，提高了投资信心，同时加速了国有大型企业经营机制的转换，扩宽了企业发展的融资渠道。

三、相关制度性安排和法律法规有待出台

资本市场蓬勃发展的动因主要来源于两方面：一是我国经济与世界经济联系增强，客观上推动了经济市场化；二是改革开放背景

下，资本市场可以通过商品化、货币化、证券化等方式实现资源优化配置，满足各经济主体需求，提升国内经济活力。

但尚处于初级阶段的资本市场也存在诸多问题。例如，各专业市场并未形成协调发展的局面、国有经济下的管理模式弱化了资本市场的自发性、市场参与者水平参差不齐以及缺乏有效的监督管理措施等，为之后的发展埋下了一系列隐患。

1990年5月25日到6月7日，深圳5只股票柜台交易价格增幅分别为：深发展100%，金田140%，原野210%，万科380%，安达380%。股票市场出现的"股票热"现象引起了全社会的关注。当时人民日报社《情况汇编》第346期发表了题为《深圳股市狂热，潜在问题堪忧》的文章，报送中央领导。国家体改委、中国人民银行总行、国家外汇管理局联合组成调查组，从1990年5月中旬起对深圳证券市场进行调查。而1992年的"8·10"事件更是凸显了行政调控和法律监督对于市场平稳运行的重要性。

为了加强证券市场的统一管理，促进我国证券市场健康发展，1992年6月，国务院办公厅发布通知，在原股票上市办公会议的基础上，建立国务院证券管理办公会议，代表国务院行使对证券工作的日常管理职权，办公会议的办事机构设在人民银行。1992年10月，成立国务院证券委员会（简称国务院证券委）和中国证券监督管理委员会（简称中国证监会），中国证监会接受国务院证券委的指导、监督检查和归口管理，同时把监管证券市场职能从中国人民银行分离出来，移交中国证监会。1997年11月，第一次全国金融工作会议决定，建立全国统一的证券期货监管体系，由中国证监会统一负责对全国证券业、期货业的监管。1998年3月，国务院决定撤销国务院证券委，将其全部职能和人民银行对证券经营机构的监管职能划入中国证监会。

第四节　开启对外开放序幕

一、国内外大环境催生开放思潮

（一）国际经济环境良好

国际局势的变化为我国对外开放的起步创造了有利条件。一方面，经济危机后国际交流需求迫切，西方国家开始重视中国的市场潜力。1973年至1975年，整个资本主义世界经济发展由迅速增长阶段转入缓慢发展时期，渴望拓展世界市场。我国地域辽阔，资源丰富，是优质的潜在市场。另一方面，劳动和生产的初步全球化使得世界各国的联系更加密切，打开国门、融入世界是大势所趋。这为我国打开国门、走向世界创造了良好的国际经济环境。

（二）国内环境助推改革开放

1977年3月，中共中央召开计划工作会议制定了1977年的经济发展计划。之后召开的冶金工作会议、全国工业学大庆会议，都讨论了企业整顿的相关问题。此外，7月召开的农田基本建设会议和8月召开的科学和教育工作会议，都力主稳定。经过多方面的努力，一批趋于瘫痪的企业的面貌有所改变，生产上的混乱局面有所好转，经济战线的秩序逐步得到恢复。根据资料，1977年全年，全国工业总产值比上年增长14.3%，财政收入也扭转了连续三年完不成国家计划和支大于收的状况；全国60%的职工十多年来第一

第一章 金融体制改革序幕：在探索中解放思想（1978—1992）

次不同程度地增加了工资。

真理标准问题大讨论解除了人们在思想上的束缚。1978年5月11日，《光明日报》以"本报特约评论员"的署名公开发表《实践是检验真理的唯一标准》一文，新华社全文转发。5月12日，《人民日报》《解放军报》全文转载，这在我国思想界引起了极大的轰动。这场以真理标准问题大讨论为起点的思想解放运动，解除了人们在思想上的束缚，为党的指导思想和各条战线实际工作的拨乱反正奠定了坚实的理论基础。

我国积极拓展对外交往。20世纪70年代，中日两国关系取得了突破性进展，双方政府经过反复磋商，于1972年正式恢复了外交关系，并于1978年签署了《中日和平友好条约》，开辟了中日两国长期友好合作的新时期。中美关系正常化加强了中国与世界的交往。1978年12月16日，中美两国发表联合公报，宣布中美建交，建立的日期为1979年1月1日，从而结束了两国关系的长期紧张状态。这是中美两国关系中的历史性事件。美利坚合众国政府承认中华人民共和国政府是中国的唯一合法政府，宣布同台湾断交，两国关系进入了全新的发展时期。在十一届三中全会前的一段时间里，我国与世界上其他一些国家建立了外交关系。

1978年11月的中共中央工作会议和党的十一届三中全会是我国历史上的一个重要转折。虽然这两次会议关于对外开放问题的讨论还不深入，对开放的意义、范围的认识还是初步的，但这也是对外开放的起点。十一届三中全会之后，中国进入了社会主义初级阶段的开放时期。从此，党和国家把工作中心放到经济建设上，加快了经济发展的步伐。

二、吸引外资为对外开放奠定基础

（一）外贸的发展需要外资的支持

这一时期我国进出口贸易的增长较为迅速。数据显示，进出口贸易总额由 1978 年的 206 亿美元增加至 1991 年的 1356 亿美元，增长了 5 倍多，出口和进口年均增速分别达到 16.6% 和 14.6%。一系列外贸体制改革在扩大贸易规模上取得了一些成效，当然也带来了较多的问题。比较突出的问题是贸易自由化改革导致的进口激增，外汇储备一度下跌。在此背景下，我国对外贸易的发展需要外资流入的大力支持，利用外资的工作也取得了一定的进展。

（二）利用外资的态度明显转变

在对待外资的态度上，我国扭转了长期以"一无内债，二无外债"为宗旨的计划经济思想，将利用外资、引进技术和先进设备作为一项重要工作认真对待。以党的十一届三中全会为起点，中央开始制定利用外资政策，这一时期的政策规则有如下工作重点及特征：一是转变经济发展指导方针，由排斥外资转向利用外资；二是开展区域倾斜政策试验，选定若干沿海城市作为试点，提供利用外资空间支撑；三是初步出台外资法律法规，赋予外资主体法理地位，为保障外资合法权益、营造适宜外资的环境奠定基础；四是制定优惠政策措施，创造利用外资条件优势。除此之外，我国还成立了外资管理专门机构，在外资利用上明确了中央与地方的权责。

（三）利用外资工作指导思想

1984 年召开的党的十二届三中全会通过《中共中央关于经济

体制改革的决定》，在利用外资问题上，强调积极扩大对外经济技术交流和合作的规模，努力办好经济特区，进一步开放沿海港口城市，利用外资，吸引外商来我国举办合资经营企业、合作经营企业和独资企业。1986年10月，《国务院关于鼓励外商投资的规定》正式发布，设计了中国利用外资的总体战略，我国利用外资工作开始提速。这一阶段，我国利用外资工作无论是深度还是广度均获得长足进步。

1989年召开的党的十三届五中全会通过了《中共中央关于进一步治理整顿和深化改革的决定》，在利用外资问题上，要求更加积极地吸收符合我国产业政策的外商直接投资，多办一些利用我国现有企业进行改造的合资、合作企业，对能够争取到的长期低息的外国政府贷款和国际金融组织贷款，要积极争取，必须加强对外债的借、用、还等三个环节的管理。建立、完善规范的外资管理体制，成为这一阶段利用外资工作的显著特征。

（四）利用外资取得了重要成绩

在国际局势和国际政策的影响及鼓励下，我国利用外资取得了重要的成绩。中央政府批准设立的经济特区作为对外开放的试点，其发展取得了良好的成效，初步实现了资金、技术和国外经验的积累，外资对国民经济的发展作出了重要的贡献。统计数据显示，1991年，中国合计利用外资195.83亿美元，实际利用外资115.54亿美元。外商投资企业总产值1370亿元人民币，直接出口额达120.47亿美元，占全国外贸出口总额的16.7%。

三、"走出去"的尝试探索

（一）我国在海外的保险业起步较早

1949年，中国人民保险公司接管了中国保险股份有限公司、太平保险股份有限公司及这两个公司在中国香港、印度尼西亚等地的分支机构，在此基础上发展起海外保险业务。1949年10月，在中国香港组建成立了民安保险公司。1966年，在中国澳门设立了民安保险公司支公司。1980年，由中国人民保险公司、中国保险公司、民安保险公司和太平保险公司投资，在中国香港成立了专营再保险业务的中国再保险公司。1984年，成立了专营寿险业务的中国人寿保险公司香港分公司。从1986年10月起，中国保险港澳管理处作为总公司和总管理处的派出机构，统一管理总公司和总管理处在港澳地区的保险机构。中国银行在1981年提出了发挥海外行集团优势的具体方案，首先是在港澳地区废除了总稽核制，1982年改为中国银行港澳管理处，统一领导港澳地区的14家中资银行集团（简称中银集团）。1985年，中国人保和中国银行在伦敦投资的一家保险公司正式营业，现隶属太平保险集团。

（二）对外直接投资的初步进展

我国的对外投资发展总体上一直处于谨慎和摸索的阶段。由于这一阶段我国的工作重心主要集中在国内改革，对外投资方面限制非常严格，原因主要有以下四点：一是国内存在许多尚待处理的遗留问题；二是我国正处于融入全球化的探索阶段，经验严重不足；三是我国对外开放伊始，资本和外汇储备极度匮乏，难以支持对外直接投资的发展；四是我国在发展阶段上一直处于自给自足的状态，对走出国门配置资产、寻求资源、开拓市场的需求并不强烈。基于以上原因，当时政府对海外投资采取了严格的限定措施。该时期对外开放的重点是吸引外国资本和先进的技术来发展国内制造业，对外直接投资主要是政府层面为拓宽国际经贸业务而建立的海外分支机构和办事处，且以尝试探索为主，无论投资规模大小，均要上报国务院进行审批后交由对外经济贸易部负责。

根据世界银行统计，1982年我国对外直接投资额为4400万美元，仅占当年我国GDP的0.02%，随后几年内，对外直接投资额呈波浪式上升，在1986年和1989年各出现一次显著的下降，1992年达到40亿美元，在GDP中的占比达到0.93%。

第二章
建立社会主义市场经济下的金融体制：改革与制度建设并行（1993—2000）

▼

20世纪90年代初期是中国金融体制改革的分水岭。从20世纪90年代初期开始，我国积极学习东亚国家和地区的出口导向战略，对外开放步伐明显加快，金融体制改革也迎来了新阶段，即在目标引导下有序、有步骤地进行改革，边改革边规范，制度建设与改革并行。

第一节　探索社会主义市场经济下的中央银行职能

1993年《国务院关于金融体制改革的决定》中，把建立和完善以中央银行为核心的金融宏观调控体系作为改革的三大目标之一。同时进一步明确了中国人民银行的主要职能：制定和实施货币政策，保持货币的稳定；对金融机构实行严格的监管，保证金融体系安全有效地运行。

一、调整完善中国人民银行职能

1993年以来,中央以完善宏观调控、强化金融监管为重点,对机构组织体系和职能操作体系进行了改革与调整。

一是强化宏观调控职能,以保持货币信贷的集中管理,增强货币政策的统一性。中国人民银行总行集中了货币发行权、信贷总量调控权、基础货币管理权和基准利率调节权。二是取消了利润留成制度,实行独立的财务预算管理制度,并与所办经济实体脱钩,加强自身的内部管理和约束。三是全面转换分支机构职能,分支行作为总行的派出机构,主要履行金融监管、调查统计分析、横向头寸调剂、国库经理、现金调拨、外汇管理和联行清算等职能。四是建立规范化金融监管组织体系,分别对银行、非银行金融机构(信托公司、证券公司、财务公司、租赁公司)、保险公司、城市信用社建立了相应的监管部门。五是理顺货币政策与财政政策的关系。六是理顺货币政策与投资政策的关系。七是中国人民银行兼办的一部分政策性业务,移交新组建的三家政策性银行,使人民银行的职能更加专业化。①

二、颁布《中华人民共和国中国人民银行法》

1995年3月18日,八届全国人民代表大会第三次会议通过了《中华人民共和国中国人民银行法》(简称《中国人民银行法》),从法律上确定了中国人民银行的地位和基本职权,并确定了按社会

---

① 李德:《我国中央银行体制的建立与发展(上)》,《中国金融》,2021年16期。

主义市场经济体制的要求，建立规范化、现代化的中央银行组织体系和管理方式，这标志着中国的金融制度进入了法治化轨道。《中国人民银行法》对人民银行的性质、地位、职责、组织机构和货币政策与金融监管等作出了规定，中国人民银行在实施货币政策过程中不受政府部门和地方政府的干预，享有法律赋予的履行职守的独立性；并规定中国人民银行设立货币政策委员会，作为中央银行的咨询议事机构。1997年4月15日，国务院颁布了《中国人民银行货币政策委员会条例》，明确了央行货币政策委员会的职责：在综合分析宏观经济形势的基础上，依据国家的宏观经济调控目标，讨论货币政策事项。

三、跨行政区设分行

《中国人民银行法》明确规定，中国人民银行要按照履行职能的需要设置分支机构。当时，确定了中国人民银行要跨行政区设置分行的改革方向，但由于条件还不成熟，需要在几年时间内，结合国内的具体情况，进行调查研究和深入细致的准备工作。

1994年4月15日至30日，中国人民银行派专人对美国联邦储备系统运作情况及联邦储备银行的职能进行了实地考察。通过考察，更加明确了中国人民银行是中央银行，其主要职责是运用独立的货币政策对国民经济进行调控，对所有金融机构进行监管，保证健康的金融秩序，保持货币稳定，促进国民经济发展。[1]

---

[1] 中国人民银行分行行长赴美考察团：《关于美国联邦储备系统运作情况及联邦储备银行职能的考察报告》，《金融经济》，1994年09期。

《中国人民银行法》明确规定，中国人民银行要按照履行职能的需要设置分支机构。1997年11月，中共中央、国务院召开了第一次全国金融工作会议，确定了进一步深化金融体制改革的方针，要求把中国人民银行办成真正的中央银行，充分体现发行的银行、银行的银行和政府的银行等三大特征，全面履行中国人民银行在金融宏观调控、金融监管与金融服务方面的基本职能，提高防范、化解金融风险的预测和监控能力。1997年12月，中共中央、国务院下发的《关于深化金融改革，整顿金融秩序，防范金融风险的通知》指出，为了有效实施货币政策、切实加强对金融业的监督管理，要尽快改变中国人民银行分支机构按行政区划设置的状况，有计划、有步骤地撤销中国人民银行省级分行，在全国设立若干跨省、自治区、直辖市的一级分行，重点是加强对辖区内金融业监督管理。

四、外汇管理体制迎来转折性改革

（一）推进汇率并轨

汇率"双轨制"时期，人民币汇率的官方牌价与市场价格的严重不符，导致外汇黑市一度猖獗，对中国经济产生负面影响。1993年国家对金融进行宏观调控以来，人民币贬值预期增强，部分投机者认为当时的外汇汇率仍然高估了人民币的币值，大量在黑市上收购外汇，外汇黑市价格一度走高。1993年3月，国家对外汇调剂价格实行最高限价1美元兑换8.4元人民币，但有行无市，黑市进一步扩大。7月，中国人民银行第一次入市干预外汇调剂市场，把官方调剂汇率基本稳定在1美元兑换8.6元至8.8元人民币。在汇率"双轨制"下，外汇黑市屡禁不绝，唯一的方法就是使汇率市场化，因此汇率并轨势在必行。

1993年5月末，我国参加关贸总协定中国工作组第十四次会议，承诺中国将在五年内实现官方汇率和市场汇率的统一，实行单一的、以市场供求为基础、有管理的浮动汇率制度，但实际操作中改革步伐加快。1993年11月，党的十四届三中全会通过的《中共中央关于建立社会主义市场经济体制若干问题的决定》中明确要求，改革外汇管理体制，建立以市场为基础的有管理的浮动汇率制度和统一规范的外汇市场，逐步使人民币成为可兑换的货币。1993年12月，中国人民银行发布了《关于进一步改革外汇管理体制的公告》，明确提出外汇体制改革的政策措施。1994年1月1日，我国外汇体制进行重大改革，人民币官方汇率和外汇调剂市场汇率并轨，以1993年12月31日各地外汇调剂市场的加权平均汇率1美元合8.72元人民币为全国统一的人民币汇率；实行以市场供求为基础的、单一的、有管理的浮动汇率制度。1994年我国外汇管理体制改革后，实施银行结售汇制度，建立了分层次的、统一的外汇市场。1994年4月1日，银行间外汇市场即中国外汇交易中心在上海成立；4月4日，中国外汇交易中心系统正式运营。

（二）实现人民币经常项目可兑换

1992年10月，党的十四大作出了由计划经济体制向社会主义市场经济体制转变的重大决策。1993年11月，《中共中央关于建立社会主义市场经济体制若干问题的决定》中，明确要求逐步使人民币成为可兑换货币。1994年、1995年两年的外汇管理体制改革实现了人民币经常项目有条件可兑换，在对外开放、加快国民经济发展等方面取得了明显成效，为推动实现下一步的改革目标打下了坚实基础。

我国为实现人民币经常项目下可兑换，继续深化外汇管理体制改革。一是将外商投资企业纳入银行结售汇体系。经国务院批准，中国人民银行于 1996 年 6 月 20 日发布公告，自 7 月 1 日起对外商投资企业实行银行结售汇；同时，外商投资企业的外汇账户，区分为用于经常项目的外汇结算账户和用于资本项目的外汇专用账户。外汇管理部门核定外汇结算账户的最高金额，外商投资企业在核定的限额内保留经常项目下的外汇收入，超过部分必须结汇。外商投资企业经常项目下的对外支付，凭规定的有效凭证可直接到外汇指定银行办理。二是提高居民用汇标准，扩大供汇范围。1996 年 5 月 13 日，国家外汇管理局发布《境内居民因私兑换外汇办法》，从 7 月 1 日起，取消居民个人，包括居住在中国境内的外国人和港澳台同胞因私用汇的限制，大幅提高了用汇标准，扩大了供汇范围。三是从 1996 年 4 月 1 日起，我国取消了出入境展览、招商等非贸易和非经营性用汇的限制；驻华机构和来华人员的合法人民币收入需要汇出境外的，可以持有关证明材料和凭证到外汇指定银行办理汇兑。四是初步建立了人民币在经常项目下可兑换的外汇管理法规框架。1996 年 1 月 29 日，国务院第 193 号令发布了《中华人民共和国外汇管理条例》，并自 4 月 1 日起施行。这个条例体现了 1994 年以后外汇管理体制改革的成果，为实现人民币经常项目下可兑换和国际收支平衡提供了保证。

经过上述改革后，我国取消了所有经常性国际支付和转移的限制，达到了《国际货币基金组织协定》第八条的要求。1996 年 11 月 27 日，中国人民银行致函国际货币基金组织，宣布中国自 1996

年12月1日起正式接受《国际货币基金组织协定》第八条第二、三、四款的义务，实现人民币经常项目下可兑换。这样，我国实现人民币经常项目下可兑换的时间比原定目标日期提前了一年多。对此，时任国际货币基金组织总裁发表声明说："这是中国在历史性变革和果断融入世界市场经济中的又一个里程碑。实现经常项目可兑换将进一步加强国际、国内对改革光明前景的信心。"[1]

第二节　金融业在改革中多元化

1992年南方谈话后，我国的改革开放事业进入了一个全新的阶段。在经济快速发展的过程中，我国金融系统也累积了一系列的风险。针对这一情况，1997年11月，我国召开了第一次全国金融工作会议，会议对金融业分业经营、化解国有银行不良资产等诸多问题作出了指示。这一时期，四大专业银行开始朝着成为自主经营、自负盈亏的商业化银行方向改革，这一过程中三大政策性银行也从专业银行中剥离出来。全国金融工作会议召开后，我国成立了四大资产管理公司，专门处理专业银行的不良资产。保险业学习国外保险营销的经验，发展了个人代理人销售模式，开启了个人人身保险销售快速增长的时期。这一时期，我国的城市商业银行在城市信用合作社的基础上也开始组建。

---

[1] 吴晓灵：《见证中国承诺经常项目可兑换》，《中国金融》，2021年Z1期。

一、政策性银行的建立

政策性银行源于党的十四大和十四届三中全会的设计，将政策性金融和商业性金融分离。在一定程度上，政策性银行的成立是为了解决商业银行发展自身业务与服务国家战略之间的利益冲突。人民银行对商业银行的信贷投放规模和信贷资金进行双向管理，但商业银行通常将获得的资金和规模优先发展自身业务，在国家需要集中力量发展经济时，商业银行却需要向国家额外借入信贷规模和资金，比如农副产品收获时期的农业银行。其他银行也存在类似情况，出于解决这方面利益冲突的考虑，需要将政策性业务和商业性业务分离。

1993 年 12 月，国务院作出《关于金融体制改革的决定》，正式决定成立 3 家政策性银行，实现政策性信贷和商业性信贷分离。1994 年 3 月 17 日，国家开发银行成立，注册资本金 500 亿元。国家开发银行并入了原属国家计委的 6 家国家专业投资公司和原来由建设银行承担的部分政策性业务职能，主要为国家批准立项的基础设施、基础产业和支柱产业的大中型基本建设、技术改造等政策性项目及其配套工程进行融资。1994 年 4 月 26 日，中国进出口信贷银行成立，注册资本金 33.8 亿元（后增至 50 亿元），其成立之初的主要任务是为扩大机电产品和成套设备等资本性货物出口提供政策性金融支持。1994 年 11 月 18 日，中国农业发展银行在北京成立，注册资本金 200 亿元。农发行承接了农业银行和工商银行的农业政策性信贷业务，其主要任务是承担国家规定的农业政策性金融业务和经批准开办的涉农商业性金融业务，代理财政支农资金的拨付，为农业和农村经济发展服务。

二、防范化解金融风险与第一次全国金融工作会议

1991年至1995年，我国经济经历了一轮快速增长，现代化建设取得了举世瞩目的成就。然而经济快速发展中也累积了一系列重大风险，特别是在金融领域。截至1996年6月，我国4家国有独资商业银行本币贷款余额为3.4万亿元，不良贷款余额为8400亿元，占全部贷款余额的24.7%，有的银行实际上已是资不抵债。全国城市信用社亏损面占20%，农村信用社亏损面占44.7%，不少农村合作基金会纷纷倒闭。人寿保险也存在到期不能足额给付的隐患。从当时总体情况看，我国不会出现大面积支付危机，但是如不加以控制，迟早将会出现系统性、较大面积的支付危机。

针对金融领域出现的问题和风险，1997年2月19日，党中央决定召开一次全国金融工作会议。在会议筹备期间，1997年7月东南亚金融危机爆发，凸显了这次以防范和化解金融风险为主题的金融工作会议的必要性。

1997年11月17日至19日，全国金融工作会议在北京召开。会议集中讨论了中共中央、国务院起草的《关于深化金融改革，整顿金融秩序，防范金融风险的通知》。这份通知从以下几个方面对我国的金融机构进行改革和整顿：

一是成立中共中央金融工委和国有大型金融机构系统党委，完善金融系统党的领导体制。中央金融工委受党中央委托，主要负责贯彻落实党的路线、方针、政策，领导金融系统的党的建设工作，不领导金融业务。

二是加快国有商业银行和中国人民保险（集团）公司商业化改革步伐，完善政策性金融体制。必须把国有商业银行办成真正的商

业银行，完善管理体制和经营机制，强化统一法人制度。改进对国有商业银行贷款规模管理办法，实行资产负债比例管理和风险管理。国有商业银行和中国人民保险（集团）公司的省级分行（分公司）都要与省会城市的分行（分公司）合并。

三是严格规范各类金融机构的业务范围，坚决改变金融企业的混业经营。20世纪80年代末90年代初，我国曾批准交通银行试办全能银行，并允许大型银行开展综合经营，结果大量信贷资金违法违规流入股票市场和房地产市场，集中了巨大的金融风险。面对这些现实情况，这次会议提出严格执行银行、信托、证券、保险业的分业经营和分业管理原则，所有的银行不得再向非银行金融机构和非金融企业投资，不得直接经营信托、证券、保险业务。并进一步要求，1998年底前，中国人民银行和所有商业银行一律要与所属的信托、证券、保险公司和其他经济实体，在人、财、物等方面彻底脱钩。

四是健全现代金融监管体系，清理和查处各种违法违规经营，化解金融风险。要按照国际惯例，结合我国实际情况，完善银行信贷资产质量分类和考核办法，对已发生和新出现的不良资产，要分别计算、考核和处理。要通过增加资本金和减少不良资产，把国有银行资本充足率提高到8%以上。国有商业银行要力争在3年内使不良信贷资产比例，平均每年下降2—3个百分点。

三、四大资产管理公司成立

1997年亚洲金融危机爆发，我国虽然受危机影响较小，但如何防范和化解金融风险也引起了党和国家领导人的重视。1997年

11月召开的全国金融工作会议要求增加国有银行资本金和处理不良资产，根据会议要求，从1998年开始，在国务院的领导下，开始采取措施处理国有专业银行资本不足和不良贷款问题。

我国专业银行的不良贷款问题有其历史原因。改革开放的过程中，四大专业银行承担了很多原来政府的职责。例如，随着改革的深入，财政不再向国有企业提供固定资产投资和日常经营所需的资金，这些资金转而由银行贷款提供。地方政府干预银行经营，要求银行为特定项目和企业发放贷款，而许多接受贷款的项目和企业并没有盈利能力，导致出现大量不良贷款。此外，专业银行本身管理也存在问题，内部风控和审核机制不健全，部分信贷业务员素质不高，加剧了贷款风险。在以上各种内部因素和外部客观条件的作用下，监管部门难以对银行的放贷行为和资产质量进行有效监管，导致银行不良资产持续积累。

1993年至1996年我国经济"软着陆"后，在经济下行、通缩压力上升的影响下，国有企业经营状况不佳，资产负债率偏高，债务负担很重，国有企业陷入债务困境。企业陷入债务困境导致银行不良贷款问题严重，债转股是银行恢复不良资产的手段之一。但在当时的分业经营管理框架下，银行不便作为主体出面实行债转股，只能将欲转股的不良资产转移给资产管理公司，通过资产管理公司持股。从1999年开始，我国四大资产管理公司相继成立，负责处理从四大专业银行剥离出来的不良资产，并由资产管理公司进行债转股。1999年4月，信达资产管理公司成立，同年成立了华融、长城和东方等3家金融资产管理公司，这4家资产管理公司从四大行和国家开发银行剥离了13939亿元的不良贷款（其中，从国家开发银行剥离了1000亿元），使四大行的不良贷款比率下降了

10 个百分点。

四、保险业改革与发展

（一）早期保险机构的设立与发展

自 1959 年中国人民保险公司并入中国人民银行总行，成为专营涉外保险业务的处级机构，我国保险业在近 20 年的时间里基本处于停滞状态。1979 年 4 月，在国务院批转的《中国人民银行分行行长会议纪要》中，明确提出要逐步恢复国内保险业务。同年 11 月，全国保险工作会议决定从 1980 年起恢复已经停办 20 多年的保险业务，同时大力发展涉外保险业务。此后，中国人民保险公司的国内保险业务逐步恢复发展。1984 年，中国人民保险公司从中国人民银行分设出来，作为国务院直属局级经济实体，垄断经营国内保险业务。

从 1985 年开始，中国人民保险公司垄断经营的情形逐渐被打破。1985 年 3 月，国务院颁布《保险企业管理暂行条例》，明确规定只要具备相关条件，经国家保险管理机关批准，并向工商行政管理机关申请营业执照，便可设立保险机构，经营保险业务。1986 年，经中国人民银行批准，新疆生产建设兵团农牧业生产保险公司成立。1988 年，中国第一家股份制保险公司——中国平安保险公司——成立，发起股东是工商银行和招商局集团。1991 年，交通银行将原先在上海和大连分行保险部经营的保险业务分离出来，成立中国太平洋保险公司。1992 年，上海开展保险市场对外开放试点，美国友邦保险公司进入国内市场，在上海设立分公司，经营人寿保险和财产保险业务。友邦保险引入了寿险营销机制，开了个险代理人销售人身险产品的先河。1995年1月，天安财产保险股份有限公司成立，这是中国首家由企业出资组建的股份制商业保险公司，总部设在上海浦东。

1995年6月30日，八届全国人大常委会第十四次会议通过了《中华人民共和国保险法》，这是我国第一部保险法，对于保险业快速健康发展和有效监管起到了积极作用。

《中华人民共和国保险法》颁布后，按照产险和寿险分离的原则，1996年7月23日，根据国务院关于中国人民银行保险体制改革的决定，中国人民保险公司改制为中国人民保险（集团）公司，下设中保财产保险有限公司、中保人寿保险有限公司、中保再保险有限公司，分别经营产险、寿险和再保险业务。1999年，中保财产保险有限公司更名为中国人民保险公司，中保人寿保险有限公司更名为中国人寿保险公司，中保再保险有限公司更名为中国再保险公司，3家公司均为独立经营的一级机构。除了中国人民保险（集团）公司，1996年太平洋保险公司和平安保险公司的财险、寿险业务也都实行了分别记账、分别核算、分别管理。

2020年，经营满一个完整会计年度的保险公司法人机构（不含再保险公司、不经营保险业务的养老保险公司和政策性保险公司）共158家，其中，财产险公司78家，人身险公司80家。

（二）保险产品开发创新

我国保险业在发展早期主要以团体直销和兼业代理为主，1992年以后，个人人身保险业务开始发展起来。1992年，我国开始允许美国友邦保险等外资保险公司进入国内市场，外资保险公司引入了寿险营销机制，之后国内的保险公司也相继引入寿险营销制度，改革传统销售方式,进而带动了个人寿险产品创新和服务创新,推动了人身保险业的快速发展。

从1999年开始,我国的保险公司开始研究创新型保险产品。1996年5月到1999年6月,人民银行连续7次下调基准利率,1年期定期存款利率从9.18%降至2.25%。由于寿险业的资产基本上集中于银行存款和政府债券,其投资回报水平也逐年下降,利差损失大量产生。面对资产收益下降的压力,寿险公司纷纷着手研发分红、投资连结、万能寿险等新型产品,这些产品将投保人的收益与保险资金投资收益挂钩,解决了利率下降带来的利差损失问题。监管部门于1999年提出"推动寿险公司发展新型产品"的发展思路,鼓励寿险公司调整寿险产品结构。1999年10月,中国平安保险股份有限公司率先在上海推出投资连结保险。此后,其他寿险公司纷纷加大研究力度,推出新产品。1999年以后,随着新型保险产品投入市场,人身保险业实现了高速增长。

五、城市信用合作社改革和城市商业银行组建

城市商业银行是在城市信用合作社(简称城市信用社)的基础上组建而成的。1979年,河南省驻马店市就成立了第一家城市信用社,到1993年末,全国城市信用社数量接近4800家,总资产1878亿元,职工12.3万人。城市信用社是地方性存款类小型金融机构,旨在为民营小型企业和个体工商户服务,通过信贷活动帮助他们解决资金困难,促进生产发展。民营小型企业及个体工商户是市场经济体制下国民经济的重要组成部分,城市信用社这类满足民营小型企业资金需求的金融机构在促进地方经济发展方面起到

重要的支撑作用。自20世纪80年代以来，城市信用社在全国范围内大规模建立，到1995年末，全国共有城市信用社5279家，存贷款余额分别为3357亿元和1929亿元，分别占全国金融机构的7%和4%。但城市信用社在快速发展的同时也存在许多问题，许多城市信用社经营状况不好，存在诸多经营风险。为有效解决上述问题，人民银行积极筹划组建城市合作银行试点方案。

1995年2月，中国人民银行总行成立了城市合作银行组建工作领导小组，统一组织城市合作银行的组建工作。城市合作银行的组建原则：在组建城市合作银行的城市，凡不符合中国人民银行新发布的《城市信用合作社管理办法》规定的城市信用合作社，原则上都应加入城市合作银行；城市合作银行实行全行统一核算的财务管理制度；对加入城市合作银行的城市信用合作社，要在清产核资、清理财政信用的基础上进行股权评估，然后统一向城市合作银行入股；城市信用合作社原有的公共积累不得私分或转移。城市信用合作社加入城市合作银行，其公共积累的产权必须明晰化，在组建过程中，城市信用合作社的人、财、物由城市合作银行组建工作领导小组统一管理。

1995年3月14日至16日，城市合作银行组建工作领导小组在北京召开组建城市合作银行试点城市座谈会，部署了北京、上海、天津、深圳、石家庄等5个试点城市的城市合作银行组建工作。1995年6月，中国第一家地方性股份制银行机构——深圳城市合作银行正式开业。此后，北京、上海城市合作银行相继开业。1995年7月，城市合作银行组建工作领导小组决定在哈尔滨、沈阳、青岛、济南、南京、杭州、郑州、武汉、广州、重庆、昆明等11个城市扩大城市合作银行的组建试点工作，试点城市由此扩大到16个。

1995年9月，国务院正式下发了《关于组建城市合作银行的通知》，决定自1995年起，在35个大中城市进行第一批城市合作银行的组建工作。1996年6月，经国务院同意，在35个大中城市以外的地级城市中，选择经济比较发达的沿海、沿江、长江三角洲、珠江三角洲、环渤海经济圈等地区，市区内国内生产总值达到57亿元以上的共60个经济发达城市开展第二批城市合作银行的组建工作。1997年12月，根据95个城市合作银行的组建进程，国务院批准在东莞等58个地级城市继续开展城市合作银行的第三批组建工作。

1998年3月，经国务院同意，人民银行与国家工商行政管理局颁布通知，将城市合作银行统一更名为城市商业银行。截至2000年末，全国共有158个大中城市纳入组建城市商业银行的计划，其中99家城市商业银行正式开业，共消化、合并了城市信用合作社及城市信用合作社联社2150多家，农村信用社及金融服务社100多家，资产总额400多亿元。

第三节　资本市场进入有序化发展阶段

一、资本市场在摸索中曲折前行

1992年后，中国资本市场进入了全国性大发展时期，迎来了爆炸式增长。

（一）证券和期货市场出现大量违规事件

资本市场规模扩大的同时，在各项制度缺乏、监管缺失以及投

第二章　建立社会主义市场经济下的金融体制：改革与制度建设并行（1993—2000）

资者投机性明显等背景下，出现了大量违规违法事件。

证券市场违规事件频发。20世纪90年代，沪深交易所市场只有主板市场，从初期的13家上市公司发展为1088家公司，市场扩容83倍，对于提升直接融资规模具有重要意义。与此同时，证券市场中也出现诸如"宝延风波""杭萧钢构案""银广夏陷阱案""中科创业股票操纵案""亿安科技股价案"等一大批大案要案，违法行为覆盖操纵股价、内幕交易、财务造假以及非法经营等多个领域。中国证券监督管理委员会行政处罚决定书（银广夏）中所述，"银广夏自1998年至2001年期间累计虚构销售收入104962.60万元，少计费用4845.34万元，导致虚增利润77156.70万元。其中：1998年虚增利润1776.10万元，由于银广夏主要控股子公司天津广夏1998年及以前年度的财务资料丢失，银广夏1998年度利润的真实性无法确定；1999年虚增利润17781.86万元，实际亏损5003.20万元；2000年虚增利润56704.74万元，实际亏损14940.10万元；2001年1—6月虚增利润894万元，实际亏损2557.10万元"。

期货市场凸显投机性，衍生工具凸显风险性。到1993年底，全国各类期货交易所达50多家，期货经纪公司有300多家，数量迅猛增加的同时，交易品种重复，期货经营机构管理混乱，有的企业甚至挪用资金进行期货投机，盲目发展境外期货交易，地下交易和欺诈时有发生。如上海"粳米"事件、海南"棕榈油M506"事件、广联"粳米"事件、苏州"红小豆602"事件等。期货市场过度投资、违规操作问题较多，处于"无序发展、无人监管"状况。其中，以"327国债事件"影响最大、波及最广，导致自1995年5月18日起在全国范围内暂停国债期货交易试点。

（二）债券市场发展相对平稳，但也存在个别问题

1996年12月，中央国债登记结算有限责任公司在国务院和人民银行的批准后成立，标志着我国国债市场开始进入规范化、全面化发展时期。国库券的发行从1996年开始全面市场化，实现了从承购包销到公开招标的全方位转变，初步建立了"基数承购、差额招标、竞争定价、余额包销"的发行方式。与国债发行一致，企业债和金融债也进入规范化管理阶段。但根据《银行间债券市场97年综述》可以看出当时存在的问题，"1997年6月以前，在证券交易所的回购市场上，由于非银行金融机构被允许进入，因此，回购市场是银行资金流向非银行金融机构的重要渠道。在股市旺盛时，回购市场上的短期利率很高，特别是当新股发行时，短期利率更是涨幅惊人。这往往抑制了国债本身的投资价值，更重要的是，一些机构利用国债回购市场买空卖空，形成债务链，扰乱了正常的金融秩序。1997年6月，为了防止股市过热，中央银行规定商业银行不得进入证券交易所的回购市场交易，同时开办了商业银行间的回购市场"[①]。

（三）基金业进入调整与规范期

1994年，我国进入经济金融治理整顿阶段，基金发展过程中积累的问题逐步暴露，多数基金资产状况趋于恶化，发展陷于停滞状态。1997年之前设立的这些基金，市场通常称为"老基金"，先后有70余只，总资产90多亿元，投资者约120万户。"老基金"

---

① 《银行间债券市场97年综述》，中国债券信息网，1998年1月10日。

市场的发展，积累了一定的运作经验，培养了一批基金管理人才。但由于经济过热和监管缺失，也积聚了大量风险。特别是欠缺统一监管法规，"老基金"普遍存在运作规范程度低、基金规模小、资产质量不高、信息披露不规范以及投机性严重等问题。

二、市场制度建设逐渐发力

为保证资本市场健康、有序发展，在这一时期开始依次解决改革初期存在的矛盾和问题，以提高市场的稳定性，促进长远发展。

（一）实行以审批制为主的股票发行上市制度

证券发行制度的设计是以减少系统性金融风险作为第一要务，我国主要经历了行政色彩较浓的审批制和市场化成分日益增多的核准制。1993年4月22日，国务院颁布了《股票发行与交易管理暂行条例》，标志着审批制的正式确立。在审批制下，股票发行由国务院证券监督管理机构根据经济发展和市场供求的具体情况，在宏观上制定一个当年股票发行总规模（额度或指标），经国务院批准后，下达计委，计委再根据各个省级行政区域和行业在国民经济发展中的地位和需要，进一步将总额度分配到各省、自治区、直辖市、计划单列市和国家有关部委。省级政府和国家有关部委在各自的发行规模内推荐预选企业，证券监管机构对符合条件的预选企业的申报材料进行审批。在这个阶段确定了105亿股发行额度，共有200多家企业发行，筹资400多亿元。1996年，随着国务院证券委员会《关于1996年全国证券期货工作安排意见》的颁布，开始推行"总量控制，限报家数"的指标管理办法。由国家计委、证券委共同制定股票发行总规模，证监会在确定的规模内，根据市场情况向各省级政府和行业管理部门下达股票发行家数指标，省级政府或行业管理部门在指标内推荐预选企业，证券监管部门对符合条件的预选企业同意其上报发行股票正式申报材料并审核。1996年、1997年分别确定了150亿股和300亿股的发行量，共有700多家企业发行，筹资4000多亿元。

从额度管理转变为指标管理，解决了早期股票发行体制下存在的某些突出矛盾。在股票市场发展的初期，中介机构和投资者不成熟的情况下，审批制较充分地利用了国家行政权力来监管发行公司，在一定程度上保证了股票市场的健康成长。

（二）初步建立信息披露制度

信息披露制度是证券市场实现公平、公正、公开的必要保证，也是维护证券市场的重要基础。1991年6月，"老八股"年报首次在《上海证券交易所专刊》试刊号上亮相，当时8家公司的《1990年经营状况说明书》仅是简表，缺乏统一的股份公司会计制度和财务报表。1992年5月，财政部和国家经济体制改革委员会联合颁布了《股份制试点企业会计制度》，开始了中国上市公司信息披露司法与公共权力管制阶段。从1992年年度报告开始，资产负债表、损益表、财务状况变动表这三个国际公认的最能反映企业经营状况的财务报表开始全部刊登。同时，文字说明部分包括公司基本情况、公司高级管理人员情况、财务指标分析、重大事项等内容。每家公司年报的篇幅也迅速扩大为一个整版。1994年1月，中国证监会出台了《公开发行股票公司信息披露的内容与格式准则第二号〈年度报告的内容与格式（试行）〉》，详细规定了上市公司年报披露的期限、报表的内容，并具体要求揭示8项财务指标，即总资产、净资产、主营收入、税后利润、每股收益、每股权益、净资产收益率和股东权益比率，还相应地规定了计算方法和口径。由此，上市公司信息披露日益趋于规范化。

（三）建立退市制度

在我国资本市场发展初期，退市制度处于空白。1993年，国务院颁布实施的《股票发行与交易管理暂行条例》，仅对被收购公司退市作了原则性规定。1999年7月实施的《中华人民共和国证券法》（简称《证券法》），规定国务院证券监督管理机构可以授权证券交易所依法暂停或终止股票上市。1999年6月，沪深交易所同时出台《股票暂停上市相关事项的处理规则》，规定连续3年亏损的公司，其股票应当暂停上市。公司暂停上市期间，上海和深圳证券交易所则根据《公司法》《证券法》，为公司股东及投资者提供特别转让服务，被称为"PT"，即"特别转让制度"。从1999年7月9日起，该制度主要针对股票暂停上市存在退市风险的公司实施，后却发生了爆炒PT股票的投机现象，最终使得PT制度在实践中没有取得预期的效果。

三、资本市场基础性法律法规陆续出台

随着资本市场运行中各种问题的出现，国务院、中国人民银行以及证监会等政府职能部门开始建立相应的监督管理体系。

（一）基本法律开始涉及证券领域

1994年7月1日,《中华人民共和国公司法》正式施行,为公司制和资本市场发展奠定了法律基础。1997年3月14日,八届全国人大五次会议通过了新修订的《中华人民共和国刑法》,证券犯罪被写入刑法。1999年7月1日,《证券法》施行,确立了证券市场在社会主义市场经济体系中的法律地位,为资本市场的规范发展奠定了坚实的法律基础。

（二）制止乱集资和加强债券发行管理

1992年邓小平南方谈话之后,中国经济快速增长,催生了大量资金需求,彼时我国未限制债券发行规模,大量市场主体依靠发行债券筹集资金。但由于债券在银行柜台售卖,当债券不能兑付时,部分银行未遵守"买者自负"的原则,将债券置换银行贷款进行兑付,产生大量挤兑问题。在此背景下,1993年4月,国务院颁布《关于坚决制止乱集资和加强债券发行管理的通知》,要求严格控制各项债券的年度发行规模、加强对债券发行审批工作的管理。规定企业发行债券的总额不得大于该企业的自有资产净值,且企业为固定资产投资发行债券,必须纳入固定资产投资规模,其发行总额不得超过自筹投资和国家预算内投资之和。同年8月,出台《企业债券管理条例》,对企业债券的票面内容、发行章程等进行了明确说明。1998年,将债券发行审批权移交国家发展和改革委员会,也是出于债券发行必须与固定资产投资规模相匹配的考虑,以解决期货市场盲目扩张的问题。

针对期货市场中出现的私自在境内非法经营外汇期货和外汇按

金交易，以及进行误导下单、私下对冲等欺诈手段和大量逃汇套汇活动，特别是对于引发较大社会影响的"327国债事件"，1993年末，我国开始清理整顿期货市场。1993年11月，国务院发布《关于坚决制止期货市场盲目发展的通知》，本着"规范起步，加强立法，一切经过试验和严格控制"的原则，清理整顿期货市场，打击各类非法期货交易活动。文件下发后取得了一定的成效，但盲目兴办期货市场的问题仍未完全解决。1994年5月，国务院办公厅批转国务院证券委《关于坚决制止期货市场盲目发展若干意见请示的通知》，从6个方面进行完善：

一是对已经成立的期货交易所进行审核。各部门和各级地方政府要立即停止审批新的期货交易所。二是严格限定期货交易的范围。各交易所要以商品期货交易为主，对开办金融期货业务要严格控制。三是严格审批各类期货经纪公司。暂停审批新的期货经纪公司。四是从严控制国有企业、事业单位参与期货交易。对国有企业、事业单位参与期货交易要进行严格控制，因业务需要参与期货交易的要以套期保值为主，并只能从事与本单位生产经营相关的期货品种。五是坚决查处各种非法期货经纪活动。凡未在国家工商行政管理局登记注册而擅自开展期货交易的均属非法交易，要坚决予以取缔，没收其非法所得和各类设备，对其主要负责人进行必要的处罚。六是加强期货市场的监管工作。

（三）清理规范基金业

中国证监会从1999年到2002年对"老基金"进行了清理规范，将原来在各地证券交易中心挂牌交易的"老基金"规范为符合要求的封闭式证券投资基金。同时，为了妥善解决历史遗留问题，证监会准许这些"老基金"规范后在沪深交易所挂牌交易,并通过扩募、续期等方式弥补基金持有人的部分损失。到 2001 年 4 月 17 日,随着沈阳兴沈、沈阳久盛及富岛基金的摘牌,最后一批"老基金"告别深沪证券市场,"老基金"的清理规范工作至此基本结束,彻底解决了基金业发展的历史遗留问题。

(四)为双向开放给予法律上的保障

1994 年 8 月和 1995 年 12 月,国务院分别颁布《关于股份有限公司境外募集股份及上市的特别规定》《关于股份有限公司境内上市外资股的规定》。前者对股份有限公司向境外投资人募集并在境外上市及相关活动给予规范和监督管理,后者对股份有限公司境内上市外资股的投资主体、权利和义务、公司章程、监督管理等细则进行了规范。1997 年,国务院颁布《关于进一步加强在境外发行股票和上市管理的通知》,以防止境内资产以各种形式转移到境外上市,消除不良影响,为双向开放的资本市场奠定了制度基础。

第四节 对外开放取得明显进展

一、南方谈话的重要推动作用

1992 年元旦之后,邓小平开启了视察南方行程,发表了系列重要谈话。各方积极反应,党中央和国务院迅速部署,中华大地掀起了新一轮加快改革开放的热潮。谈话内容主要集中在 6 个方面:一是毫不动摇地坚持党的"一个中心、两个基本点"的基本路线,认清改革也是解放生产力；二是阐述了社会主义的本质问题，提出要在坚持"三个有利于"标准的前提下，大胆地进行试验；三是强调抓住时机，发展自己，关键是发展经济；四是坚持两手抓，两手都要硬；五是正确的政治路线要靠正确的组织路线来保证；六是坚定社会主义信念，要用马克思主义的历史唯物主义去认识人类社会发展的规律。

邓小平的谈话引起了积极的反应，党中央要求深刻领会邓小平重要谈话精神。在南方谈话的推动下，坚持实事求是，进一步冲破"左"的思想束缚，加快对外开放步伐的行动在全国兴起。

党的十四大确立社会主义市场经济体制更是为进一步扩大开放、推进外贸体制向以市场调节为主转变奠定了坚实基础。1992年10月12日至18日，中国共产党第十四次全国代表大会在北京召开。大会作出了三项具有深远意义的决策：一是要求全党抓住机遇，加快发展，集中精力把经济建设搞上去；二是明确我国经济体制改革的目标是建立社会主义市场经济体制；三是确立了邓小平建设有中国特色社会主义理论在全党的指导地位。党的十四大的胜利召开，标志着中国特色社会主义改革开放和现代化建设事业进入新的发展阶段。

二、利用外资和对外投资取得快速发展

（一）利用外资方针变动和政策重点

在经济体制改革的强力推动下，我国经济驶入发展快车道，推进利用外资工作大幅提速。在此背景下，外资主管部门待解的基本问题已由上一时期"为利用外资开创哪些条件"转换为"吸引外资

内容应有哪些侧重",即必须对分属不同产业属性的外资加以甄别后方能有效利用。

亚洲金融危机前,我国吸引利用外资的政策规则有如下工作重点:适度发展指导思想,推动利用外资方针转变;进一步收紧区域政策,落实开放格局深度调整;明确产业政策重点领域,疏导鼓励外商投资方向;继续完善涉外法律法规,探索外资主体多元化;细化外资管理体制,审慎放权,激励地方主动性;清理不适宜优惠政策,渐进落实外资国民待遇。

1997年亚洲金融危机冲击我国经济,加之为加入世贸组织所做的前期筹备进入关键期,这一阶段我国外资政策取向总体为"稳中求进"。一方面,致力于调整既有的外资政策体系,以求匹配国际惯例及世贸组织规则等相关要求。另一方面,通过引导外资流向,着手调整我国东、中、西部产业结构及经济发展不平衡。这一时期我国吸引利用外资的政策规则有如下工作重点:深化稳定发展指导思想,转变利用外资主体目标;积极引导外资空间分布,促进东、中、西部经济协调发展;审慎调整产业指导目录,加快国内市场开放力度;合理重构优惠政策体系,促进利用外资重心迁移;加快修改主干法律法规,大力提高外资规则普适性。

(二)对外直接投资开始起步

国际国内形势出现新的变化。1991年苏联解体,曾经的加盟共和国纷纷加入西方主导的国际秩序,经济全球化在世界范围内取得重大胜利。同时我国农村基本完成家庭联产承包责任制改革,邓小平的南方谈话和接下来的企业改革进一步确立改革开放的发展路线。在此背景下,我国对外开放的步伐开始加速,企业逐渐参与

第二章　建立社会主义市场经济下的金融体制：改革与制度建设并行（1993—2000）

到对外投资活动中来。国内的大型工商企业开始走出国门，在全球布局营销网络和采购渠道，各省市为服务外资而创办的外贸企业也开始在全球范围内构建销售网络。

1992年党的十四大报告《加快改革开放和现代化建设步伐，夺取有中国特色社会主义事业的更大胜利》，第一次明确提出要"积极扩大我国企业的对外投资和跨国经营"。1997年，江泽民在接见全国外资工作会议代表时指出，"我们不仅要积极吸引外国企业到中国投资办厂，也要积极引导和组织国内有实力的企业'走出去'，到国外去投资办厂，利用当地的市场和资源。……必须下大力气研究和部署如何'走出去'搞经济技术合作。'引进来'和'走出去'，是我们对外开放基本国策两个紧密联系、相互促进的方面，缺一不可。……这是一个大战略，既是对外开放的重要战略，也是经济发展的重要战略"[①]。

这一时期中国对外投资存量依旧很小，管制措施依旧很严格，但是相比之前已有显著发展。为了满足企业日益增长的对外投资活动需求，政府大幅简化项目审批和外汇管理流程，取消行政审核30余项，简化合并10余项，办理时限大幅缩短，这些举措对促进对外投资发展有显著效果。根据世界银行的世界发展指标显示，2000年中国的对外直接投资额达6.2亿美元，对外直接投资在GDP中的占比稳定在0.4%左右。

在国家政策的支持下，更多有竞争力的企业开始进行海外投资。以中石油、中海油等为代表的大中型国有企业成为对外投资的

---

① 《江泽民文选》第二卷，北京：人民出版社，2006年版，第92页。

主要力量，以华为公司、中兴公司为代表的民营企业开始探索对外投资合作。根据相关统计，1992年之后的10年，中国在海外设立的非贸易性企业共计1608家，平均每年201家，投资主要分布在资源开发、加工装配、交通运输、工程承包、医疗卫生、旅游和餐饮等多个行业，投资的地区也进一步扩展到世界140多个国家和地区。[①]

三、对外开放需要金融业开放新空间

（一）我国开放领域不断扩大

在1997年至1999年的入世谈判关键期，中国加大了外贸体制改革和完善的力度，重点是进一步改善外贸宏观管理，推进对外贸易企业放开经营。在这一阶段，我国开放领域不断扩大，比如国有外贸企业股份制改革取得新突破，力争初步建立现代企业制度；继续深化外贸管理体制改革，进出口商品许可证和配额限制不断减少；外经贸经营权自动登记扩大试点取得新突破，逐步过渡到完全登记备案制；服务业对外开放井喷式扩张，包括流通领域中外合资外贸公司的试点，金融业、保险业、商品零售、交通运输、铁路货运、民用航空、远洋运输、旅游业、法律、会计、广告、电视广播、电信、职业中介、教育、医疗卫生、邮电、建筑承包、计算机及相关服务、近海和陆上石油服务、房地产、城市规划和咨询等服务业扩大开放。

---

① 钞鹏：《中国企业对外投资发展历程和规模分析》，《武汉商业服务学院学报》，2014年28期。

（二）金融业扩大开放的主要举措

1994年4月,《中华人民共和国外资金融机构管理条例》开始实施。1994年8月，国务院又批准开放北京、沈阳、石家庄、西安、成都、重庆、武汉、合肥、苏州、杭州、昆明等11个中心城市，允许外资银行设立营业性分支机构。在此期间，国务院还批准设立了一家中外合资投资银行——中国国际金融股份有限公司。1996年11月，第一家中外合资保险公司——中宏人寿保险有限公司——在上海成立。1996年12月1日，经国务院批准，中国人民银行发布《上海浦东外资金融机构经营人民币业务试点暂行管理办法》，开始审批设在上海浦东符合条件的外资金融机构经营人民币业务，当年中国人民银行上海市分行已受理10家外资银行经营人民币业务的申请。在证券基金业方面，1997年11月13日，中国证券监督管理委员会与巴西证券委员会在北京签署证券监管合作谅解备忘录；11月14日，《证券投资基金管理暂行办法》经国务院批准，由国务院证券委员会正式发布。1998年4月，中国人民银行批准在上海浦东经营人民币业务的外资银行进入全国同业拆借市场；1998年8月，又批准深圳经济特区的5家外资银行开办人民币业务。

我国在这一时期积极参与多边金融合作，金融主动开放的态度明显。中国人民银行于1996年9月正式加入国际清算银行。国际清算银行董事会于1996年9月9日通过决议，邀请中国人民银行等9个国家和地区的中央银行和金融管理当局加入国际清算银行。我国积极参加亚太地区的金融组织。中国人民银行还参加了亚太地区多个中央银行组织：东南亚—新西兰—澳大利亚中央银行组织、东亚及太平洋地区中央银行行长会议组织。加入美洲地区次区域开发机构:为了加强中国与加勒比地区的经贸合作,我国于1998年1月加入加勒比开发银行。加入非洲次区域开发机构:2000年5月,我国加入东南非贸易与开发银行。

四、稳妥应对1997年亚洲金融危机

1997年亚洲金融危机是对世界经济有深远影响的一次区域性金融危机。1997年7月2日,泰国财政部和中央银行宣布放弃自1984年以来实行了14年的泰铢与美元挂钩的固定汇率制,实行浮动汇率制,这标志着亚洲金融危机正式爆发。很快,危机开始从泰国向印度尼西亚、菲律宾、马来西亚等东南亚国家蔓延。1998年,危机波及"亚洲四小龙"。这不仅使已经连续10年高速增长的东南亚国家的经济遭受重创,国际金融市场持续动荡,而且使世界经济环境日益恶化。

1997年,亚洲金融危机的爆发使我们认识到在开放经济条件下保持国家经济安全的重要性,同时意识到保持金融健康发展至关重要,它是发展中国家在金融开放中有效维护国家经济安全的重要前提条件,其间我国加强宏观调控以应对亚洲金融危机。

面对严峻和复杂的经济形势,我国以高瞻远瞩和运筹帷幄的战略眼光,果断科学决策,开始有条不紊地应对这场危机。1997年11月,党中央、国务院召开全国金融工作会议,提出了加快金融体制改革、整顿金融秩序、防范金融风险的任务、原则和一系列重大改革措施。1998年初,党中央、国务院批准并转发了国家计委《关于应对东南亚金融危机,保持国民经济持续健康发展的意见》。

第二章　建立社会主义市场经济下的金融体制：改革与制度建设并行（1993—2000）

国家开始实施一揽子应对金融危机、刺激经济的措施。尤其是对外在坚持经常项目可兑换的同时，加强真实性审核管理，严格资本项目管理，及时规范了外汇收支秩序，增强了市场信心。人民币不贬值的郑重承诺避免了亚洲地区出现竞争性贬值，维护了区域经济金融环境稳定，赢得国际社会一致好评。

我国在这一时期实行稳定汇率的政策。在亚洲金融危机的冲击下，东南亚各国的经济遭受了重创，这些国家的货币竞相贬值，许多货币贬值在百分之三十、四十甚至五十以上。当时，人民币汇率走势成为国内外关注的焦点。我国政府审时度势，认为人民币贬值弊大于利，虽然可以刺激出口，但是将进一步加剧东南亚地区乃至全世界的金融动荡局面，也不利于中国经济的长期稳定发展。在中国与东盟国家首脑会晤时，我国承诺不仅不会使人民币贬值，还尽可能为东盟国家提供援助，以此减轻或化解受灾国家的金融压力。我国主动收窄了人民币汇率浮动区间，并采取其他配套措施鼓励出口和吸引外资，避免了对外贸易和利用外资出现大的波动。

实施以加强真实性审核为核心的外汇管理措施。亚洲金融危机期间保持人民币汇率不贬值，意味着调整压力集中转移到跨境资本流出环节。1998年初，我国出口出现大幅下滑，银行结汇下降，售汇攀升，结售汇顺差大幅缩小。企业利用假进口报关单骗汇、逃汇情况频发，外汇黑市活跃，保持人民币汇率稳定的压力大。考虑到我国经常项目已经实现可兑换，在与国际货币基金组织充分沟通的基础上，我国政府采取了加强经常项目下贸易真实性审核、严格资本项目管制、组织全国外汇大检查和打击外汇黑市等措施，维护了正常的外汇收支秩序，保证了人民币汇率和外汇储备稳定。

我国积极参与多边金融合作和互助，为国际金融市场的稳定作出了重要贡献。1997年亚洲金融危机爆发后，由中国领导人倡导的"10+3"财政及央行副手级对话会已成为东亚各国加强金融合作的主要机制。2000年5月，在泰国清迈举行的"10+3"财长会议通过了建立区域性货币互换网络的协议，即《清迈倡议》。在1997年亚洲金融危机期间，中国人民银行代表中国政府参与了国际货币基金组织向泰国提供的一揽子紧急援助，向泰国贷款10亿美元。1997年11月，印度尼西亚金融危机爆发后，中国出资3亿美元，参加支持印度尼西亚的应急资金援助安排。

第三章
金融体制现代化建设：逐步融入全球化（2001—2008）

进入 21 世纪，我国对外开放的力度不断加大、领域不断拓宽、水平不断提高，逐步融入全球化。2001 年 12 月，中国正式成为世界贸易组织成员。党的十六大报告提出要完善社会主义市场经济体制，推动经济结构战略性调整；完善国家计划和财政政策、货币政策等相互配合的宏观调控体系，发挥经济杠杆的调节作用；加强金融监管，防范和化解金融风险，使金融更好地为经济社会发展服务。为适应中国人民银行职能的调整和金融监管体制的改革，2003 年 12 月 27 日，十届全国人大常委会第六次会议通过了《中华人民共和国中国人民银行法》和《中华人民共和国商业银行法》的修改决定，并通过了《中华人民共和国银行业监督管理法》，以法律的形式肯定了中国金融业改革的成果。

第一节　调整、整合中国人民银行职责

2003 年，按照党的十六届二中全会审议通过的《关于深化行政管理体制和机构改革的意见》和十届全国人大第一次会议批准的

《国务院机构改革方案》,将中国人民银行对银行业金融机构的监管职能分离出来,并和中央金融工委的相关职能进行整合,成立中国银行业监督管理委员会。

一、修改《中华人民共和国中国人民银行法》

2003年12月27日,十届全国人大常委会第六次会议通过了《中华人民共和国中国人民银行法》的修改决定。修改后的《中华人民共和国中国人民银行法》,将中国人民银行的职责调整为制定和执行货币政策、维护金融稳定和提供金融服务等三个方面。概括而言,中国人民银行在履行职责方面最大的变化集中体现为"一个强化、一个转换和两个增加"。"一个强化",就是强化了中国人民银行与制定和执行货币政策有关的职责。具体而言,《中华人民共和国中国人民银行法》第十二条要求中国人民银行货币政策委员会在国家宏观调控、货币政策制定和调整中发挥重要作用,这是首次将对货币政策委员会职能的规定上升至法律层次,并将货币政策委员会发挥作用的领域从货币政策的制定和调整延伸至国家宏观经济调控,货币政策委员会咨询议事的范围得以扩大。"一个转换",即由过去主要通过对银行业金融机构的设立审批、业务审批和高级管理人员任职资格审查及日常监督管理等直接监管的职能,转换为履行对金融业宏观调控和防范与化解系统性金融风险的职能,也就是维护金融稳定的职能。"两个增加",是指增加反洗钱和管理信贷征信业两项职能。修改后的《中华人民共和国中国人民银行法》实施后,中国人民银行不再履行对银行业、证券业和保险业的金融监管职责,更加专注于制定和执行货币政策,在金融宏观调控、防范与化解金融风险中的作用得到进一步发挥,金融服务职责得到进一步加强。

二、完善人民币汇率形成机制与推动外汇管理体制改革

(一)完善人民币汇率形成机制

2003年10月,党的十六届三中全会通过《中共中央关于完善社会主义市场经济体制若干问题的决定》,明确提出要"完善人民币汇率形成机制,保持人民币汇率在合理、均衡水平上的基本稳定"[①]。

经过精心准备和周密部署,2005年7月21日,中国人民银行发布《关于完善人民币汇率形成机制改革的公告》,开始实行以市场供求为基础、参考一篮子货币进行调节、有管理的浮动汇率制度。同时,对多年稳定的人民币汇率水平进行了初始调整。2005年7月21日19时,人民币对美元交易价格调整为1美元兑换8.11元人民币,即人民币对美元升值2%。汇率形成机制改革后,人民币汇率不再盯住单一美元,而是根据我国对外经济发展的实际情况,选择若干种主要货币,赋予相应的权重,组成一个货币篮子。中国人民银行根据国内外经济、金融形势,以市场供求关系为基础,参考一篮子货币计算人民币多边汇率指数的变化,对人民币汇率进行管理和调节,维护人民币在合理、均衡水平上的基本稳定。

[①] 《中国人民银行有关负责人就〈中国人民银行法〉修改有关问题答记者问》,中国人民银行官网,2003年12月18日。

2006年1月3日，为完善人民币汇率形成机制，促进外汇市场发展，丰富外汇交易方式，提高金融机构自主定价的能力，中国人民银行发布《关于进一步完善银行间即期外汇市场的公告》，规定自2006年1月4日起，在银行间即期外汇市场上引入询价交易方式，人民币兑美元汇率中间价的形成方式，由此前根据银行间外汇市场以撮合方式产生的收盘价确定，改进为银行间外汇市场做市商报价的加权平均值。

2007年5月18日，中国人民银行发布《关于扩大银行间即期外汇市场人民币兑美元交易价浮动幅度的公告》，宣布自2007年5月21日起，银行间即期外汇市场人民币兑美元交易价日浮动幅度由3‰扩大至5‰。

（二）探索创新外汇管理理念和方式，外汇市场建设深入推进

2001年，我国加入世界贸易组织，为适应开放的大国经济，外汇管理逐渐转向"均衡管理"方式，明确了国际收支平衡的管理目标。进一步完善经常项目外汇管理，提高贸易便利化程度；改变"宽进严出"的管理模式，实行资金流入流出均衡管理，逐步使资金双向流动的条件和环境趋于一致；调整"内紧外松"的管理格局，逐步减少对内资、外资的区别待遇，创造公平竞争的市场环境；转变"重公轻私"的管理观念，规范居民个人和非居民个人外汇收支；减少行政管制，外汇管理逐步从直接管理转向主要监管金融机构的间接管理，从主要进行事前审批转向主要依靠事后监督管理。

2005年人民币汇率形成机制改革以后，中国人民银行出台了

第三章　金融体制现代化建设：逐步融入全球化（2001—2008）

一系列配套措施，大力推进外汇市场建设。2005年8月，中国人民银行发布《关于扩大外汇指定银行对客户远期结售汇业务和开办人民币与外币掉期业务有关问题的通知》，将办理远期结售汇业务的主体范围扩大到所有符合条件的外汇指定银行，放开了交易期限，允许银行自主定价，增加了掉期业务以及后续一系列配套措施等。

（三）完善外汇储备经营管理

进入21世纪以来，我国逐渐摆脱外汇资源短缺状态，外汇储备规模自2006年以来稳居世界第一。面对国际金融市场大幅波动，我国外汇储备实行国务院、中国人民银行和国家外汇管理局三级授权管理制度，加强中长期战略摆布，审慎优化货币和资产结构，保障储备资产安全、流动和保值增值。外汇储备积极拓展多元化运用，2003年通过中央汇金公司支持国有商业银行改革；2011年成立委托贷款办公室，为后续设立丝路基金等股权投资机构、服务"一带一路"建设和国际产能合作奠定基础。

三、加快金融法治建设和金融基础制度与设施建设

（一）支付体系与征信体系不断完善

支付体系是金融基础设施的核心。中国人民银行专门行使中央银行的职能后，开始推动对支付结算体系的改革，不断改进和完善支付清算基础设施。一方面，我国支付体系的发展旨在不断满足公众的小额支付交易需求，提高支付便利性，为经济社会创造活力。改革开放初期，老百姓缺少个人支付工具，个人支票和集体企业支票无法流通。1985年3月，中国银行珠海分行发行了中国第一张

人民币信用卡——中银卡。银行卡的发展极大地提高了支付的便利性。但在银行卡发展初期，由于不同的银行所发行的银行卡需相应的POS机具，给跨行支付造成极大的不便。1993年，我国正式启动了旨在实现流通货币电子化的"金卡工程"，其核心是解决银行卡的跨银行和跨地区联网通用问题。2000年，初步建成了全国18个城市银行卡跨行交换系统及信息交换总中心。2002年3月，为在更大范围内解决银行卡跨行、跨地区使用问题，推动联网通用，经国务院同意，中国的银行卡联合组织——中国银联——正式成立，跨行支付问题得到很大程度的解决。

支付体系是国家经济金融体系的重要组成部分，所有金融交易都要依靠支付系统完成，关系到国家的金融安全。从历次国际金融战来看，CHIPS和SWIFT支付体系成为美国金融制裁世界各国的关键。CHIPS（Clearing House Interbank Payment System）为1970年成立的纽约清算所银行同业支付系统，是全球最大的私营支付清算系统之一；SWIFT（Society for Worldwide Interbank Financial Telecom）为1973年成立的环球同业银行金融电讯协会，是全球各大银行创办的金融服务性机构，为金融机构提供安全报文交换服务与接口软件。2014年乌克兰危机爆发，美欧对俄罗斯采取了包括金融制裁在内的多领域制裁，其中最为极端的措施是切断俄罗斯银行同SWIFT系统的联系，从而打击俄罗斯银行支付系统，对俄罗斯经济活动造成巨大的负面影响。我国支付体系的不断完善，对维护国家金融安全起到很大的作用。

征信体系逐步健全和完善。我国反洗钱工作起步较晚，但是发展很快，在较短时间内，在刑事立法、预防措施、制度安排和国际合作等四个方面取得了快速发展和显著进步，建立起较为完整的反洗钱制度。

（二）金融会计统计制度逐步完善

自 2007 年起，我国开始深入研究金融统计标准化问题，借鉴了国际上切实可行的成功做法，逐步形成了一套完整的设想和实施思路。

我国标准化统计信息监测系统初见成效，标准影响力、辐射力明显加大，中国人民银行与中国证监会、中国保监会共同设计了标准化的核心指标采集体系，探索开展金融业综合统计。为适应我国金融市场多元化的发展趋势，从 2011 年开始，中国人民银行正式开展社会融资规模的统计、监测与分析，较好地弥补了传统总量指标的不足，为进一步加强金融调控、实施逆周期宏观审慎管理提供了新的抓手。不断丰富经济金融调查体系，加强民间借贷、房价等问题的调查监测，提高预测工作水平。

（三）货币制度、国库体系和金融信息化体系不断完善

中国人民银行稳步推进货币发行现代化建设，其中包括货币发行业务信息化建设、钞票处理现代化建设和发行库建设。2003 年修正的《中华人民共和国中国人民银行法》进一步明确了中国人民银行经理国库的职能。中国人民银行经理国库体制的确立，使人民银行由受政府委托代理国库业务转为依法经理国库。2003 年以来，中国人民银行建立了以支付系统为核心、同城票据交换和国库内部往来为补充、相对独立的国库资金清算体系，包括之后实施的一系列政策和举措，如推进国库会计核算系统建设、推进国库信息处理系统和管理系统建设等，使得国库信息化建设取得显著成效。

"十一五"期间,金融业信息化建设由分散走向集中,数据集中成为信息化发展的主要趋势。这一时期,金融标准逐渐渗透到金融活动的各个层面,我国金融标准化也呈现出跨越式发展趋势。

四、完善宏观调控体系,妥善应对 2008 年国际金融危机

为顺应金融业综合经营趋势,我国稳步推进金融监管协调机制建设,进一步提高金融监管水平,防范跨行业、跨市场、跨境金融风险,维护金融稳定和金融安全。

(一)积极创新货币政策调控工具

加入世界贸易组织以来,我国在金融调控、金融改革、金融稳定等方面遇到了许多新情况和新问题。中国人民银行借鉴国际经验,立足我国实际,积极创新货币政策调控工具。按照金融宏观调控的国际经验,中国人民银行在公开市场上买卖的有价证券主要是财政部发行的国债。1998 年以来,公开市场业务已成为中国人民银行货币政策日常操作的重要工具,但进入 21 世纪以后,以国债为主要工具的公开市场操作在我国出现了新的问题。当时中国人民银行持有的国债数量非常有限,在贸易顺差持续增加、外汇大量流入的情况下,将有限的国债用于公开市场操作难以适应宏观调控的要求。中国人民银行经过认真研究和准备,推出中央银行票据,并以发行央行票据的方式来冲销迅猛增长的外汇占款。2002 年 9 月,中国人民银行将当时公开市场操作未到期的正回购债券转换为相同期限的央行票据。2003 年 4 月,中国人民银行开始直接发行

央行票据。此后，发行央行票据成为中国人民银行调节市场流动性的重要工具。此外，为了根据不同金融机构的情况实行差别化调控，中国人民银行还在2006年、2007年对部分贷款增长较快且流动性充裕的商业银行定向发行央行票据，既有效收回了流动性，也对信贷增长较快的金融机构起到了警示作用。

（二）推进利率市场化改革

2003年10月，党的十六届三中全会通过的《中共中央关于完善社会主义市场经济体制若干问题的决定》进一步明确了利率市场化改革的目标，即"稳步推进利率市场化，建立健全由市场供求决定的利率形成机制，中央银行通过运用货币政策工具引导市场利率"。按照这一总体部署，近年来，我国利率体系建设步伐加快，利率市场化改革稳步推进。按照"先外币，后本币；先贷款，后存款；先长期、大额，后短期、小额"的原则，有序开展利率市场化改革，不断简化利率管理，扩大利率浮动区间：一是金融机构存、贷款利率浮动区间不断扩大，二是积极构建和培育货币市场基准利率体系，三是中央银行利率体系和利率调控不断完善。

（三）妥善应对2008年国际金融危机

2008年国际金融危机爆发以来，在党中央、国务院的领导下，中国人民银行始终注意在危机发展演变的不同阶段把握好政策的取向和力度，对货币政策适时适度调整，不断扩大应对危机冲击的成果，处理好保增长、调结构与稳物价之间的关系。在危机冲击最严重时，果断实施适度宽松的货币政策，对提振信心、扩大内需、促进经济回升发挥了重要作用；在国内经济向好势头逐步巩固后,及时转向并回归稳健,总体保持了经济平稳较快发展的势头,物价涨势得到有效控制。

危机爆发后,主要发达经济体实施量化宽松的货币政策,对我国外汇形势产生巨大的冲击。外汇管理部门密切跟踪形势变化,强化跨境资金流动监测预警和真实性审核,保持人民币汇率在合理均衡水平上的基本稳定,有效避免了外部风险传染。

第二节 金融业的发展成熟与监管完善

这一时期我国国有商业银行完成了股份制改革并实现上市(农业银行上市时间稍晚),成功实现了向现代商业银行的转型。继城市商业银行之后,农村商业银行也在农村信用社的基础上开始组建。2003年中国银监会组建,标志着我国银行业监管工作进入了一个新阶段。

一、国有商业银行的股份制改革与上市

根据中国加入世界贸易组织的承诺,2006年我国银行业要全面对外开放,届时中资银行不得不面对国际先进银行的竞争,因此必须采取措施提高国有商业银行的竞争力。

2003年,党中央、国务院审时度势,果断启动了国有独资商业银行股份制改革,采取更加彻底的市场化改革方式:首先,动用国家资源对国有独资商业银行进行财务重组,彻底消化历史包袱;其次,按照《公司法》《商业银行法》的规定,把国有独资商业银

行改组为股份有限公司；再次，引进境内外合格机构投资者（包括战略投资者和财务投资者），促进国有商业银行建立良好的公司治理和内部控制；最后，国有商业银行公开上市，成为公众持股公司，接受市场监督。事实充分证明，通过按市场化原则在体制和机制上进行彻底改革，国有商业银行发生了脱胎换骨的变化，成为真正的市场主体。

根据国有独资商业银行的具体情况，国务院决定选择中国银行和中国建设银行进行股份制改造试点。2003年12月30日，由国家外汇储备出资成立的中央汇金投资有限责任公司对中行和建行分别注入225亿美元作为资本金。国务院要求新的资本金注入后，要对试点银行实行更加严格的外部监管和考核，确保新注入资本金的安全并获得合理回报。2004年10月，工商银行成立股份制改革领导小组及相关日常工作机构，并于次年4月获得国务院批准通过股份制改革方案。中央汇金公司为工行注入150亿美元资本金。经过中央汇金公司注资以后，3家银行的资本金得到一定程度的补充，但仍然不能达到合意的资本充足率水平。之后3家银行通过实施向四大资产管理公司出售不良贷款、经营利润计提不良资产减值准备等一系列措施，进一步补充了资本金。2004年底，建行的不良贷款率降至3.92%，核心资本充足率达到8.57%；中行的不良贷款率为5.12%，核心资本充足率达到8.48%；2005年底工行不良贷款率降至4.69%，核心资本充足率达到8.11%。

在解决了不良资产和资本不足问题后，下一步就是实行股份制改革。2004年8月26日，中国银行股份有限公司正式挂牌，成为第一家由国有独资商业银行改组的股份制商业银行。中行依照《公司法》《商业银行法》等法律法规，建立起包括股东大会、董事会、监事会、高级管理层在内的规范的治理结构。建设银行和工商银行分别于 2004 年 9 月和 2005 年 10 月完成股份制改革。中央汇金公司代表国家对中国银行、建设银行和工商银行行使出资人权利,并按照现代金融企业制度的要求,向银行派出董事和监事,履行国有资产出资人职能。

在完成股份制改造后,三大国有银行引进了国际投资者作为股东,目的是通过引进国际资本,学习先进的经营管理经验。2005 年 6 月 17 日和 7 月 1 日,建设银行分别同美国银行和新加坡淡马锡控股(私人)有限公司签订战略投资协议。根据协议内容,这两家战略投资者分别持有建行 9.0%和 5.1%的股份,而美国银行也承诺在之后数年内,在公司治理、风险管理、个人银行业务、信息技术、财务管理、人力资源管理以及全球资金服务等业务领域向建行提供战略性协助。2005 年 8 月 18 日,苏格兰皇家银行联合美林国际和李嘉诚的私人基金,宣布以 31 亿美元购买中行 10%的股权;8 月 31 日,中行与淡马锡联合宣布,淡马锡将投资 31 亿美元购买中行 10%的股份;9 月 26 日,瑞银集团与中行达成协议,以 5 亿美元购买中行约 1.6%的股份。根据战略投资协议,2006 年,苏格兰皇家银行累计派出 7 批,共 47 名专家进入中行工作。双方在公司金融和个人金融的多个业务领域都开展了合作。2006 年 1 月,工商银行与高盛投资团(包括高盛集团、德国安联集团和美国运通公司)达成协议,高盛投资团以 37.8 亿美元购买工行 8.45%的股份。根据协议,高盛将协助工行搭建规范的公司治理结构,完善风险管理与内部控制体系,提高工行的金融创新和产品开发能力。

在成功引入国际投资者后,三家银行着手准备公开发行上市工作。2005 年 10 月 27 日,中国建设银行股份有限公司在香港联合交易所正式挂牌上市，募集622亿港元，是截至当时香港规模最大的公开招股活动。继建行之后，2006年6月1日和7月5日，中国银行股票先后在香港联合交易所和上海证券交易所挂牌交易，分别募集资金860亿港元和200亿元人民币，开创了中国银行业在国际和国内资本市场几乎同时发行上市的先例。2006年10月27日，中国工商银行A股和H股分别在上海证券交易所和香港联合交易所上市交易，在两个市场分别募集资金466.44亿元人民币和1249.48亿港元，开了"A+H"股同步上市的先河。

农业银行由于其业务的特殊性，进行股份制改革并公开上市发行的时间稍晚。2010年7月15日和16日，农行A股和H股先后在上海证券交易所和香港联合交易所成功上市，共募集资金221亿美元。至此，四大国有商业银行股份制改革圆满完成。

二、农村信用社改革和农商行组建

农村合作基金会是在20世纪80年代中期家庭联产承包导致人民公社解体后，各地在对集体资产清理过程中实行"清财收欠，以欠转贷"而产生的，在80年代至90年代初期的农村金融改革与经济发展过程中起到了重要作用。但由于90年代中期国家放开了证券、期货、房地产等三个投机性较强的经济领域，全国范围内资金高度稀缺，农村合作基金会以招股的名义高息吸收存款，并以高利率放款，扰乱金融秩序。1997年，国务院和人民银行作出了清理整顿、关闭合并农村合作基金会的决定。但在整顿和关闭农村合作基金会后，新的问题也随即出现：基金会的强制关闭造成信用活动突然中断，产生大规模坏账，且没有安排上级风险准备金，尽管各地向中央举债，但根本无法满足上千亿元兑付需要，引发基层乡村政府组织大量负债，最终都转化为农民和乡镇企业的负担，这实际上已经类似于部分地方政府信用破产。另外，农村资金净流出的问题更加严重，基层的民间借贷和高利贷重新大面积发生。[①] 在商业银行撤出农村市场、农村合作基金会被关闭之后，农村信用社在农村金融市场中的整体不良贷款居高不下。因此，对农村信用社进一步改革的呼声不断高涨。

2002年初，国务院召开全国金融工作会议，会后印发《中共中央、国务院关于进一步加强金融监管，深化金融企业改革，促进金融业健康发展的若干意见》，明确提出加快农村金融和农村信用社改革步伐。国务院于2002年4月成立了由人民银行牵头的深化农村金融和农村信用社改革专题工作小组，负责研究制定《深化农村信用社改革方案》。

2003年8月，经国务院批准，将原来在江苏省进行的农村信用社改革试点推广到8个省市（吉林、山东、江西、浙江、陕西、重庆、贵州和江苏）。要求按照"明晰产权关系、强化约束机制、增强服务功能、国家适当支持、地方政府负责"的总体要求，加快信用社管理体制和产权制度改革，把信用社逐步办成由农民、农村工商户和各类经济组织入股，为农民、农业和农村经济发展服务的社区性地方金融机构，充分发挥信用社农村金融主力军和联系农民的金融纽带作用，更好地支持农村经济结构调整，帮助农民增加收入，促进城乡经济协调发展。改革试点的主要内容：以法人为单

---

① 温铁军：《农村合作基金会的兴衰史》，《中华合作时报》，2008年8月26日。

位，改革信用社产权制度，明晰产权关系，完善法人治理结构，区别各类情况，确定不同的产权关系；改革信用社管理体制，将信用社的管理交由地方政府负责。

2004年8月，国务院在北京召开了深化农村信用社改革试点工作会议，在总结前一阶段试点工作的基础上，决定把21个省（自治区、直辖市）作为进一步深化农村信用社改革试点单位。根据改革目标，中国原有的3万多家农村信用社法人机构，将逐渐分别变为农村商业银行、农村合作银行和农村信用社等三种形式的法人机构，并构成中国农村银行机构的主体。

2010年，农村金融体系进一步完善，农村信用社改革继续深化。2010年12月，重庆农村商业银行在香港联合交易所成功上市，成为国内首家上市的农村商业银行，农村金融机构发展实现新的突破。2011年，农村信用社改革试点工作取得重要阶段性成果。截至2011年末，全国共组建以县（市）为单位的统一法人农村信用社1882家、农村商业银行212家、农村合作银行190家。全国农村信用社不良贷款比例比2010年下降1.9个百分点，为5.5%；资本充足率和资产利润率分别比2010年末提高2和0.28个百分点，分别为10.7%和1%。资金实力和支农信贷投放大幅增长。

三、保险资金投资范围扩大

我国保险业发展的初期阶段，保险资金的运用渠道比较单一，主要以银行存款为主。1987年以后，保险资金运用渠道全面放开，保险资金广泛投入房地产、有价证券、信托等领域，但保险资金运用管理权限分散、管理薄弱、专业化程度低下，形成大量不良资产。据不完全统计，仅 1992 年、1993 年经济过热时期因保险业资金投资形成的不良资产就高达 100 多亿元。

针对保险资金投资中出现的问题，1995 年 6 月全国人大常委会通过了我国第一部《保险法》，规定保险公司的资金运用，限于在银行存款、买卖政府债券、金融债券和国务院规定的其他资金运用形式。保险公司的资金不得用于设立证券经营机构和向企业投资。在随后利率大幅下调的背景下，监管部门于 1998 年先后允许同业拆借和购买中央企业 AA+公司债券，并于 1999 年批准保险公司购买证券投资基金，间接进入证券市场，入市资金比例占保险公司总资产的 5%—15%。2002 年 10 月，根据《全国人民代表大会常务委员会关于修改〈中华人民共和国保险法〉的决定》，删去了保险资金不得用于向企业投资的规定，并将其修改为"保险公司的资金不得用于设立证券经营机构，不得用于设立保险业以外的企业"。保监会也修订了《保险公司购买中央企业债券管理办法》，取消了保险公司购买中央企业债券的额度限制，并将发债企业的资信水平要求由 AA+调低到 AA。

随着保险业的快速发展，保险资金规模不断扩大，2004 年保险业总资产和资金运用超过 1 万亿元。庞大的资金规模要求更广阔的投资渠道以保证投资收益。

2004 年 10 月，根据中国保监会、中国证监会联合发布的《保险机构投资者股票投资管理暂行办法》的规定，符合条件的保险公司可以直接从事股票投资，并且保险机构投资者投资股票的比例，按照成本价格计算，最高不超过该公司上年末总资产规模的 5%。之后这一比例限制逐渐上调，目前对于偿付能力特别充足的保险公司，权益类资产投资比例限额已经提高到了 45%。2005 年 2 月 15

日，中国保监会联合中国证监会下发《关于保险机构投资者股票投资交易有关问题的通知》。至此，保险资金直接入市的所有操作技术问题已得到解决，标志着保险资金直接入市进入实质性操作阶段。除股市之外，监管部门也在积极推进放宽其他投资渠道。

2006年6月，《国务院关于保险业改革发展的若干意见》（简称"国十条"）出台，提出，"要在风险可控的前提下，鼓励保险资金直接或间接投资资本市场，逐步提高投资比例，稳步扩大保险资金投资资产证券化产品的规模和品种，开展保险资金投资不动产和创业投资企业试点。支持保险资金参股商业银行。支持保险资金境外投资。根据国民经济发展的需求，不断拓宽保险资金运用的渠道和范围，充分发挥保险资金长期性和稳定性的优势，为国民经济建设提供资金支持"。"国十条"使保险公司在资金运用的渠道方面实现了重大突破，为保险资金运用创造了前所未有的宽松环境。

"国十条"发布后，中国平安和中国人寿率先开启了对未上市银行的股权投资。2006年7月28日，平安集团与深圳市商业银行签署协议，投资49亿元人民币获得深商行89.24%的股权。同年，中国人寿出资56.7亿元人民币认购广发银行20%的股权。2006年12月7日，中国人寿集团宣布以近350亿元人民币入股中国南方电网公司，成为南方电网第二大股东。

四、金融业分业经营限制有所放松

2003年《商业银行法》修改，确立了分业经营、分业监管的制度框架，但之后监管部门根据金融市场运行的实际情况和银行开展业务的需求，多次发布各类管理办法，允许银行开展非银行金融业务。2005年2月，中国人民银行、银监会和证监会联合发布《商业银行设立基金管理公司试点管理办法》，允许商业银行试点设立基金管理公司。同年，工商银行、交通银行、建设银行分别成立工银瑞信基金、交银施罗德基金和建信基金，银行系公募基金管理公司逐步涌现。随后，银监会分别于2007年1月和2009年11月发布《信托公司管理办法》《金融租赁公司管理办法》《商业银行投资保险公司股权试点管理办法》，允许商业银行投资或设立信托公司、保险公司和金融租赁公司。

截至2019年末，包括国有银行、全国性股份制商业银行和城市商业银行在内，已有13家银行机构出资参与设立或控股公募基金管理公司，7家银行机构出资设立保险公司，4家银行机构投资信托公司。但值得注意的是，我国《商业银行法》确立的商业银行分业经营的原则始终没有改变，2020年实施的新《证券法》也提出证券业、银行业、信托业、保险业实行分业经营、分业管理的要求。因此从短期来看，我国银行业混业经营仍然难以实现。

第三节　资本市场进入规范化发展时期

随着我国经济的迅速发展以及在国际金融活动中参与度的不断提升，资本市场在复杂的外部环境中砥砺前行。为实现金融服务实体经济的最终目标，政策层面开始全面推进依法治市。

一、资本市场在内探索多层次建设，在外应对冲击

2004年1月31日，《国务院关于推进资本市场改革开放和稳定发展的若干意见》（简称"国九条"）颁布，这是自《关于进一步加强证券市场宏观管理的通知》下发以来，国务院首次就发展资本市场的作用、指导思想和任务进行全面明确的阐述。它对发展资本市场的政策措施进行整体部署，具有重要的现实意义和深远的历史意义，"国九条"成为名副其实的资本市场的纲领性文件。

资本市场保持自我更新，最主要的创新就是设立中小板市场，为推出创业板做准备。2004年5月，经国务院批准，中国证监会同意深圳证券交易所在主板市场内设立中小企业板块。与主板市场相比，中小板上市公司具有收入增长快、盈利能力强、科技含量高等特点，也被视为中国的"纳斯达克"。中小板市场的建立，是我国资本市场在制度创新中的关键一环。从2005年开始，我国股市走出了一波牛市，到2007年10月16日沪市达到盘中6124的高点，全国兴起炒股热潮。但之后，由于美国房地产次级贷款问题的爆发，逐渐演变为国际金融危机，不可避免地对我国证券市场造成冲击，市场出现急剧下跌，从6124高点到2008年10月28日的1664.93点，跌幅达73%。

（一）债券市场多维度发展

债券市场在稳健、快速发展的基础上实现了新的飞跃。一方面，发债量迅速提升。2000年，发债32次，共计4414.50亿元；而在2009年，发债935次，共计86474.71亿元，数额增加18倍。另一方面，债券品种的创新力度不断提高。2001年6月，财

政部招标发行的 15 年长期国债是我国债券史上第一只市场化发行的固定利率长期付息债券,也是我国债券市场中第一只每年付息两次的付息债券品种。同年 12 月,国家开发银行发行 10 年长期可赎回债券,这是我国债券市场中首次推出的一个具有期权性质的债券品种。中国国际信托投资公司在全国银行间债券市场发行了 35 亿元人民币债券,这是我国商业性机构首次在这个市场发行债券,引起了社会的广泛关注。这一时期,货币政策从"从紧"转为"适度宽松",以摆脱不利影响,间接促成了债券市场的一波上涨。

(二)期货市场从商品期货向金融期货扩展

2001 年 3 月,国家"十五"计划首次提出"稳步发展期货市场",为我国期货市场的规范发展指明了方向,期货品种上市步伐加快。2004 年,新上市了棉花、燃料油、玉米和黄大豆 2 号等 4 个期货品种。而在三大期货交易所中,上海期货交易所的主要品种是铜、铝和天然胶,郑州商品交易所主要是小麦和优质强筋小麦,大连商品交易所主要是大豆、豆粕,以商品期货业务为主。2006 年 9 月,经国务院同意,中国证监会批准设立中国金融期货交易所,这是专门从事金融期货、期权等金融衍生品交易与结算的公司制交易所,在一定程度上推动了中国金融期货市场的发展,满足了参与者多样化风险管理的需求。

(三)基金市场开始由封闭式转向开放式

2000 年 10 月 8 日,中国证监会发布了《开放式证券投资基金试点办法》,以促进证券投资基金的发展,规范开放式证券投资基金。2001 年 9 月,我国第一只开放式基金——华安创新——诞生,使我国基金业发展实现了从封闭式到开放式的历史性跨越。

二、市场制度改革继续进行

(一)股票发行上市进入核准制阶段

1999年,证券监管机构停止下达股票发行计划,股票发行的审核制度开始向着市场化方向改革。证券发行核准制是证券发行人发行证券须取得主管当局审核批准的一种制度,不仅要以真实状况的充分公开为条件,而且必须符合证券监管机构制定的适用于发行的若干项实质条件,是介于注册制和审批制中间的形式。1999年7月1日正式实施的《中华人民共和国证券法》明确确立了核准制的法律地位。1999年9月16日,证监会推出了股票发行核准制实施细则。随后,证监会陆续制定了一系列与《证券法》相配套的部门规章及规范性文件,如《中国证券监督管理委员会股票发行审核委员会条例》《中国证监会股票发行核准程序》《股票发行上市辅导工作暂行办法》等,构建了股票发行核准制的基本框架。核准制具体可分为"通道制"和"保荐制"两个阶段。

1."通道制"阶段(2001—2004年)

核准制的第一个阶段是"通道制",即每家证券公司一次只能推荐一定数量的企业申请发行股票,由证券公司将拟推荐企业逐一排队,按序推荐。所推荐企业每核准一家才能再报一家,即"过会一家,递增一家"(2001年6月24日又调整为"每公开发行一家才能再报一家",即"发行一家,递增一家"),具有主承销商牌照资格的证券公司拥有的通道数量最多8条,最少2条。2005年1月1日"通道制"被废除时,全国83家证券公司一共拥有318条通道。"通道制"改变了由行政机制遴选和推荐发行人的做法，使主承销商在一定程度上承担起股票发行的风险，同时获得了遴选和推荐股票发行人的权利。

2. "保荐制"阶段（2004年至今）

随着"通道制"弊病的逐步显现，证券监管机构也在积极采取行动。2003年12月，证监会发布了《证券发行上市保荐制度暂行办法》等规定，这是满足市场需求和深化股票发行制度改革的重大举措。"保荐制"的主要内容包括建立保荐机构和保荐代表人的注册登记管理制度、明确保荐期限、分清保荐责任、引进持续信用监管和"冷淡对待"的监管措施等4个方面。"保荐制"的重点是明确保荐机构和保荐代表人的责任并建立责任追究机制。与"通道制"相比，"保荐制"增加了由保荐人承担发行上市过程中连带责任的内容。保荐人的保荐责任期包括发行上市全过程，以及上市后的一段时期（如两个完整会计年度）。2004年5月10日，首批共有67家证券公司、609人被分别注册为保荐机构和保荐代表人。

（二）提出股权分置改革方案，解决初期制度性问题

不同于海外资本市场，我国资本市场最开始的上市公司股东分成两大类，一类是通过公开发行、二级市场购买而形成的流通股股东；另一类是以国有控股方为代表的非流通股股东。形成这种局面的原因是当时对资本市场认识不足，为了能够让我国资本市场早日面世，不得不作出的一种妥协。

从股权分置问题产生的历史看，上市公司在《招股说明书》或者《上市公告书》中承诺，其公开发行前，股东所持股份暂不上市流通。股权分置改革的启动，解除了此类股份上市流通的限制，但

根据《合同法》的相关原则，非流通股股东改变暂不上市的承诺，应取得流通股股东的同意，并作出相应的利益平衡安排。在改革中，非流通股股东与流通股股东之间采取对价的方式平衡相互利益，非流通股股东向流通股股东让渡一部分其股份上市流通带来的收益。股权分置改革整体方案的设计和实施过程都体现了市场化的基本原则。这是我国资本市场发展历史上一次艰难的改革任务，首次股权分置改革试点公司为清华同方、三一重工、紫江企业和金牛能源。

股权分置改革的实施实现了"全流通"，强化了上市公司各类股东的共同利益基础，为完善市场定价功能和资源配置功能、提高上市公司治理水平和推进市场创新发展创造了基础条件。截至2006年底，沪深两市已完成或者进入股权分置改革程序的上市公司共1301家，占应改革上市公司的97%，对应市值占比98%，未进入改革程序的上市公司仅40家，股权分置改革任务基本完成。

（三）稳步推进信息披露制度

1999年《证券法》的正式实施将证券发行与交易行为纳入法治轨道，建立了较为完整的信息披露法律体系。上市公司信息披露义务确定为两个环节，发行环节的信息披露及公司上市后的持续性信息披露。为配合《证券法》有关信息披露制度的实施，保证信息资料的真实完整，1999年10月九届全国人大常委会第十二次会议通过了修改的《会计法》。在这一阶段，信息披露制度体系更为科学、完整、具体、可行，信息披露制度更加规范，可操作性不断增强。

（四）退市制度不断完善

此前建立的特别转让（PT）股票制度，在后期演变为其他公司以收购壳资源进入资本市场的途径，出现了"越亏损越受追捧"的投机性活动。为避免出现"劣币驱逐良币"的现象，实行真正意义上的退市制度是当时工作的核心。2001年11月，证监会发布了《亏损上市公司暂停上市和终止上市实施办法（修订）》，沪深交易所不再为PT公司提供特别转让服务，并对恢复上市和终止上市进行了详细说明。2003年2月，证监会出台补充规定，明确了公司股票退市后转至代办系统事宜，建立了退市后的股票转让制度。2004年2月，证监会发布《关于做好股份有限公司终止上市后续工作的指导意见》，明确上市公司退市后可以申请重新上市。至此，我国资本市场初步形成了上市公司退市框架制度和以净利润为核心的退市指标体系。

（五）设立合格境内外机构投资者制度，加大境内外金融联系

从2002年开始，在我国资本项目未完全开放的情况下，实施主动开放资本市场、引入国际证券资本的过渡性制度安排。一是合格境外机构投资者（QFII，Qualified Foreign Institutional Investor）和人民币合格境外机构投资者（RQFII，RMB Qualified Foreign Institutional Investor）制度。2002年11月，中国证监会、中国人民银行联合发布《合格境外机构投资者境内证券投资管理暂行办法》，开始QFII试点。2003年5月，瑞士银行和野村证券株式会社成为首批QFII。二是合格境内机构投资者（QDII，

Qualified Domestic Institutional Investor）和人民币合格境内机构投资者（RQDII，RMB Qualified Domestic Institutional Investor）。2007年6月，中国证监会发布《合格境内机构投资者境外证券投资管理试行办法》及配套规则，同年9月至10月，首批公开募集的4只QDII基金开始投资。2014年11月，中国人民银行发布《关于人民币合格境内机构投资者境外证券投资有关事项的通知》，建立RQDII制度。

三、资本市场法律法规体系不断完善

针对资本市场出现的一些具体问题，该阶段的政策规范较之以前，具有精细化和全面化的特点。

（一）加大资本市场监管力度，扩大监管范围

《公司法》《证券法》联动修改。为推动股票发行市场化定价，明确公司债券上市流程，2004年8月28日，《公司法》《证券法》作了小幅修改。2005年10月27日，《公司法》《证券法》全面联动修改，在为市场创新提供支持的同时，加大了对市场的监管力度，有助于规范市场行为，维护市场秩序，营造良好的投资环境，提供有效的权利保障。

（二）加强期货市场动态监测预警

2000年12月，中国期货业协会成立。2006年5月，中国期货保证金监控中心（2015年4月更名为中国期货市场监控中心）成立，负责期货保证金监控预警和期货市场运行监测监控。至此，我

国期货市场监管形成了以中国证监会为核心，派出机构、期货交易所、中国期货市场监控中心和中国期货协会为合力的"五位一体"期货监管工作机制，在防范市场风险、加强交易行为监管方面发挥了重要作用。

（三）从法律层面确认基金业的地位和作用

在市场化改革和"好人举手"制度*等引领下，基金行业法治化、国际化进程逐步加快。2001年5月，中国证监会发布《关于申请设立基金管理公司若干问题的通知》。2002年1月，中国证监会发布《关于基金管理公司设立审核程序有关问题的通知》，进一步明确了基金管理公司设立的审核程序。2004年6月，《中华人民共和国证券投资基金法》正式实施，在国家法律层面确认了基金业在证券市场中的地位和作用，标志着我国基金业进入快速发展的法治化轨道。

* 2001年5月25日，中国证监会发布了《关于申请设立基金管理公司若干问题的通知》，明确规定基金管理公司的设立采用"好人举手"制度。"好人举手"制度，顾名思义，即"你申明是好人，承诺遵纪守法，并接受监督"的制度，其出发点是通过制度创新推动基金管理公司建立自我约束机制，树立取信于市场、取信于社会的经营理念。

第四节　对外开放发展迅速

一、入世承诺促进对外开放

（一）主要承诺

中国在2001年12月11日加入世界贸易组织时，通过谈判获得了其他世贸组织成员和世贸组织给予的一个五年过渡期安排。在过渡期内，中国按照入世承诺对开放进行新的部署，同时对资本市场、外贸体制等内容有计划地进行改革，并就过渡期内对外开放进行总体布局。

在中国加入世贸组织议定书中,中国扩大开放的部分主要承诺包括增加透明度承诺——执行已公布的且其他世贸组织成员、个人和企业可容易获得的有关或影响货物贸易、服务贸易、《与贸易有关的知识产权协定》(TRIPs)或外汇管制的法律、法规及其他措施等,目的在于实现更大程度和更加国际化的对外开放。

(二)落实承诺的战略部署

中国积极落实入世承诺的开放部署。2002年是中国入世第一年。3月,九届全国人大第五次会议在北京召开,《政府工作报告》指出,"我国加入世贸组织,标志着对外开放进入一个新阶段。我们要以积极的姿态,在更大范围和更深程度上参与国际经济合作与竞争,切实做好加入世贸组织第一年的各项工作"。2002年,党的十六大报告指出,"适应经济全球化和加入世贸组织的新形势,在更大范围、更广领域和更高层次上参与国际经济技术合作和竞争,充分利用国际国内两个市场,优化资源配置,拓宽发展空间,以开放促改革促发展"。2003年3月十届全国人大第一次会议召开,《政府工作报告》指出,"加入世贸组织后,我们信守承诺,履行义务,行使权利,赢得较好声誉,促进了对外合作"。3月21日,新一届国务院第一次全体会议指出,"充分利用加入世界贸易组织的机遇,扩大对外开放,尤其是有步骤地扩大金融开放"。

2004年3月5日,十届全国人大二次会议召开,《政府工作报告》提出,"继续认真履行加入世贸组织的各项承诺"。2004年9月,十六届四中全会召开,全会指出,推动建立健全妥善应对国际贸易争端的机制,善于运用国际通行规则发展和保护自己。2005

年 10 月十六届五中全会召开，全会指出，从容应对加入世界贸易组织的新变化。

二、利用外资和对外直接投资持续增长

（一）利用外资政策持续调整

这一阶段，我国入世时在市场准入、要素流动等方面所作的承诺必须切实兑现，但在实际改革的过程中，我国存在的问题是相当多的，产业还不具备与世界先进水平国家进行竞争的实力，需要一定的政策保护。我国在入世过渡期，通过灵活调整、持续改革等多元化措施解决上述问题，科学协调外资和内资的关系。

我国进一步开放多个领域，降低外资准入门槛。在这一阶段，《外商投资产业指导目录》2002 年版及 2004 年版相继发布。《外商投资产业指导目录》修改的重点落在大幅放开行业准入，尤其是服务行业准入门槛。此前，我国已经以试点方式向外资渐进开放银行、保险等行业的一些业务，但系统程度不足且推进速度缓慢。入世后，我国服务业对外开放明显提速。此外，积极鼓励外资进入电子信息、软件、航空航天、光机电一体化、生物医药与医疗器械等 11 个大类、917 项高新技术产品及其产业，并给予多项配套优惠政策。《外商投资产业指导目录》（2007 年版）是第三次修订，在自主创新、节能减排、减少顺差方面实现渐进突破，在全面落实我国入世承诺的同时，强调积极稳妥扩大开放，增加承接服务外包、现代物流等鼓励类项目。

实施区域调整政策，引导外资，助力协调发展。2004 年，国家发展和改革委员会、商务部联合发布了《中西部地区外商投资优

势产业目录（2004年修订）》，对投资中西部地区的外商提供关税、所得税减免等更加优惠的条件，鼓励外商投资流向中西部地区。2005年，《商务部办公厅关于扩大开放、提高吸收外资水平、促进中部崛起的指导意见》强调，要重点鼓励外资以多种方式参与国有企业改组改造，鼓励外资参与中部地区不良资产重组处置，积极吸收外资加快重点行业和重点企业技术改造，并制定实施10余条引资措施。

在这一阶段，我国利用外资实现了持续的高速增长。利用外资从2001年的497亿美元增加到2008年的953亿美元，连续15年居发展中国家首位，年均增长率达9.7%。2008年，我国外资流入量维持在发展中国家首位的地位，全球排名第三，仅次于美国和法国。外商投资电子、通信等高科技行业的大项目明显增加，银行、保险、证券、商业、旅游、运输、卫生、教育等服务行业成为新的投资热点，中西部地区吸收外资增长较快，外商投资企业出口规模已占全国出口的50%以上。

（二）"走出去"战略地位高

成功入世后，我国对世界的大门进一步敞开，"走出去"战略成为国家战略。为了促进企业加快"走出去"的步伐，过去严格的管制措施不断放宽。例如，调整外汇审核制度，取消了外汇汇出保证金制度，已收缴的保证金按照相关规定在规定时间内返还各投资者，从而降低了对外直接投资的成本。除此之外，国家还通过实施各项举措不断放宽投资换汇的审核条件，便利对外投资。在海外融资方面，2002年，国家外汇管理局发布《关于实施国内外汇贷款外汇管理方式改革的通知》，放宽外汇贷款制度，并在全国范围内对外汇贷款的管理方式进行了简化改革,海外企业的融资渠道得到拓展。2005年,国家外汇管理局进一步简化外汇指定银行为境外投资机构提供融资性对外担保的管理手续,促进投资便利化并解决融资难的问题。在外汇结算方面,2006年和2008年国家外汇管理局分别发布《关于进一步改进贸易外汇收汇与结汇管理有关问题的通知》《关于进一步规范银行结售汇统计管理有关问题的通知》两份文件,简化、规范外汇结算制度。

经过初期的经验积累以及对外直接投资活动的不断扩大,对外投资服务体系不断得到发展。随着企业走出国门的步伐不断加快,从中央到地方需要更加紧密地配合,各级单位的职权范围也不断进行调整。2003年,对外贸易经济合作部与原国家计划委员会、原国家经济贸易委员会的部分职能司局合并成立中华人民共和国商务部,专门负责对外直接投资的管理。各级地方政府对外投资促进部门不断发展完善,可履行审批权限也不断增加。中国人民银行和国家外汇管理局下设的服务机构不断增多,可开展外向型金融服务的机构数量也在上涨,可以办理越来越多的国际金融业务。此外,外交部、工信部及全国工商联等国家部委及人民团体也积极参与对外投资体系的服务,制定相应的政策,服务投资发展。"走出去"战略成为国家战略之后,相应的法律法规、支持政策开始完善,有关部门开始定期发布投资东道国信息和风险评估,纠纷调停部门开始成立,对外投资服务体系逐渐发展成形。

对外直接投资数据显示,得益于中国加入世界贸易组织,2001年较2000年有显著提升,对外直接投资额从低于10亿美元增至69亿美元;根据国家统计局数据显示,2008年对外直接投资额为559亿美元,同比增长111%。

三、加入世界贸易组织和汇率改革推动金融业双向开放

(一) 金融业开放程度大幅提升

在经受了亚洲金融危机后续影响的基础上，2001年加入世界贸易组织成为中国经济深度融入世界经济的催化剂。前期进行的人民币汇率市场化改革和经常项目可兑换理顺了国内国际两个市场、两个要素的关系，我国入世后充分发挥了劳动和商品在贸易投资领域的比较优势，对外开放达到了新高度。服务于国家整体开放的新格局，这一阶段金融业开放开始向纵深发展。

这一时期我国不仅履行了对世界贸易组织所作的承诺，银行业、证券业和保险业在机构设立、业务范围、持股比例等方面不断提升开放力度，而且在特定金融服务领域作出了一系列超越向世界贸易组织承诺的特殊安排，为吸引境外投资者提供了良好的制度保障。

(二) 积极推动资本项目开放且取得重大进展

我国在1996年已实现经常项目可兑换。基于国际经验，多数国家实现经常项目可兑换以后，平均用7年时间便实现了资本项目可兑换。但受1997年亚洲金融危机的影响，资本项目可兑换被暂时搁置。2000年以后，人民银行、外汇管理局拟订了全面系统的改革方案，与人民币汇率制度改革方案统筹考虑。在思路上，人民币资本项目可兑换从我国实际出发，坚持稳妥有序的改革思路，制定了"先流入后流出、先长期后短期、先直接后间接、先机构后个人"的改革思路。

2005年汇改前以流入端为重点,积极推动资本项目开放。在这一阶段探索利用外资的新渠道。2002年,在证券投资流入方面,建立合格境外机构投资者制度(QFII),允许境外投资者通过合格的境外机构渠道,在一定额度内投资国内证券市场,探索建立风险可控的跨境证券投资对外开放渠道。2005年7月和2007年12月合格境外机构投资者总额度两次扩容,从40亿美元到100亿美元再到300亿美元,进一步释放了制度红利,支持和鼓励境外中长期投资者在境内进行证券投资。

汇改后以流出端为重点,积极推动资本项目开放,推进对外直接投资外汇管理改革。自2006年以来,外汇管理部门深化境外直接投资外汇管理改革,扩大境内企业境外直接投资外汇来源,取消购汇额度限制,对外直接投资的相关业务不再需要办理外汇审批,直接投资可兑换程度大幅提高,进一步满足了企业境外投资发展的需要。汇改后推出合格境内机构投资者制度(QDII)。为有序引导跨境资本流出,在总结QFII制度改革经验的基础上,我国推出了证券投资流出方向的新制度——QDII。2006年允许银行、保险公司、证券经营机构以自有资金或代客资金(购汇)开展境外证券投资。2007年拓宽QDII主体范围,提高投资额度,扩大产品范围。同时,审慎把握QDII审批节奏,督促投资主体加强风险提示和信息披露,促进合格境内机构投资者项下资金平稳有序流动。允许境内机构到境外市场发行债券。2007年中国人民银行发布《境内金融机构赴香港特别行政区发行人民币债券管理暂行办法》,为境内机构"走出去"发债提供政策支持,满足了境内企业利用境外低成本资金的要求。2007年6月,国家开发银行在香港成功发行了首只人民币债券50亿元,成为国内第一家在境外发行人民币债券的金融机构。

第四章
金融体制改革步入新时代：以开放促改革促发展（2009 年迄今）

▼

2008 年国际金融危机的爆发为我国金融体系敲响了警钟。在这一阶段，我国在建立健全宏观审慎管理政策框架的同时，积极推进金融双向开放，建设更高水平开放型经济新体制，坚持中国特色社会主义道路，以开放促改革、促发展。

2020 年 5 月，中共中央、国务院发布《关于新时代加快完善社会主义市场经济体制的意见》，要求"必须进一步解放思想，坚定不移深化市场化改革，扩大高水平开放，不断在经济体制关键性基础性重大改革上突破创新"。

第一节 现代中央银行制度不断完善

现代中央银行制度是现代货币政策框架、金融基础设施服务体系、系统性金融风险防控体系和国际金融协调合作治理机制的总和。建设现代中央银行制度的目标是建立有助于实现币值稳定、充分就业、金融稳定、国际收支平衡四大任务的中央银行体制机制，管好货币总闸门，提供高质量金融基础设施服务，防控系统性金融风险，管控外部溢出效应，促进形成公平合理的国际金融治理格局。

一、完善货币政策决策和传导体系

完善货币政策决策执行机制。坚持依法制定和执行货币政策，同时更好地发挥货币政策委员会在国家宏观调控、货币政策制定和调整中的重要作用。不断完善货币政策委员会的内部工作制度，优化工作程序，更加注重前瞻性研究和预期引导。合理优化货币政策目标体系。要坚守"保持货币币值的稳定，并以此促进经济增长"的最终目标，完善发展依法履职、科学决策、高效调控、开放透明，并与现代经济体系的高质量发展需求更加适配的现代货币政策体系，将改革和调控、长期和短期、内部均衡和外部均衡结合起来。同时，更加关注结构性目标，疏通货币政策传导，提高精准调控滴灌能力，更加重视就业目标，适当关注资产价格变化，从制度上激励金融机构加大对民营和小微企业的支持力度，使流动性更有效、更精准地流到实体经济。在使用货币政策调控短期总需求的同时，立足长远，从更长期视角出发制定货币政策。在尽可能长的时期，保持货币政策的常态化，鼓励适度储蓄，防范资产泡沫，保持货币政策调控空间。

完善基础货币投放机制。与完善常备借贷便利利率定价相结合，打造以基准政策利率为中枢、宽度合理的利率走廊机制。探索以国债现券买卖、回购等业务为主的公开市场操作与利率走廊相结合，以利率目标价格调控方式为主的市场流动性和基础货币投放新框架。健全基准利率和市场化利率体系。基准利率体系包括存款基准利率、中期借贷便利利率、公开市场逆回购利率等。市场化利率包括贷款市场报价利率以及上海银行间同业拆借利率、存款类机构间质押式回购利率、国债收益率曲线等。通过货币政策操作调节银行体系流动性，影响贷款市场报价利率和各类市场化利率，再通过银行运用贷款市场报价利率定价影响实际执行的贷款利率，形成市场化利率调控机制和传导路径，以此调节资金供求和资源配置。

完善有效的货币政策沟通和协调机制。增加政策透明度以稳定市场预期，是建设现代中央银行制度的重要内容。通过提高重要信息披露频率，传递中央银行对经济金融的判断和政策意图并逐步实现常规化、制度化，及时对外说明货币政策立场调整变化，提高市场对货币政策的可预期性。加强货币政策与就业、产业、投资、消费、区域等政策的统筹配合，增强政策"放大效应"，提高调控效果。

二、建立健全宏观审慎政策框架和系统性金融风险防范处置体系

我国较早就在宏观审慎管理方面进行了创新性探索。2010年以来，通过引入差别准备金动态调整机制，探索开展宏观审慎管理，实施逆周期调节。随后将差别准备金动态调整机制升级为宏观审慎评估，逐步将更多的金融活动和资产扩张行为纳入宏观审慎管理。2017年，"健全货币政策和宏观审慎政策双支柱调控框架"被正式写入党的十九大报告。

建立现代宏观审慎政策框架。在政策目标方面，从危机防范、危机应对和周期管理等3个角度明确宏观审慎政策目标，尤其是明

确可量化和可操作的政策目标，减缓金融体系顺周期波动和跨市场风险传染，处理好守住风险底线和防范道德风险的关系。在风险评估方面，从时间和结构维度准确评估系统性金融风险，完善系统性金融风险监测体系，广泛筛选监测指标，合理选择指标加工方法，提升系统性金融风险监测评估和预警的准确性。在政策工具方面，前瞻性地开发和储备宏观审慎政策工具，建立工具触发、使用和退出机制，形成软硬结合的政策工具箱，发挥宏观审慎压力测试在风险识别和监管校准中的积极作用。在治理机制方面，建立包括风险评估、政策建议、决策、执行及评估等环节的科学治理机制，理顺政策传导。加强与货币政策、微观审慎监管政策的协调配合，统筹考虑各类政策的溢出效应，找准一揽子调控政策的最大公约数。

建立广覆盖的宏观审慎管理体系。探索开展房地产金融、债券市场、外汇市场及跨境资金等领域宏观审慎管理，并逐步将更多的金融活动、金融市场、金融机构和金融基础设施纳入宏观审慎管理。牵头建立并组织实施系统重要性金融机构评估、识别和处置机制，负责系统重要性金融机构和金融控股公司等金融集团基本规则制定、监测分析和并表监管，补齐金融控股公司监管制度短板，统筹监管金融基础设施，做到应管尽管、管好管到位。

建立协调有力的现代金融监管体制。中央银行承担国务院金融稳定发展委员会办公室职责，推动加强金融稳定改革发展重大问题的协调，组织起草金融业改革发展重大规划，提出系统性金融风险防范处置和维护金融稳定重大政策建议，加强金融信息共享，健全督导问责制度。协调做好中央与地方金融监管、风险处置、消费者保护、信息共享等协作，建立健全国务院金融稳定发展委员会办公室地方协调机制，支持建立地方政府金融工作议事协调机制，指导两个协调机制相互配合，形成合力。

建立健全金融风险监测与评估框架。不断完善银行业、证券业、保险业风险监测与评估框架，强化跨行业、跨市场、跨机构风险监测，建立定期监测报告制度，不断完善风险监测与评估方法，加强对重点领域的风险监测。积极探索开展金融机构稳健性现场评估，组织开展金融稳定压力测试，不断提升风险监测的前瞻性。继续做好中央银行金融机构评级工作，及时进行风险提示，切实引导金融机构稳健经营。

银保监会合并强化以央行为核心的统合监管体制，推进行业监管协同。2018年4月，银监会、保监会正式合并为中国银行保险监督管理委员会。新组建的中国银行保险监督管理委员会的主要职责是，依照法律法规统一监督管理银行业和保险业，维护银行业和保险业合法、稳健运行，防范和化解金融风险、保护金融消费者合法权益，维护金融稳定。原银监会、保监会拟定银行业、保险业重要性法律法规草案和审慎监管基本制度的职责均被划入中国人民银行。金融监管部门不再负责发展规划，相关问题由金融委统一规划，以实现发展职能和监管职能的分离。此举措有利于将"监管姓监"真正落到实处，有助于深化金融监管体制改革，解决现行体制存在的监管职责不清晰、交叉监管和监管空白等问题，强化综合监管，优化监管资源配置，更好地统筹系统重要性金融机构监管，逐步建立符合现代金融特点、统筹协调监管、有力有效的现代金融监管框架，守住不发生系统性金融风险的底线。

外汇市场"宏观审慎+微观监管"两位一体管理框架初步形成。为了防止大规模不稳定跨境资本流动引发系统性金融风险，外汇管理部门在坚持市场化导向和经常项目可兑换原则基础上，逆周期、市场化调控外汇市场主体的交易行为。建立和完善跨境资本流动监测、预警和响应机制,更好地运用中间价逆周期因子、风险准备金、全口径跨境融资宏观审慎等各类政策工具。外汇市场微观监管政策体系不断完善。外汇市场微观监管旨在维护可兑换政策框架的稳定性和可信度,维护外汇市场竞争秩序,保护外汇市场消费者合法权益,防范微观主体外汇业务经营风险,并通过真实性审核、行为监管和微观审慎监管等3个支柱实现政策目标。根据上述政策目标,外汇管理部门坚持在保障正常贸易投资活动的前提下,保持外汇市场微观监管跨周期的稳定性、一致性和可预期性,严厉打击跨境套利、地下钱庄、非法网络炒汇等外汇领域违法违规行为,切实维护外汇市场秩序。

三、利率市场化改革

利率和汇率作为要素市场的关键价格,是有效配置国内国际资金的决定性因素。利率和汇率的市场化改革是金融领域改革的重中之重,党的十八大之后取得了新的重大进展。

利率市场化是发挥市场配置资源决定性作用的重要前提之一。中国的利率市场化进程从1996年启动,由易到难逐步推进。2013年7月,人民银行宣布全面放开金融机构贷款利率管制。2015年10月,人民银行宣布对商业银行和农村合作金融机构等不再设置存款利率浮动上限,存贷款利率管制终于基本放开。

利率市场化改革的重点,正在从"放得开"向"形得成"尤其是"调得了"转变。我国金融机构、企业、居民已经逐渐适应了市场化的利率环境,银行间市场拆借利率、国债收益率曲线、央行基准利率、货币政策操作利率等多种利率各司其职,利率走廊正在形成。

四、汇率市场化改革

随着跨境资本流入和流出双向均衡开放、本币和外币统筹平衡,人民币汇率形成机制不断优化,市场化程度不断提升。2010年6月19日,根据国内外经济金融形势和我国国际收支状况,中国人民银行决定进一步推进人民币汇率形成机制改革,重在坚持以市场供求为基础,参考一篮子货币进行调节。

2012年4月,人民币波动幅度由0.5%扩大至1%,2014年3月扩大至2%,汇率弹性明显增强。2015年"8·11"汇改后形成了"前日收盘价+一篮子货币汇率变化"的新的中间价定价机制。2017年5月,为进一步优化人民币汇率市场化形成机制,对冲外汇市场的顺周期波动,在中间价定价模型中引入逆周期因子。这一发展脉络反映了40年来人民币汇率形成机制市场化改革的不断探索,人民币中间价定价机制更为透明和市场化,参考货币由单一美元变为"一篮子货币"且浮动幅度不断扩大,以改革积极主动防范化解风险。

汇率形成机制改革使人民币逐步走向成熟货币。从人民币在特别提款权中的权重视角看,特别提款权篮子中货币的权重相对初始权重的偏离程度,反映了该货币相对于其他篮子货币的升贬值情况,人民币从2018年下半年开始,受中美贸易摩擦和新冠疫情影响,低于初始权重一度超过0.6个百分点。但下跌趋势并未导致预期恶化,自2020年下半年以来,人民币已经收回失地并回到初始权重水平，说明外汇市场可以依靠自身力量调节和修正汇率预期，体现出"能升能贬"的成熟货币特征。2020年5月，国际货币基金组织执董会完成了五年一次的特别提款权定值审查，并将人民币权重由10.92%上调至12.28%（升幅1.36个百分点）。

五、人民币国际化取得新进展

2009年7月1日，中国人民银行、财政部、商务部、海关总署、国家税务总局和中国银行业监督管理委员会联合发布《跨境贸易人民币结算试点管理办法》。7月3日，为贯彻落实《跨境贸易人民币结算试点管理办法》，中国人民银行发布《跨境贸易人民币结算试点管理办法实施细则》。以此为起点，人民币国际化正式拉开序幕。

人民币国际化遵循"服务实体经济，促进贸易投资便利化"的导向，密切跟踪市场变化，贴近经济主体在不同阶段的人民币跨境使用需求，呈现出以下特点：一是循序渐进稳步推进，采用稳妥的"先试点后推广"模式。2009年7月，上海等5个境内城市率先启动跨境贸易人民币结算试点，在及时总结经验的基础上，跨境人民币结算试点迅速扩大至全国，业务范围也从货物贸易扩展到全部经常项目。二是以服务实体经济为导向，先经常项目后资本项目。随着经常项下人民币结算的深入开展，境内外机构使用人民币进行直接投资的需求日益增长，资本项下跨境人民币业务试点开始开展更多的业务。从2010年起，境内企业对外直接投资（Outbound Direct Investment，ODI）、境外直接投资（Foreign Direct Investment，FDI）人民币结算陆续开始试点，人民币合格境外机构投资者制度和人民币合格境内机构投资者制度分别于 2011 年和 2014 年出台。三是遵循货币国际化内涵有序推进。国际货币的支付、投融资、储备和计价功能之间存在相互促进和支持的关系，人民币在国际化进程中作为国际货币的功能得到全面增强。支付结算在境外形成沉淀的人民币，需要相应的投融资渠道或市场实现保值增值，促进了人民币投融资功能的产生；同时人民币投融资功能的增强有助于增强离岸人民币流动性，促进支付结算功能深化。

2016 年 10 月，人民币正式加入国际货币基金组织所创设的国际储备资产特别提款权货币篮子，这是人民币国际化进程中的里程碑。以此为节点，人民币作为国际货币的地位不断提高。

一是人民币的储备货币地位显著提升。人民币所占初始权重为 10.92%，超过了日元和英镑。根据国际货币基金组织官方外汇储备货币构成数据，截至 2020 年第三季度末，人民币外汇储备规模达 2445 亿美元，占标明币种构成外汇储备总额的 2.13%，创国际货币基金组织自 2016 年开始公布人民币储备资产以来的最高水平，在国际主要支付货币中排名第五。据不完全统计，目前全球已有 70 多个央行或货币当局将人民币纳入外汇储备。

二是人民币作为结算货币的基础逐渐巩固。2010 年 8 月 16 日，中国人民银行发布通知，允许境外央行或货币当局、港澳地区人民币业务清算行和跨境贸易人民币结算境外参加行等 3 类机构投资银行间债券市场。央行此举是为进一步放开跨境人民币业务迈出的重要步伐，使境外资金能回到大陆金融体系，这是跨境人民币自由结算取得的自然推进。2020 年跨境贸易人民币结算规模达 6.8 万亿元，较 2010 年增长逾 12 倍，特别是 2020 年在新冠疫情冲击全球的背景下，人民币跨境使用仍保持韧性增长，稳居我国第二大跨境收支货币。根据中国人民银行发布的《2020年人民币国际化报告》，2019年，约有69%的受访境外工商企业打算使用人民币或进一步提升人民币的使用比例，这一占比接近历史最高水平。

三是双边本币互换取得实质性进步。2008年，国际金融危机暴露出主要储备货币在为全球提供流通性的同时难以兼顾币值稳定的问题。危机过后，我国顺应许多国家提出的通过进行本币互换合作提供流动性的诉求，截至2018年10月30日，先后与38个国家、地区央行或货币当局签署了有效本币互换协议。

第二节　丰富多元有序的金融业格局形成

2009年以来，我国信托业在经过前期的整顿之后逐渐明确了"受人之托、代客理财"的功能定位，进入了飞速发展的时期。2015年2月17日，国务院发布《存款保险条例》，并于当年5月1日正式施行，我国正式建立了存款保险制度。2018年4月，为防范化解系统性金融风险，人民银行等四部门联合发布了《关于规范金融机构资产管理业务的指导意见》，整治金融业乱象。

一、"大资管"行业的形成

改革开放以来，我国信托业经历了数轮扩张与整顿，在历次扩张、整顿中，监管部门对信托业的定位逐渐清晰。2007年，信托新"两规"即《信托公司管理办法》《信托公司集合资金信托计划管理办法》实施。新规对信托公司的经营范围进行了重新界定，压缩并限制信托公司的固有业务、风险业务、非专属业务，将信托公司的业务功能定位为"受人之托、代客理财"的专业化机构。

新规的实施为信托行业发展指明了方向，之后各信托公司开始积极谋求业务转型，我国信托业开启了新一轮的扩张和发展。从资产规模看，2006年末信托资产规模为3606亿元，2008年增长到1.2万亿元，2010年末突破了3万亿元。此后我国信托业规模继续快速扩张，2017年末，全国68家信托公司管理的信托资产规模达到26.25万亿元，较2010年末增长了近8倍。

2008年以来，信托业在飞速发展的同时，也出现了一系列银信合作、证信合作等合规性问题，银行业等金融机构通过信托理财产品的方式，绕过监管部门为企业提供贷款，形成难以监管的"影子银行"。此外，多层嵌套、资金空转等现象普遍存在，金融业"脱实向虚"倾向明显，背离了为实体经济服务的初衷。为治理这些乱象，2018年4月27日，人民银行等四部门联合发布《关于规范金融机构资产管理业务的指导意见》(简称资管新规)，旨在统一标准、消除套利、穿透监管、打破刚兑，防范资管业务风险，使行业逐步走向规范化。资管新规在短期内对信托公司的资金来源、盈利能力、资产规模产生了一定的影响，但也促使信托业坚持回归"受人之托、代客理财"的信托本源，回归服务实体经济和投资者的信托本质。2020年末，我国信托业资产规模为20.49万亿元，比2017年末减少5.76万亿元，其中事务管理类信托规模为9.19万亿元，比2017年末减少6.46万亿元。信托业监管套利、多层嵌套和资金空转现象大幅减少。

资管业在一定程度上满足了企业的融资需求与居民的财富管理需求。2008年以来，我国资管行业迅速发展，2017年末，不考虑交叉持有因素的资管总规模达到百万亿元。一方面,在资管新规发布之前,"产品预期收益+资金池运作"方式造就的以银行理财、同业、零售/私行代销等为主要资金源头的"大资管"影子银行体系,形成了一种自洽的社会融资体系,其在助长债务过度增长的同时,客观上也缓解了部分领域存在的金融压抑,在一定程度上成为民营企业和中小微企业等实体经济的重要融资渠道。[①] 另一方面,经济成长红利,特别是旺盛的居民财富管理需求,也为行业发展提供了新机遇。

然而资管行业在快速发展中逐步暴露出一些乱象。一是刚性兑付扭曲了金融行业最基本的风险收益匹配原则,部分金融机构并没有为此充分计量资本占用。二是资金池运作模式使得单个客户的理财资金无法与单个产品的资产一一对应,产品之间的风险容易互相传染。三是产品投向资产期限与产品期限不匹配加大了产品的兑付风险。四是产品之间层层嵌套使得底层资产信息极为不透明。《关于规范金融机构资产管理业务的指导意见》及其系列配套细则,提出了打破刚兑、禁止资金池、限制非标、限制期限错配、实行平等准入、统一杠杆要求、鼓励子公司化运作等目标。经过几年的整治,行业存在的若干乱象得到根本治理,防范化解重大金融风险攻坚战取得阶段性成效。

2018年12月2日,银保监会正式发布《商业银行理财子公司管理办法》,对理财子公司的准入条件、业务规则、风险管理等方面作出具体规定。把银行理财业务拎出,单独成立公司,一是隔离

---

① 吴晓灵、邓寰庆等:《资管大时代》,北京:中信出版社,2020年版,第132页。

了商业银行的表外业务风险;二是使商业银行成为理财产品的代销机构,产品出现亏损银行将不会兜底,打破了理财产品的刚兑。此外,成立理财子公司后,理财资金的投资范围得到扩大。根据《商业银行理财子公司管理办法》,理财子公司可以同时开展公募和私募业务,公募理财以投资标准化资产为主,可以直接投资股票,也可适当投资于非标债权资产,但不得投资于未上市企业股权;私募理财产品的投资范围广泛,不仅可以直接投资于债券、股票,还可以投资于非标债权、未上市企业股权资产。2019年5月22日,银保监会批准工银理财有限责任公司和建信理财有限责任公司开业,成为我国首批开业的银行理财公司。经过两年的发展,截至2021年4月底,我国获批筹建的银行理财子公司总数增至26家。其中包括6家国有行、10家股份行、6家城商行、1家农商行以及3家中外合资机构。

二、金融业混业经营的发展与监管制度改革

2018年3月,十三届全国人民代表大会第一次会议表决通过了关于国务院机构改革方案的决定,设立中国银行保险监督管理委员会。2018年4月8日上午,中国银行保险监督管理委员会正式挂牌,中国银行业监督管理委员会和中国保险监督管理委员会成为历史。

银监会和保监会合并是根据金融业发展新形势,适应金融机构综合经营趋势的选择。2008年以来,我国金融业的混业经营趋势日益明显,不同行业间的业务界限逐渐变得模糊。包括商业银行在内的多数金融机构都向综合化、多元化发展,跨市场、跨行业的业

务链条延长。在分业监管的体制下,各监管部门无法监测真实资金的流向,易导致危机跨市场、跨行业传染,引发系统性风险。此外,随着网络金融的兴起,网络小额贷款、互联网金融点对点借贷平台(peer to peer lending,P2P)等新兴金融业态发展迅速,分业监管的模式难以对新兴的金融机构及时有效监管,导致发生不少金融风险事件。

面对金融机构混业经营和新的金融业态不断出现的情况,决策层和各监管部门意识到分业监管的体制已经不适应我国金融业的发展,开始逐步进行金融监管体制改革。2012年,第四次全国金融工作会议指出要加强和改进金融监管,切实防范系统性金融风险。2013年,国务院批复成立金融监管协调部际联席会议制度,联席会议成员单位包括"一行三会(中国人民银行、银监会、证监会、保监会)"和国家外汇管理局等金融监管机构。联席会议的主要工作职责是加强成员之间监管协调、政策实施合作以及信息交流。但联席会议并不具有强制性,是在不改变现行金融监管体制,不替代、不削弱有关部门现行职责分工的情况下开展的。因此,在成立后的几年中,联席会议在监管政策统一、监管协调方面发挥的作用有限。为进一步强化金融监管的协调,2017年7月召开的第五次全国金融工作会议提出推进构建现代金融监管框架。随后,国务院设立金融稳定发展委员会,统筹协调金融稳定和改革发展重大问题的议事协调,其职责包括强化宏观审慎管理,强化功能监管、综合监管和行为监管,实现金融监管全覆盖。2018年4月8日,中国银行保险监督管理委员会成立,其主要职责是依照法律法规统一监督管理银行业和保险业,维护银行业和保险业合法、稳健运行,防范和化解金融风险,保护金融消费者合法权益,维护金融稳定。对银行业和保险业的监管资源进行整合是有必要的，这体现在微观审慎层面上，机构监管、功能监管和行为监管的相结合、相统一。监管整合能够给这些机构的经营形成一个统一的政策空间，增强监管协调性，对于未来防范金融风险和鼓励各类金融机构的创新起到助推作用。

三、存款保险制度建立

所谓存款保险，是指吸收存款的银行业金融机构（统称投保机构）交纳保费形成存款保险基金。当投保机构经营出现问题时，存款保险基金管理机构依照规定使用存款保险基金对存款人进行及时偿付，并采取必要措施维护存款以及存款保险基金安全的制度，即存款保险制度。

党的十八届三中全会提出要"加快推进利率市场化"。2013年7月，我国取消金融机构贷款利率下限。2015年10月，中国人民银行取消了对商业银行和农村合作金融机构等的存款利率浮动上限。利率市场化改革一方面使银行拥有更大的存贷款利率定价自主权，可以开发更多的市场化定价产品，提高金融服务能力，以满足多层次客户需求。另一方面也会使银行之间竞争加剧，利率波动加大。部分银行尤其是中小银行可能因为经营不善而破产倒闭，使储户的利益受到损害，进而触发金融风险。因此，在推进利率市场化改革过程中，推出存款保险制度保护储户利益、维护金融系统稳定就十分必要。

2014年《政府工作报告》明确将"建立存款保险制度，健全金融机构风险处置机制"纳入年度工作重点。2015年2月17日，国务院发布《存款保险条例》，并于 2015 年 5 月 1 日起正式施行。根据《存款保险条例》，在我国境内设立的商业银行、农村合作银行、农村信用合作社等吸收存款的银行业金融机构都应依照本条例规定投保存款保险。各机构向存款保险基金管理机构缴纳保费形成存款保险基金，基金管理机构依照规定对储户进行赔付。被保险存款包括投保机构吸收的人民币存款和外币存款。但是，金融机构同业存款、投保机构的高级管理人员在本投保机构的存款以及存款保险基金管理机构规定不予保险的其他存款除外。存款保险实行限额偿付，最高偿付限额为人民币 50 万元。同一存款人在同一家投保机构所有被保险存款账户的存款本金和利息合并计算的资金数额在最高偿付限额以内的，实行全额偿付；超出最高偿付限额的部分，依法从投保机构清算财产中受偿。为保障存款保险基金的安全，条例对存款保险基金的运用形式作了适当限制，规定存款保险基金的运用遵循安全、流动和保值增值的原则，限于存放在中国人民银行，投资政府债券、中央银行票据、信用等级较高的金融债券及其他高等级债券，以及国务院批准的其他资金运用形式。

截至 2020 年 10 月末，全国接受存款保险保障的金融机构共 4025 家，对投保机构的费率实施了基于风险的差别化定价，促进了银行审慎经营和公平竞争。

四、民营银行业的发展

目前对于民营银行这一概念并没有一个严格统一的定义，学术界分别从产权结构、资产结构和治理结构等 3 个方面界定民营银行。产权结构论认为由民间资本控股的就是民营银行，资产结构论认为民营银行是主要为民营企业提供资金支持和服务的银行，治理结构论则认为凡是采用市场化方式运作的银行就是民营银行。

我国的民营银行发展起步较晚。2013年7月1日，国务院办公厅发布《关于金融支持经济结构调整和转型升级的指导意见》，明确提出扩大民间资本进入金融业，"尝试由民间资本发起设立自担风险的民营银行、金融租赁公司和消费金融公司等金融机构"。2014年1月，中国银监会召开2014年全国银行业监管工作电视电话会议，会议提出"试办由纯民资发起设立自担风险的银行业金融机构。切实做好试点制度设计，强调发起人资质条件，实行有限牌照，坚持审慎监管标准，订立风险处置安排。试点先行，首批试点3—5家，成熟一家批一家"。

在银行业中引入民营金融机构有其必然性。传统商业银行大多通过铺设物理网点的方式为客户提供服务，并以抵质押物作为主要的风险控制手段，这种运营模式和风险管控手段并不适用于无抵押物、缺乏信用积累的小额分散客户。随着小微企业、"三农"、个人消费者的金融需求日益旺盛，市场急需新生力量借助创新技术在渠道覆盖和风险管控方面有所突破，以覆盖碎片化的长尾需求。民营金融机构因其特殊的产权结构和经营形式决定了其具有机制活、效率高、专业性强等一系列优点，因此成为中国金融体制的重要补充。民营金融机构的建立必然促进金融市场的公平竞争，推进国有金融企业的改革。

2014年，银监会首先批准设立了5家民营银行，分别是深圳前海微众银行、温州民商银行、上海华瑞银行、天津金城银行和浙江网商银行。其中深圳前海微众银行和浙江网商银行是民营银行的典型代表，这两家银行分别是由腾讯控股和阿里巴巴旗下的蚂蚁金服控股牵头发起设立，两家银行都是互联网银行，没有线下网点，所有业务均在线上办理，其服务对象聚焦小微企业和个人经营者。2016 年，重庆富民银行、四川新网银行等 12 家民营银行获批筹建。2016 年底，银监会发布《关于民营银行监管的指导意见》，这就意味着民营银行正式进入依法依规常态化设立的新阶段。2019 年 5 月和 9 月，江西裕民银行和无锡锡商银行先后获批，至此，我国一共批准成立了 19 家民营银行。这 19 家银行分布在 16 个省和直辖市，除广东、浙江和江苏各有两家外，其他省份各获批筹建一家。

从 2020 年披露的 17 家已经开业的民营银行的经营数据看，除江西裕民银行出现亏损外，其他 16 家银行均实现盈利；各家银行不良率均控制在 2%以下。深圳前海微众银行和浙江网商银行处于民营银行第一梯队，两家银行资产规模均超过 3000 亿元，2020 年营业收入分别为 198.81 亿元和 86.18 亿元，净利润分别达到 49.57 亿元和 12.85 亿元。

第三节　资本市场进入国际化发展时期

2009 年以来，中国在国际社会中所扮演的角色越发重要，资本市场对内加速建立多元化主体，满足不同市场参与者的需求；对外构建与国际接轨的制度体系，为中国资本市场与国际市场接轨奠定了基础。但值得注意的是，随着制度建立的深度和广度进一步提高，防范系统性金融风险成为核心要务。

一、多层次资本市场体系建设加速

（一）证券市场多层次体系减速提速，风险波动加剧

该阶段证券市场改革推动从两条主线出发。一是建立中小企业股份转让系统和区域性股权市场，满足不同水平、不同地区的融资需求。（1）全国中小企业股份转让系统建立。2013年1月16日，全国中小企业股份转让系统（简称"全国股转系统"，俗称"新三板"）经国务院批准正式揭牌运营，这是我国第一家公司制运营的证券交易场所。与经济发展相一致，"新三板"的市场定位主要为创新型、创业型、成长型中小企业发展服务。从2013年开始运营至2020年末，"新三板"市场发展迅速，从初期的356家挂牌企业发展为8187家，增长22倍。（2）建立区域性股权市场，服务省级行政区内中小微企业。2008年以来，为了探索扩展中小微企业股权融资渠道，各地陆续批设了一批区域性股权交易市场。二是证券市场内部建立不同板块，满足不同类型企业的需求。2021年4月6日，深交所主板与中小板正式合并。与此同时，"深市主板+创业板"模式与"沪市主板+科创板"模式形成错位竞争，有利于形成更加高效的市场运作。深市主板和中小板合并后，注册制的全面铺开仅剩沪深主板，这也为后续实行股票发行注册制作了准备。在内部改革升级的同时，股票市场的异常波动也明显增加。

（二）债券市场体制机制不断完善，市场的深度和广度得到扩展

2015年1月，中国证监会发布《公司债券发行与交易管理办法》，将公司债券发行主体扩大至全部公司制法人，支持包括非上

市公司在内的各类企业通过公开和非公开形式发行公司债券，交易所债券市场发行量和托管量大幅提升。在此期间，一方面，债券市场相继创新推出扶贫专项公司债、创新创业债、绿色债、熊猫债、"一带一路"债等创新债券品种，债券品种日趋丰富；机构投资者成为主体。另一方面，形成了以证券、基金、银行、保险机构及其理财产品为主体的投资者结构，交易所证券市场投资者日趋多元化。

（三）期货市场进入创新发展的新阶段

2012年以来，已上市期货产品体系覆盖农产品、能源、化工、金融等国民经济主要领域，为实体企业管理经营风险提供了重要工具。截至2020年末，三家商品期货交易所在全国26个省市开展了584个"保险+期货"试点项目，推动61家期货公司与13家保险公司合作参与，品种涉及天然橡胶、棉花、白糖、苹果、红枣、大豆、玉米、鸡蛋、豆粕，保障现货规模约1200万吨。金融期货发展速度也在加快，增加了上证50股指期货、中证500股指期货，推出了2年期、5年期、10年期国债期货品种。交易所标准也显著提升，2019年1月，中国证监会正式批准上期所、郑商所、大商所、中金所成为合格中央对手方，并建立金融市场基础设施原则（Principles for Financial Market Infrastructures，PFMI）信息披露长期工作机制，这标志着我国期货市场在结算交割体系建设上已基本与国际监管标准接轨。未来中国期货市场将依托已有条件，进一步丰富适合中国发展的衍生产品。

（四）基金市场迈向高质量发展

根据 2012 年 12 月修订的《中华人民共和国证券投资基金法》相关要求，证监会持续推动公募基金产品注册制改革和创新发展。从整体发展趋势来看，开放式基金规模明显超过封闭式基金；从具体额度和规模来看，开放式基金数量在 6 年间大幅提升，基金份额由 2015 年的 42561.5 亿份增加至 2021 年的 163532.16 亿份，增长 2.84 倍。

股权投资基金、创投基金等私募基金对于经济与资本市场的发展也发挥了重要作用。私募基金有利于具备发展潜力的行业的资本积累与创新，促进多层次资本市场的发展。一方面，对于私募基金而言，市场化是其主要优势，投资者用自己的资金作为选票，将社会稀缺生产资源使用权投给社会最需要发展的产业和行业中最有效率的企业。这样整个社会的稀缺生产资源的配置效率可以大幅提高，有利于现代服务业、高新技术产业、各类消费品制造业和消费服务业等亟须发展的行业的资本积累。另一方面，私募基金可以为股票市场培育好的企业，私募股权基金壮大以后，可以推动国内创业板和中小企业板市场的发展与创新。

（五）证券、债券、期货市场均提升对外开放水平

通过沪深港通、QFII/RQFII、交易型开放式指数证券投资基金（Exchange Traded Fund，ETF）互联互通等方式进一步打开A股对外发展空间。截至 2020 年底，共有 558 家境外机构取得合格境外投资者资格，合格境外投资者境内资产合计 12314.35 亿元，其中股票类资产 10038.21 亿元，持股市值占A股流通市值的 1.26%。2019

年，MSCI、富时罗素指数等均扩大纳入A股的权重，外资配置A股的比例进一步提升。与此同时，债券市场的国际化水平也大幅提高。2017年，俄罗斯铝业联合公司在上交所发行了首只"一带一路"熊猫债券。

期货市场加速"走出去"步伐。2018年3月，国内首个国际化期货品种原油期货上市，标志着我国期货市场打开了对外开放的大门。2018年5月，铁矿石期货正式实施引入境外交易者业务，这是我国已上市期货品种的首次对外开放。自2020年1月1日起，证监会取消期货公司外资股比限制，符合条件的境外投资者持有期货公司股权比例可至100%。2020年6月，摩根大通期货变更股权的申请获证监会核准，成为我国境内第一家外资全资控股的期货公司。

二、制度建设在市场化的基础上，向国际化迈进

在该阶段内，制度安排的核心是处理好政府与市场的关系，将市场化改革作为工作核心，并最终实现中国金融市场与国际金融市场的协调发展。

（一）注册制下的股票发行上市制度

2013年11月，党的十八届三中全会审议通过的《中共中央关于全面深化改革若干重大问题的决定》明确提出，"推进股票发行注册制改革"。2015年12月，十二届全国人大常委会第十八次会议审议通过《关于授权国务院在实施股票发行注册制改革中调整适用〈中华人民共和国证券法〉有关规定的决定》。2018年11月5

日,从首届中国国际进口博览会开幕式上传来了"在上海证券交易所设立科创板并试点注册制"的消息,注册制改革进入启动实施阶段。注册制改革主要通过两条路线实施:一是 2019 年基于《关于在上海证券交易所设立科创板并试点注册制的实施意见》的科创板的增量改革,二是 2020 年基于《创业板改革并试点注册制总体实施方案》的创业板的存量改革。

(二)信息披露制度的成熟

在这一阶段,对上市公司信息披露的要求在范围上更广泛,操作上更具体,程度上更深入。2007 年 1 月,《上市公司信息披露管理办法》公布施行,这是中国第一部全面规范上市公司信息披露的规章。《上市公司信息披露管理办法》明确提出,上市公司应建立信息披露事务管理制度,明确发行人、大股东和管理层的信息披露责任,明确信息披露的主要内容细则,提升了临时报告披露监管的法律效力。2009 年,在股价异动的监管中,证监会将信息披露与股价异动的监管相结合,一旦发现上市公司披露重大事项前出现股价异动,立即采取监管行动,并将相关情况通报给证监会稽查部门和市场监察部门。

(三)注册制下的退市制度

2020 年实施的新《证券法》进一步强化了证券交易所退市实施主体责任,明确由证券交易所规定终止上市情形,按照业务规则对公司股票终止上市。为配合注册制改革试点,2019 年和 2020 年,科创板和创业板先后开展退市制度改革试点。在财务类指标方面,取消单一的连续亏损退市指标,制定了净利润与营业收入的组合指标，侧重考量上市公司持续经营能力。在交易类指标方面，在保留面值退市规则的基础上，增加市值持续低于一定门槛的指标。在规范类运作指标方面，增加信息披露、规范运作存在重大缺陷且拒不改正的指标。在重大违法类指标方面，进一步明确认定情形，增强可操作性。简化退市程序，取消暂停上市和恢复上市环节。

（四）合格境内外机构投资者制度进一步扩大规模

2018年6月，国家外汇管理局宣布取消QFII、RQFII本金锁定期要求，取消QFII资金汇出20%比例要求，允许QFII、RQFII开展外汇套期保值。2019年9月，国家外汇管理局宣布取消QFII总额度限制、RQFII试点国家和地区及额度限制，以及QFII、RQFII单家机构投资额度限制，并于2020年5月正式实施。

三、资本市场监督管理力度持续增强

（一）提升证券市场违规成本，加大处罚力度

2018年10月，《公司法》第142条公司股份回购条款，增加了回购情形，适当简化回购决策程序，建立健全股份公司库存股制度，为上市公司通过股份回购开展并购重组、优化治理结构提供了有力的法律支持。2020年3月，新修订的《证券法》正式实施，在全面推行证券发行注册制、大幅提高证券违规成本、加大投资者保护力度等方面取得突破。2020年8月，《最高人民法院关于为创业板改革并试点注册制提供司法保障的若干意见》发布，保障科创板和创业板等重大改革顺利实施。2020年12月，十三届全国人大

常委会第二十四次会议审议通过《刑法修正案（十一）》，大幅提高资本市场违法犯罪成本，对市场形成了强有力的震慑和警示。

（二）加强债券市场监督管理，落实"零容忍"要求，严厉查处债券市场重大违法犯罪案件

中国证券业协会于 2017 年 3 月发布《公司债券受托管理人处置公司债券违约风险指引》，开展定期全面风险排查和不定期重点风险排查。2018 年 12 月，经国务院同意，人民银行、证监会、发展改革委联合发布《关于进一步加强债券市场执法工作的意见》，建立债券市场统一执法机制，证监会依法对银行间债券市场、交易所债券市场违法行为开展统一的执法工作。2020 年 7 月，证监会与人民银行、发展改革委密切合作，推动最高法发布《全国法院审理债券纠纷案件座谈会纪要》，明确提出，坚持保障国际金融安全、坚持依法公正、坚持"卖者尽责、买者自负"、坚持纠纷多元化解等 4 项基本原则，优化债券纠纷案件审理程序，进一步畅通法治化救济渠道，强化债券领域民事追责。

（三）关注期货市场风险管理问题

在该阶段内，期货市场已经制定了以《期货交易管理条例》为核心的一系列监督管理文件。2013 年 2 月，证监会颁布当年修订的《期货公司风险监管指标管理办法》，进一步促进期货公司加强内部控制、防范风险、稳健发展。2014 年 10 月，《期货公司监督管理办法》发布实施，降低了准入门槛，完善了期货公司业务范围，明确了期货公司引进境外股东和设立境外机构的相关规定。2019 年 2 月，证监会发布修订后的《期货公司分类监管规定》。在 2020 年

参评的期货公司中，A类期货公司40家，B类期货公司93家。

第四节　对外开放成效卓然

一、坚持对外开放的战略更加清晰

党的十八大以来，在以习近平同志为核心的党中央掌舵领航下，中国经济取得了令世人瞩目的成就，中国成为世界经济增长的主要"稳定器"和动力源，中国政府先后出台若干项对外开放新举措、新倡议，标志着我国正式步入主动开放的新时代。

面对后危机时期世界经济的深度调整和我国经济发展的客观现实，我国对外开放的力度不减反增。习近平总书记在很多场合反复强调建设开放型世界经济的观点，并阐述中国经济发展长期向好的基本面没有变。我国经济韧性好、潜力足、回旋空间大的基本特点没有变，突出在主动开放中让世界各国分享中国发展机遇和发展红利。

中国在这一阶段对外推出众多主动开放承诺，主要集中在积极参与和完善全球治理体系、共建"一带一路"倡议、提供全球公共产品、布置对外高标准自贸区战略、鼓励企业"走出去"以及启动人民币国际化新航向等方面。近几年，国际经济局势愈加复杂多变，但中国坚持全面开放的态度也愈加坚定，全面开放的新格局已基本形成。

二、金融市场开放全面提速

这一时期，我国金融开放牢牢把握主动权，抓住了人民币国际化和党的十九大提出更高水平对外开放的两轮战略机遇期，妥善应对了2008年国际金融危机、2018年中美贸易摩擦、2020年全球新冠疫情等3轮高强度冲击，金融市场双向开放进入全面加速的新阶段，实现了我国从金融大国到金融强国的巨大转变。

（一）金融业开放进入全面加速的新阶段

2018年4月，习近平主席在博鳌亚洲论坛2018年年会开幕式上宣布中国将大幅放宽包括金融业在内的市场准入，金融业开启了加速开放的新局面。这一阶段我国金融业的开放超越了履行世界贸易组织承诺范畴，更多的是来自中国对外开放整体布局的需要和金融业自身发展的需要，积极主动开放，以开放促改革、促发展、促创新。

金融行业的市场准入大幅放开。2013年8月，我国内地分别与香港、澳门签署了《关于建立更紧密经贸关系的安排》第十份补充协议，允许内地证券公司、证券投资咨询机构对港澳地区进一步开放，开启了进一步放开合资券商的持股比例的进程。2017年11月，中美元首会晤达成多方面重要共识，中国将以较大幅度放宽金融领域市场准入。2018年4月，习近平主席在博鳌亚洲论坛上宣布，"在服务业特别是金融业方面，去年年底宣布的放宽银行、证券、保险行业外资股比限制的重大措施要确保落地，同时要加大开放力度，加快保险行业开放进程，放宽外资金融机构设立限制，扩大外资金融机构在华业务范围，拓宽中外金融市场合作领域"[①]。随后，人民银行等金融监管部门根据习近平主席在博鳌亚洲论坛上提出的"宜早不宜迟，宜快不宜慢"的要求抓紧落实，宣布了取消中资银行和金融资产管理公司的外资持股比例限制、证券公司等公司的外资持股比例上限放宽至51%、大幅扩大外资银行业务范围等11条金融业开放措施。我国金融业自此开启了加速开放的新格局，在持股比例、设立形式、股东资质、业务范围、牌照数量等方面对中外资机构适用同等监管要求和标准，以更加透明、更符合国际惯例的方式同等对待内外资金融机构。金融业走向国际化发展新时代。

知名外资金融机构进入我国市场。我国良好的经济基本面为金融机构提供了良好的发展机遇和广阔的市场空间，外资机构进入中国的积极性持续提高，各类国际知名金融机构加速布局中国市场。2020年6月，证监会核准通过了摩根大通期货有限公司变更股权的申请，摩根大通期货有限公司成为国内首家外资完全控股的期货公司。2020年8月，全球资管规模排名第一的贝莱德公司获得首家外资全资公募基金管理公司牌照。2020年9月，中国银保监会批准上田八木短资株式会社在北京成立全资子公司，成为首家在中国获准成立的外商独资货币经纪公司。2021年1月，安联保险资管公司成为中国首家获批筹建的外资独资保险资管公司。外资金融机构的进入丰富了国内金融体系，起到了良好的示范作用，促进了金融产品多元化和金融体系效率提升。截至2021年4月，我国境

[①] 《习近平扩大开放四大举措系列解读之一：四角度理解大幅度放宽市场准入》，人民网，2018年4月11日。

内共有基金管理公司134家，其中中外合资公司44家，已占约三分之一。截至2021年底，境内外资控股券商数量已达9家。

（二）境内外市场互联互通飞速发展

金融市场双向开放的传统通道不断完善，新通道逐渐增加。一是合格境外/境内机构投资者制度不断完善。合格境外机构投资者制度和合格境内机构投资者制度于2002年、2006年先后实施之后，2011年开展人民币合格境外机构投资者试点。相关制度安排在推出后又经过了不断地完善和发展，跨境投融资便利化程度逐步提升。2018年6月，取消了QFII资金汇出比例限制和QFII、RQFII本金锁定期要求。2020年5月，除了取消QFII和RQFII境内证券投资额度管理要求，还对合格投资者跨境资金汇出入和兑换实行登记管理，便利性显著提升。二是金融市场互联互通机制在对外开放中起到的桥梁作用日益突出。为顺应市场对建设更便捷、更高效的双向开放渠道的需求，我国内地金融市场与香港和境外其他金融市场的互联互通应运而生，成为一种新的金融市场开放过渡性制度安排。"沪港通"和"深港通"分别于2014年11月和2016年12月开通，年交易总额限制和日交易额度限制不断放开，体现了资本市场对外开放程度的不断深化。2019年6月，"沪伦通"正式启动，这是中国资本市场拓宽双向跨境投融资渠道的又一重要探索。香港和海外投资者通过北向沪深股通持有的内地股票总额由2014年底的865亿元人民币，增至2020年底的超过2万亿元人民币。沪深港通渠道下，2020年境外投资者持有股票的市值占境外投资者持有总市值的约60%。

债券市场双向开放取得重大突破。2010年8月，我国允许境外中央银行或货币当局、港澳地区人民币业务清算行、跨境贸易人民币结算境外参加银行等3类机构运用人民币投资银行间债券市场。2016年2月，我国进一步允许包括商业银行、保险公司、证券公司等在内的境外机构投资者直接进入银行间债券市场，建立起外资直接投资银行间债券市场的机制。2017年7月，"债券通"的启动揭开了香港和内地资本市场互联互通的新篇章，通过内地和香港金融市场基础设施连接，使国际投资者可以在基本不改变原有交易结算制度安排和习惯的情况下，一点接入并投资银行间债券市场所有类型债券，是我国债券市场对外开放的重要里程碑。"债券通"与原有外资的直接入市及QFII、RQFII等开放渠道互为补充，较好地满足了境外投资者的需求，推动我国债券市场对外开放高质量发展。"债券通"渠道下的参与机构数量和日均交易量均超过外资直接入市渠道，2021年"债券通"成交票面总额为6.4万亿元人民币。2021年4月，作为全球最大托管银行之一的纽约梅隆银行，允许客户将其通过"债券通"购买的中国债券用作三方回购协议抵押品，率先为中国债券打开全球抵押大门。

金融双向开放的覆盖范围逐步扩大。"跨境理财通"打开了我国理财产品市场对外开放的窗口。2020年6月29日，为贯彻国家建设粤港澳大湾区的战略部署，落实《粤港澳大湾区发展规划纲要》关于"扩大香港与内地居民和机构进行跨境投资的空间，稳步扩大两地居民投资对方金融产品的渠道"[①]的要求，中国人民银行会同香港金管局、澳门金管局发布公告，在粤港澳大湾区开展"跨

[①]《中共中央 国务院印发〈粤港澳大湾区发展规划纲要〉》，中国政府网，2019年2月18日。

境理财通"业务试点,标志着"跨境理财通"取得突破性进展。2021年5月6日,《粤港澳大湾区"跨境理财通"业务试点实施细则(征求意见稿)》发布。拓宽了港澳地区个人到内地投资的渠道,也有利于内地居民实现个人资产配置多元化,进一步促进离岸人民币业务增长和资本项目开放。

三、金融开放促进利用外资迈上新台阶

金融业积极利用外资。2015年5月发布的《中共中央、国务院关于构建开放型经济新体制的若干意见》和2017年1月发布的《国务院关于扩大对外开放积极利用外资若干措施的通知》明确提出,服务业重点放宽银行类金融机构、证券公司、证券投资基金管理公司、期货公司、保险机构、保险中介机构的外资准入限制。2018年4月27日,银保监会发布《关于进一步放宽外资银行市场准入相关事项的通知》《关于放开外资保险经纪公司经营范围的通知》两项配套文件,旨在推动外资投资便利化,放宽外资设立机构条件,扩大外资机构业务范围,优化外资机构监管规则等。随后,证监会正式发布《外商投资证券公司管理办法》,规定全部外资持有非上市、上市内资券商股份的比例调整为应符合国家关于证券业对外开放的安排(目前为51%)。外资在我国证券行业实现"由参转控",证券行业对外开放水平再上新台阶。

资本市场主动扩大开放大幅扩大了我国利用外资的渠道。中国已经实现了经常项目跨境资金流动开放,但资本项目的开放一直遵循"循序渐进、统筹规划、先易后难、留有余地"的改革原则推进。通过建立合格境外机构投资者和合格境内机构投资者、人民币

合格境外机构投资者等合格机构投资者制度,构建"沪港通""深港通""债券通"等内地与香港证券市场互联互通机制,中国持续主动提升债券市场双向开放水平,资本项目下资金跨境流动的开放程度明显提高。

引资是高水平开放中的重要一环。党的十九大报告对新时代中国对外开放作出了总体部署,要求推动形成全面开放新格局,实行高水平的贸易和投资自由化便利化政策,全面实行准入前国民待遇加负面清单管理制度等。中国用行动表明了深化外商投资管理制度改革的决心。中国在利用外资的过程中面临很多的困难,包括但不限于:内部环境中土地、劳动力等要素资源价格上涨,国内企业竞争也日趋白热化;外部环境中全球产业链竞争激烈,单边主义、贸易投资保护主义抬头冲击着经济全球化和多边经济体制等。但中国巨大的市场对外资企业仍然很有吸引力。随着中国投资环境不断改善,利用外资必将迈上新的台阶。在新冠疫情冲击下,全球经济陷入低迷,增长显著放缓,全球资金在寻求新的增长点,外资持续大幅流入我国,保持增长态势,代表着国际资金对我国资本市场的认可。

四、开放条件下的经济金融治理体系不断完善

2008年国际金融危机以来,我国宏观金融调控经历了完整的金融周期和跨境资本流动周期,其间遭遇了三轮高强度外部冲击:2015年底至2017年初中国外汇市场受到高强度风险冲击、2018年中美经贸摩擦冲击和2020年全球新冠疫情总量和结构性冲击。这三轮冲击都映射到外汇市场,成为金融开放过程中可能引发系统性

金融风险的不稳定因素。在充分发挥我国经济体量大、金融实力强的总量优势的同时，金融监管部门注重金融宏观调控体系各种政策工具的有效搭配，着力稳预期、稳市场、稳外贸、稳外资、稳增长，增强了金融机构、金融市场和微观主体的韧性，人民币初步显示出成熟稳定货币的均衡波动特征。

（一）应对外汇市场冲击的金融宏观调控体系日趋成熟

在应对1997年亚洲金融危机和2008年国际金融危机所引发的外汇市场冲击时，我国的主要应对策略是保持汇率稳定，通过外汇管理、外汇储备等数量管制方式维护市场稳定。2008年国际金融危机后，在应对外汇市场高强度冲击的政策搭配上，我国采取了新的金融宏观调控思路。2015年底至2017年初，外汇市场受到高强度风险冲击时，我国综合运用汇率调节、外汇储备调节、中间价逆周期因子、风险准备金、全口径跨境融资宏观审慎管理等各类政策工具，打破"汇率贬值—跨境资本流出—外汇储备下降"的负向螺旋。一方面，注重发挥汇率机制在促进国际收支平衡中的作用；另一方面，引入宏观审慎和预期管理工具，防止汇率超调和贬值性预期，打破外汇市场恶性循环。在跨境资本流动管理中，不改变现有外汇管理基本框架，加强真实性审核，打击外汇市场违规行为。2018年以来，外汇市场调控框架日趋成熟，根据形势需要于2018年1月和8月分别暂停和重启了"逆周期因子"。经过三轮有效实践，我国已基本建立了货币政策和宏观审慎政策双支柱调控框架，以及跨境资本流动"宏观审慎+微观监管"两位一体管理框架，并实现了两个框架的有机结合，开放条件下的金融治理体系和治理能力得到进一步提升。

（二）外汇市场"宏观审慎+微观监管"两位一体管理框架不断完善

外汇领域的跨境资本流动"宏观审慎+微观监管"两位一体管理框架不断完善。在应对 2008 年以来三轮高强度跨境资本流动风险冲击中，我国逐渐形成了跨境资本流动"宏观审慎+微观监管"两位一体管理框架，其内涵和原则在实践中不断成熟。一是坚持更好地服务实体经济，促进贸易投资自由化便利化。通过简政放权和"放管服"改革，绝大部分外汇业务下放到银行办理；实施货物和服务贸易外汇管理改革，取消进出口核销制度；直接投资实现了基本可兑换，跨境融资基本形成以宏观审慎为基础的管理框架，全面实施境内机构资本项目外汇收入资金意愿结汇管理。二是坚持国际惯例和可兑换承诺，不走资本管制的老路。稳步推进合格机构投资者制度改革，取消QFII、RQFII投资额度限制和RQFII试点国家和地区限制；支持构建跨境证券市场交易互联互通机制，"沪港通"和"深港通"均采用人民币进行交收和结算，对单家机构没有额度限制；不断推进跨境融资改革，完善外汇宏观审慎管理，将全口径跨境融资宏观审慎管理政策推广至全国。三是坚持均衡管理理念。宏观上强调维护国际收支平衡，逆周期市场化调节跨境资本流动和外汇市场顺周期波动，防止跨境资本流动冲击导致系统性金融风险。四是微观监管坚持真实性原则，依法依规维护外汇市场秩序，严厉打击跨境套利和违法违规行为，保持监管政策和执行标准的跨周期稳定性、一致性和可预测性。宏观审慎和微观监管二者互相依存、互为补充，确保目标手段协调一致，维护国家金融安全。

主要参考资料

1. 李曙光. 中国征信体系框架与发展模式[M]. 北京：科学出版社，2006.
2. 中国人民银行支付结算司. 中国支付体系发展报告2007[M]. 北京：中国金融出版社，2008.
3. 安建主编. 中华人民共和国保险法（修订）释义[M]. 北京：法律出版社，2009.
4. 侯涌泉、王喜义. 按照政企分开的方向改革银行信贷资金管理体制[J]. 中国金融，1984（10）.
5. 杨帆、钟业昌、苑林亚. 论我国对外开放的初期特征[J]. 国际经济合作，1987（11）.
6. 高天鹏. 实行"切块"信贷资金管理体制是金融体制改革的关键[J]. 金融研究，1988（06）.
7. 龚育之. 十四大和邓小平建设有中国特色的社会主义理论[J]. 华中理工大学学报（社会科学版），1993（02）.
8. 刘平春. "宝延风波"启示录[J]. 证券市场导报，1993（04）.
9. 周宏明. 改革信贷资金管理办法[J]. 浙江金融，1993（07）.
10. 国务院关于金融体制改革的决定[J]. 中华人民共和国国务院公报，1993（31）.
11. 董辅礽. 中国的银行制度改革——兼谈银行的股份制改革问题[J]. 经济研究，1994（01）.
12. 国务院关于股份有限公司境外募集股份及上市的特别规定[J]. 中华人民共和国国务院公报，1994（18）.
13. 王廷科. 关于中央银行制度与货币政策的几个问题[J]. 财贸

经济，1995（05）.

14. 何德旭. 论中国金融的对外开放[J]. 经济学家，1995（06）.

15. 划时代意义的盛事《中华人民共和国保险法》发布[J]. 财金贸易，1995（07）.

16. 杨文武. 进一步扩大对外开放及其对策[J]. 经济问题探索，1996（03）.

17. 高剑虹. 信贷资金管理体制的改革[J]. 改革，1997（04）.

18. 史晋川、孙福国、严谷军. 市场深化中民间金融业的兴起——以浙江路桥城市信用社为例[J]. 经济研究，1997（12）.

19. 谢金玉. 论我国保险市场的对外开放[J]. 保险研究，1998（03）.

20. 吴建光、杨子健. 信贷资金管理体制改革与国有银行管理方式调整[J]. 国际金融，1998（06）.

21. 陈汉文、林志毅、严晖. 公司治理结构与会计信息质量——由"琼民源"引发的思考[J]. 会计研究，1999（05）.

22. 于良春、鞫源. 垄断与竞争：中国银行业的改革和发展[J]. 经济研究，1999（08）.

23. 朱民、黄金老. 论中国的资产管理公司[J]. 经济研究，1999（12）.

24. 陈小云. 总结立法经验 加强金融立法——纪念《中国人民银行法》颁布实施五周年[J]. 中国金融，2000（04）.

25. 樊纲. 发展民间金融与金融体制改革[J]. 上海金融，2000（09）.

26. 黄正威. 城市信用社和城市商业银行体制改革探索[J]. 中国

金融，2000（12）.

27. 余永定、陆磊. 中国应从亚洲金融危机中汲取的教训[J]. 金融研究，2000（12）.

28. 谢平. 中国农村信用合作社体制改革的争论[J]. 金融研究，2001（01）.

29. 黄金老. 利率市场化与商业银行风险控制[J]. 经济研究，2001（01）.

30. 臧学英. 中国共产党对外开放思想述略[J]. 探索，2001（04）.

31. 王国松. 中国的利率管制与利率市场化[J]. 经济研究，2001（06）.

32. 戴相龙. 贯彻全国金融工作会议精神 依法履行中央银行职责[J]. 中国金融，2002（03）.

33. 吴小明. 从银广夏、安然事件谈如何铸造会计信息的诚信[J]. 财会研究，2002（09）.

34. 陈志昂. 以监管促进国有商业银行治理——兼评国有商业银行改制上市[J]. 商业经济与管理，2004（01）.

35. 成春林. 重新认识金融创新——对我国金融业混业趋势与现行分业监管的思考[J]. 现代经济探讨，2004（02）.

36. 王国刚. 建立多层次资本市场体系 保障经济的可持续发展[J]. 财贸经济，2004（04）.

37. 范建军. 现代中央银行最后贷款人制度的演进——一个制度历史变迁过程的个案研究[J]. 经济评论，2004（06）.

38. 侯茂章. 浅议我国四大国有商业银行改革[J]. 青海金融，2004（09）.

39. 颜海波.中国建立存款保险制度所面临的困境与选择[J].金融研究,2004(11).

40. 张杰、高晓红.注资博弈与中国农信社改革[J].金融研究,2006(03).

41. 丁志杰.回顾与展望——完善人民币汇率形成机制改革之路[J].国际贸易,2006(04).

42. 邱润根、张志勋.我国金融业的入世承诺与法律监管体制的调整[J].企业经济,2006(04).

43. 周小川.积极推进中国政策性银行的改革与发展[J].中国金融,2006(10).

44. 李自然、成思危.完善我国上市公司的退市制度[J].金融研究,2006(11).

45. 陆磊.金融新局——从国家主体向市场主体的金融体制演进[J].农村金融研究,2007(02).

46. 阎冰竹、巴曙松、钟伟 等.新一轮金融改革意义:金融改革走进新时代——阎冰竹、巴曙松、钟伟谈全国金融工作会议精神[J].中国金融家,2007(02).

47. 白钦先、常海中.中国金融业对外开放进程回顾与评述[J].西南金融,2007(02).

48. 段引玲.中央银行信贷资金管理体制改革回顾[J].中国金融,2008(03).

49. 余明桂、潘红波.政治关系、制度环境与民营企业银行贷款[J].管理世界,2008(08).

50. 王鹤立.我国金融混业经营前景研究[J].金融研究,2008(09).

51. 易纲.中国改革开放三十年的利率市场化进程[J].金融研究，2009（01）.

52. 北京国际金融论坛课题组.中国金融对外开放：历程、挑战与应对[J].经济研究参考，2009（04）.

53. 潘健.新中国中央银行职能的法规诠释[J].当代中国史研究，2009（05）.

54. 余丽霞.中国证券市场发展的回顾和展望[J].西南金融，2009（09）.

55. 周小川.资本市场的多层次特性[J].经济导刊，2012（Z1）.

56. 管涛.汇改八年：当人民币汇率趋向均衡[J].中国外汇，2013（13）.

57. 王道平.利率市场化、存款保险制度与系统性银行危机防范[J].金融研究，2016（01）.

58. 辜胜阻、庄芹芹、曹誉波.构建服务实体经济多层次资本市场的路径选择[J].管理世界，2016（04）.

59. 孙娟娟.大资管时代金融机构财富管理业务的差异化拓展——基于财富管理与资产管理的辨析[J].南方金融，2017（01）.

60. 陈创练、姚树洁、郑挺国 等.利率市场化、汇率改制与国际资本流动的关系研究[J].经济研究，2017（04）.

61. 徐忠.新时代背景下中国金融体系与国家治理体系现代化[J].经济研究，2018（07）.

62. 温信祥、苏乃芳.大资管、影子银行与货币政策传导[J].金融研究，2018（10）.

63. 张智富.推进现代中央银行制度建设[J].中国金融，2020

（06）.

64. 中国人民银行办公厅课题研究小组.建设现代中央银行制度[J].中国金融，2020（08）.

65. 易纲.建设现代中央银行制度[J].时代金融，2021（01）.

66. 江永清.中国政府应对2008年国际金融危机宏观调控政策的执行研究[D].北京：北京大学，2011.

67. 宫晓飞.我国农村信用社改革路径研究：农商行模式[D].大连：东北财经大学，2013.

68. 林跃勤.深化金融合作与金砖国家持续崛起[C] // 新兴经济体创新发展与中国自由贸易试验区建设——中国新兴经济体研究会2015年会暨2015新兴经济体论坛（国际学术会议）论文集（下）.北京：中国学术期刊（光盘版）电子杂志社，2015.

第二部分
史料篇

政策法规

▼

国务院批转中国人民银行
《关于改革中国银行体制的请示报告》[①]

（1979年3月13日）

  国务院批转中国人民银行《关于改革中国银行体制的请示报告》，同意成立国家外汇管理总局，改革中国银行体制。中国人民银行《关于改革中国银行体制的请示报告》，主要内容如下。为了统一管理外汇，做好外汇收支的计划平衡和检查监督，建议成立国家外汇管理总局，并将中国银行从中国人民银行分设出来，直属国务院领导，由中国人民银行代管。原中国银行总管理处改为中国银行总行。国家外汇管理总局和中国银行总行设总局局长兼总行行长一人，副总局长兼副行长若干人。外汇业务工作量大的国内重要省、市、自治区口岸设外汇管理分局、中国银行分行。国家外汇管理分局、中国银行分、支行的工作，实行总局总行和省、市、自治

[①] 《国务院批转中国人民银行〈关于改革中国银行体制的请示报告〉》，吴晓灵主编，《中国金融改革开放大事记》，中国金融出版社，2008年版。

区革委会双重领导。业务工作，以总行领导为主。党的工作和政治工作，以地方领导为主。中国银行总行保留董事会和监察人会机构。新的董事会和监察人会主要是咨询和统战性质的机构，人数可适当增加。国家外汇管理总分局中国银行总、分行受权管理国家外汇，在这一点上，具有国家机关性质，但它的绝大部分业务都属于企业性质。因此，各级机构一律按企业管理，实行独立核算。

国务院关于中国人民银行专门行使中央银行职能的决定[①]

（1983 年 9 月 17 日）

各省、市、自治区人民政府，国务院各部委、各直属机构：

近几年来，随着经济体制的逐步改革和对外开放、对内搞活经济政策的贯彻实施，经济发展了，社会资金多了，银行的作用日益重要。为了充分发挥银行的经济杠杆作用，集中社会资金，支持经济建设，改变目前资金管理多头、使用分散的状况，必须强化中央银行的职能。为此，国务院决定，中国人民银行专门行使中央银行职能，不再兼办工商信贷和储蓄业务，以加强信贷资金的集中管理和综合平衡，更好地为宏观经济决策服务。

一、中国人民银行是国务院领导和管理全国金融事业的国家机关，不对企业和个人办理信贷业务，集中力量研究和做好全国金融的宏观决策，加强信贷资金管理，保持货币稳定。其主要职责是：研究和拟订金融工作的方针、政策、法令、基本制度，经批准后组织执行；掌管货币发行，调节市场货币流通；统一管理人民币存贷利率和汇价；编制国家信贷计划，集中管理信贷资金；管理国家外汇、金银和国家外汇储备、黄金储备；代理国家财政金库；审批金融机构的设置或撤并；协调和稽核各金融机构的业务工作；管理金融市场；代表我国政府从事有关的国际金融活动。

二、中国人民银行成立有权威的理事会，作为决策机构。理事

[①]《国务院关于中国人民银行专门行使中央银行职能的决定》，《中华人民共和国国务院公报》，1983 年第 21 期。

会由下列人员组成：人民银行行长、副行长和少数顾问、专家，财政部一位副部长，国家计委和国家经委各一位副主任，专业银行行长，保险公司总经理。理事长由人民银行行长担任，副理事长从理事中选任；理事会设秘书长，由理事兼任。理事会在意见不能取得一致时，理事长有权裁决，重大问题请示国务院决定。

中国人民银行的分支机构原则上按经济区划设置。其主要任务是，在人民银行总行的领导下，根据国家规定的金融方针政策和国家信贷计划，在本辖区调节信贷资金和货币流通，协调、指导、监督、检查专业银行和其它金融机构的业务活动，承办上级人民银行交办的其它事项。为了加强人民银行全面管理金融事业的力量，须从各专业银行、保险公司抽调一部分业务骨干。人民银行对其分支机构，在银行业务和干部管理上实行垂直领导、统一管理。地方各级政府要保证和监督人民银行贯彻执行国家的方针、政策，但不得干预银行的正常业务活动。

国家外汇管理局及其分局，在人民银行的领导下，统一管理国家外汇。中国银行统一经营国家外汇的职责不变。

成立中国工商银行，承担原来由人民银行办理的工商信贷和储蓄业务。

三、人民银行对专业银行和其它金融机构（包括保险公司），主要采取经济办法进行管理。各专业银行和其它金融机构，对人民银行或人民银行理事会作出的决定必须执行，否则人民银行有权给予行政或经济的制裁。国际信托投资公司的业务活动，也要接受人民银行的管理和监督。建设银行在财政业务方面仍受财政部领导，有关信贷方针、政策、计划，要服从人民银行或人民银行理事会的决定。要尽快制订银行法，建立健全各项规章制度，以便依法管理。

中国工商银行、中国农业银行、中国银行、中国人民建设银行、中国人民保险公司，作为国务院直属局级的经济实体，在国家规定的业务范围内，依照国家法律、法令、政策、计划，独立行使职权，充分发挥各自的作用。在基建、物资、劳动工资、财务、人事、外事、科技、文电等方面，在有关部门单独立户。专业银行和保险公司分支机构受专业银行总行、保险公司总公司垂直领导，但在业务上要接受人民银行分支机构的协调、指导、监督和检查。今后建设银行集中精力办理基本建设和结合基本建设进行的大型技术改造的拨款和贷款，原人民银行办理的基本建设贷款交由建设银行办理，建设银行办理的一般技术改造贷款交由工商银行办理。其它专业银行的业务分工，人民银行理事会成立后再研究调整。

四、为了加强信贷资金的集中管理，人民银行必须掌握百分之四十至五十的信贷资金，用于调节平衡国家信贷收支。财政金库存款和机关、团体等财政性存款，划为人民银行的信贷资金。专业银行吸收的存款，也要按一定比例存入人民银行，归人民银行支配使用。各专业银行存入的比例，由人民银行定期核定。在执行中，根据放松或收缩银根的需要，人民银行有权随时调整比例。专业银行的自有资金由人民银行重新核定。

专业银行的信贷收支，必须全部纳入国家信贷计划，按照人民银行总行核定的信贷计划执行。专业银行计划内所需的资金，首先用自有资金和吸收的存款（减去按规定存入人民银行的部分），不足部分，由人民银行分支机构按核定的计划贷给。在执行中超过计划的临时需要，可向所在地人民银行分支机构申请贷款，也可向其它专业银行拆借。

国内各金融机构办理的外汇贷款和外汇投资，人民银行也要加以控制。专业银行和国际信托投资公司，必须编制年度外汇信贷计划和外汇投资计划，报经人民银行统一平衡和批准后执行。

五、人民银行专门行使中央银行的职能，是银行体制的一项重要改革，涉及许多复杂问题，改革工作既要抓紧，又要做细做好，步子要稳妥。人民银行总行和工商银行总行要尽快分开。分行以下机构，要区别不同情况，分批进行。为了避免业务中断，影响社会经济活动，分行以下各级人民银行机构，在工商银行未分设前暂不变动，加挂工商银行牌子；各项业务工作，分别接受人民银行和工商银行两个总行的领导。在改革过程中，各个银行要从加强宏观控制，有利于经济全局的稳定和发展出发，顾全大局，团结一致，做好职工的思想政治工作，保持银行业务工作的正常进行。各地人民政府对人民银行分支机构的改革要加强领导，给予支持，并对群众做好宣传工作，确保人民银行的机构改革顺利进行。

政策法规

国务院办公厅关于加强经济体制改革协调工作的通知[①]

（1991年1月12日）

各省、自治区、直辖市人民政府，国务院各部委、各直属机构：

随着我国经济体制改革的不断深化，对全国城乡经济体制改革的各项方案、措施的衔接、配套、综合、协调的要求越来越高。为了使改革符合实际情况，避免相互脱节，减少摩擦，有必要进一步加强国家经济体制改革委员会对经济体制改革的协调工作。根据国务院领导同志的指示，现将有关问题通知如下。

一、国家体改委是国务院统筹协调经济体制改革的综合职能机构。按照国家体改委"三定"方案的规定，其主要职责是负责拟订全国经济体制改革总体规划和方案，统筹、协调和指导全国城乡经济体制改革工作，推进企业改革，组织重要改革措施的试点和推广。

二、鉴于国家体改委承担的任务和职责综合性很强，许多重大改革问题需要各综合部门共同协商，国家体改委实行委员会制。委员会的组成，除国家体改委正副主任和少数专职委员外，国家计委、财政部、人民银行、国务院生产委员会、劳动部、国家物价局各指定一位分管改革工作的副职任委员会兼职委员。委员会负责审议经济体制改革中的重大问题，搞好协调衔接，为国务院决策提出建议。

三、全国性经济体制改革中长期总体规划和年度方案，先由国

[①]《国务院办公厅关于加强经济体制改革协调工作的通知》，中国政府网，2010年12月13日。

家体改委研究提出指导原则和轮廓设想，国务院有关部门据此研究提出本部门改革的初始规划、方案，由国家体改委综合平衡，从总体上进行研究论证，形成改革总体规划、方案，经征求地方意见，并经国家体改委委员会会议讨论通过后，上报国务院批准实施。

四、国务院各部门拟订的本部门或行业的全国性改革规划、方案，除中央和国务院领导同志直接审理的以外，在报国务院审批前，先送国家体改委征求意见，其中涉及其他部门的重大改革措施，由国家体改委进行协调。然后，由有关主管部门将改革规划、方案连同国家体改委的意见，一并报经国务院批准后，自行组织实施。在实施中遇有重大问题，国家体改委予以协调。

五、属于全局性的重大改革试点，由国家体改委、国务院有关部门或有关省、自治区、直辖市以及计划单列市人民政府提出，共同协商拟订方案，报国务院审批后，由地方人民政府或主管部门组织实施，国务院有关部门积极配合，国家体改委负责指导、协调。

国务院关于金融体制改革的决定[①]

（1993年12月25日）

各省、自治区、直辖市人民政府，国务院各部委、各直属机构：

为了贯彻党的十四届三中全会决定，适应建立社会主义市场经济体制的需要，更好地发挥金融在国民经济中宏观调控和优化资源配置的作用，促进国民经济持续、快速、健康发展，国务院决定改革现行金融体制。

金融体制改革的目标是：建立在国务院领导下，独立执行货币政策的中央银行宏观调控体系；建立政策性金融与商业性金融分离，以国有商业银行为主体、多种金融机构并存的金融组织体系；建立统一开放、有序竞争、严格管理的金融市场体系。

一、确立强有力的中央银行宏观调控体系

深化金融体制改革，首要的任务是把中国人民银行办成真正的中央银行。中国人民银行的主要职能是：制定和实施货币政策，保持货币的稳定；对金融机构实行严格的监管，保证金融体系安全、有效地运行。

（一）明确人民银行各级机构的职责，转换人民银行职能。

1. 中国人民银行是国家领导、管理金融业的职能部门。总行掌握货币发行权、基础货币管理权、信用总量调控权和基准利率调节权，保证全国统一货币政策的贯彻执行。人民银行总行一般只对

[①]《国务院关于金融体制改革的决定》，《中华人民共和国国务院公报》，1993年第31期。

全国性商业银行总行（目前主要指专业银行总行）融通资金。

2. 按照货币在全国范围流通的要求，需要对人民银行各级机构的业务实行集中统一管理。人民银行的分支机构作为总行的派出机构，应积极创造条件跨行政区设置，其基本职责是：金融监督管理、调查统计分析、横向头寸调剂、经理国库、发行基金调拨、外汇管理和联行清算。

（二）改革和完善货币政策体系。

1. 人民银行货币政策的最终目标是保持货币的稳定，并以此促进经济增长；货币政策的中介目标和操作目标是货币供应量、信用总量、同业拆借利率和银行备付金率。

2. 实施货币政策的工具是：法定存款准备金率、中央银行贷款、再贴现利率、公开市场操作、中央银行外汇操作、贷款限额、中央银行存贷款利率。中国人民银行根据宏观经济形势，灵活地、有选择地运用上述政策工具，调控货币供应量。

3. 从一九九四年开始对商业性银行实施资产负债比例管理和资产风险管理。

4. 人民银行要建立完善的调查统计体系和货币政策预警系统，通过加强对宏观经济的分析和预测，为制定货币政策提供科学依据。

5. 建立货币政策委员会，增强货币政策制定的科学性。

（三）健全金融法规，强化金融监督管理。

1. 抓紧拟订《中华人民共和国银行法》、《中国人民银行法》、《票据法》、《保险法》等法律草案，提交全国人大审议。

2. 抓紧制定和完善对各类金融机构的管理条例和监管标准，并依法规范监管方式。监管的主要内容是：注册登记管理、法定代表人资格审查、业务范围界定、资本充足率、资产流动性和资产风险度等。

3. 对未经中国人民银行批准擅自设立金融机构和经营金融业务的，要依法查处。

4. 要进一步加强稽核监督。中国人民银行要对全国性金融机构进行严格稽核，必要时可对其分支机构实行稽核；人民银行分支机构要加强对辖区内金融机构的稽核。发现违规行为，要认真查处。

（四）改革人民银行财务制度。

取消人民银行各级分支机构的利润留成制度和缴税制度，人民银行总行和各级分支机构实行独立的财务预算管理制度。人民银行各级分支机构每年编制的财务收支计划，由总行批准后执行。各项收支相抵后，实现利润全部上缴中央财政，亏损由中央财政拨补。人民银行系统的财务决算报告要经财政部审核，并接受国家审计。人民银行分支机构工作人员（除工勤人员外）实行行员等级工资制。

二、建立政策性银行

建立政策性银行的目的是，实现政策性金融和商业性金融分离，以解决国有专业银行身兼二任的问题；割断政策性贷款与基础货币的直接联系，确保人民银行调控基础货币的主动权。

政策性银行要加强经营管理，坚持自担风险、保本经营、不与商业性金融机构竞争的原则，其业务受中国人民银行监督。

（一）组建国家开发银行，管辖中国人民建设银行和国家投资机构。

1. 国家开发银行办理政策性国家重点建设（包括基本建设和技术改造）贷款及贴息业务。国家开发银行只设总行，不设分支机构，信贷业务由中国人民建设银行代理。中国人民建设银行的政策性业务分离出去以后，转变为以从事中长期信贷业务为主的国有商业银行。国家开发银行投资机构，用国家核拨的资本金向国家重点建设项目进行股本投资。

2. 国家开发银行的财务统一对财政部，经财政部批准，可以调剂各法人之间的资本金与利润。其管辖机构的负责人，由国家开发银行行长提名，报国务院任命。

3. 国家开发银行根据筹资能力和项目风险情况，与国家计委和国家经贸委反复协商后，共同确定重点建设投资和贷款计划，并组织实施。

4. 国家开发银行的资金来源主要是：（1）财政部拨付的资本金和重点建设基金；（2）国家开发银行对社会发行的国家担保债券和对金融机构发行的金融债券，其发债额度由国家计委和人民银行确定；（3）中国人民建设银行吸收存款的一部分。

5. 调整中国人民建设银行的组织结构，将现在的中国投资银行并入中国人民建设银行国际业务部。

6. 制订《国家开发银行条例》和《国家开发银行章程》。国家开发银行从一九九四年开始运作。

（二）组建中国农业发展银行，承担国家粮棉油储备和农副产品合同收购、农业开发等业务中的政策性贷款，代理财政支农资金的拨付及监督使用。

1. 中国农业发展银行为独立法人，其资本金从现在的中国农业银行资本金中拨出一部分解决。中国农业发展银行接管现中国农业银行和中国工商银行的农业政策性贷款（债权），并接受相应的人民银行贷款（债务）。

2. 中国农业发展银行可在若干农业比重大的省、自治区设派出机构（分行或办事处）和县级营业机构。

3. 中国农业发展银行的资金来源主要是：(1)对金融机构发行的金融债券；(2)财政支农资金；(3)使用农业政策性贷款企业的存款。

4. 制订《中国农业发展银行条例》和《中国农业发展银行章程》，一九九四年夏收前完成组建工作。

中国农业发展银行成立后，中国农业银行转变为国有商业银行。

（三）组建中国进出口信贷银行。

1. 中国进出口信贷银行为独立法人，其资本金由财政部核拨。

2. 中国进出口信贷银行的业务是为大型机电成套设备进出口提供买方信贷和卖方信贷，为中国银行的成套机电产品出口信贷办理贴息及出口信用担保，不办理商业银行业务。中国进出口信贷银行的资金来源主要是财政专项资金和对金融机构发行的金融债券等。

3. 中国进出口信贷银行只设总行，不设营业性分支机构，信贷业务由中国银行或其他商业银行代理。中国进出口信贷银行可在个别大城市设派出机构（办事处或代表处），负责调查统计，监督代理业务等事宜。

4. 制订《中国进出口信贷银行条例》和《中国进出口信贷银行章程》。中国进出口信贷银行从一九九四年开始运作。

（四）政策性银行要设立监事会，监事会由财政部、中国人民银行、政府有关部门代表和其他人员组成。监事会受国务院委托，对政策性银行的经营方针及国有资本的保值增值情况进行监督检查；对政策性银行行长的经营业绩进行监督、评价和记录，提出任免、奖惩的建议。

三、把国家专业银行办成真正的国有商业银行

（一）在政策性业务分离出去之后，现国家各专业银行（中国工商银行、中国农业银行、中国银行和中国人民建设银行）要尽快转变为国有商业银行，按现代商业银行经营机制运行。第一，贯彻执行自主经营、自担风险、自负盈亏、自我约束的经营原则；第二，国有商业银行总行要强化集中管理，提高统一调度资金的能力，全行统一核算，分行之间不允许有市场交易行为；第三，一般只允许总行从中央银行融资，总行对本行资产的流动性及支付能力负全部责任；第四，国有商业银行中的国有资产产权按国家国有资产管理的有关法规管理。

允许国有商业银行之间有业务交叉，开展竞争。国有商业银行的一切经营活动必须严格遵守国家有关金融的法律法规，并接受中央银行的监管。

国有商业银行总行设立监事会，监事会由中国人民银行、政府有关部门代表和其他人员组成。监事会受国务院委托，对国有商业银行的经营方针、重大决策及国有资产保值增值的情况进行监督检查，对国有商业银行行长的经营业绩进行考核，提出任免、奖惩的建议。

国有商业银行不得对非金融企业投资。国有商业银行对保险业、信托业和证券业的投资额，不得超过其资本金的一定比例，并要在计算资本充足率时从其资本额中扣除；在人、财、物等方面要与保险业、信托业的证券业脱钩，实行分业经营。国有商业银行的分行、支行没有投资权。

（二）我国商业银行体系包括：国有商业银行、交通银行以及中信实业银行、光大银行、华夏银行、招商银行、福建兴业银行、

广东发展银行、深圳发展银行、上海浦东发展银行和农村合作银行、城市合作银行等。所有商业银行都要按国家有关金融的法律法规完善和发展。

（三）积极稳妥地发展合作银行体系。合作银行体系主要包括两部分：城市合作银行和农村合作银行，其主要任务是为中小企业、农业和发展地区经济服务。

1. 在城市信用社的基础上，试办城市合作银行。城市合作银行只设市行和基层行两级，均为独立法人。要制订《城市合作银行条例》，并按此组建和改建城市合作银行。试办城市合作银行，要分期分批进行，防止一哄而起。

2. 有步骤地组建农村合作银行。根据农村商品经济发展的需要，在农村信用合作社联社的基础上，有步骤地组建农村合作银行。要制订《农村合作银行条例》，并先将农村信用社联社从中国农业银行中独立出来，办成基层信用社的联合组织。农村合作银行目前只在县（含县）以下地区组建。国有商业银行可以按《农村合作银行条例》向农村合作银行参股，但不能改变农村合作银行的集体合作金融性质。

3. 农村合作基金会不属于金融机构，不得办理存、贷款业务，要真正办成社区内的资金互助组织。对目前已办理存、放款业务的农村合作基金会，经整顿验收合格后，可转变为农村信用合作社。

（四）根据对等互惠的原则，经中国人民银行批准，可有计划、有步骤地引进外资金融机构。外资金融机构要按照中国人民银行批准的业务范围开展经营活动。

（五）逐步统一中资金融机构之间以及中资金融机构与外资、

合资金融机构的所得税税率。金融机构的所得税为中央财政固定收入。

（六）金融机构经营不善，允许破产，但债权债务要尽可能实现平稳转移。要建立存款保险基金，保障社会公众利益。

四、建立统一开放、有序竞争、严格管理的金融市场

（一）完善货币市场。

1. 严格管理货币市场，明确界定和规范进入市场的主体的资格及其行为，防止资金从货币市场流向证券市场、房地产市场。

2. 所有金融机构均可在票据交换时相互拆借清算头寸资金。凡向人民银行借款的银行（包括所属分支机构），拆出资金的期限一般不得超过七天；商业银行、合作银行向证券公司、信托投资公司、财务公司、租赁公司拆出资金的期限一般不得超过七天。凡不向人民银行借款的银行拆出资金、非银行金融机构之间的资金拆借，不受上述限制，但要逐渐过渡到通过票据进行。

3. 中国人民银行要制定存、贷款利率的上下限，进一步理顺存款利率、贷款利率和有价证券利率之间的关系；各类利率要反映期限、成本、风险的区别，保持合理利差；逐步形成以中央银行利率为基础的市场利率体系。

4. 人民银行要严格监管金融机构之间的融资活动，对违反有关规定者要依法查处。

（二）完善证券市场。

1. 完善国债市场，为人民银行开展公开市场业务创造条件。财政部停止向中国人民银行借款，财政预算先支后收的头寸短缺靠短期国债解决，财政赤字通过发行国债弥补。政策性银行可按照核定的数额，面向社会发行国家担保债券，用于经济结构的调整。邮政储蓄、社会保障基金节余和各金融机构的资金中，要保有一定比例的国债，全国性商业银行可以以此作为抵押向人民银行融通资金。

2．调整金融债券发行对象，金融债券停止向个人发行。人民银行只对全国性商业银行持有的金融债券办理抵押贷款业务。

3．完善股票市场，在企业股份制改造的基础上规范股票的发行和上市；完善对证券交易所和交易系统的管理；创造条件逐步统一法人股与个人股市场、A股与B股市场。

五、改革外汇管理体制，协调外汇政策与货币政策

外汇管理是中央银行实施货币政策的重要组成部分。我国外汇管理体制改革的长期目标是实现人民币可兑换。根据我国目前的实际情况，并参照国际上的成功经验，近期实施的改革措施是：

（一）一九九四年实现汇率并轨，建立以市场汇率为基础的、单一的、有管理的人民币浮动汇率制度。

（二）取消外汇留成，实行结汇和售汇制。

（三）实现经常项目下人民币有条件可兑换。

（四）严格管理和审批资本项下的外汇流出和流入。

（五）建立全国统一的外汇交易市场，外汇指定银行为市场的交易主体。中国人民银行根据宏观经济调控的要求，适时吞吐外汇，平抑汇价。

（六）停止发行并逐步收回外汇兑换券。严格禁止外币标价、结算和流通。

（七）中国人民银行集中管理国家外汇储备，根据外汇储备的安全性、流动性和盈利性的原则，完善外汇储备的经营机制。

外汇管理体制改革的具体实施，按国务院有关规定执行。

六、正确引导非银行金融机构稳健发展

要明确规定各类非银行金融机构的资本金数额、管理人员素质标准及业务范围，并严格审批，加强管理。要适当发展各类专业保险公司、信托投资公司、证券公司、金融租赁公司、企业集团财务公司等非银行金融机构，对保险业、证券业、信托业和银行业实行分业经营。

（一）保险体制改革要坚持社会保险与商业保险分开经营的原则，坚持政企分开。政策性保险和商业性保险要分别核算，把保险公司办成真正的保险企业，实现平等有序的竞争。保险业要逐步实行人身险和非人身险分别经营；发展一些全国性、区域性、专业性的保险公司；成立再保险公司；采取多种形式逐步发展农村保险事业。要适当扩大保险企业资金运用的范围和自主权，适当提高保险总准备金率，以增强保险企业的经济实力。要建立保险同业公会，加强行业自律管理。

（二）信托投资公司的资金来源，主要是接受长期的、大额的企业信托和委托存款，其业务是办理信托贷款和委托贷款、证券买卖、融资租赁、代理和咨询业务。

（三）企业集团财务公司主要通过发行商业票据为企业融通短期资金。

（四）证券公司不得从事证券投资之外的投资，进入一级市场和二级市场的证券公司要加以区分，证券公司的自营业务与代理业务在内部要严格分离。

七、加强金融业的基础建设，建立现代化的金融管理体系

（一）加快会计、结算制度改革。金融机构要按照国际通用的会计准则，改革记帐基础、科目设置和会计核算体系，改革统计监测体系。要建设现代化支付系统，实现结算工具票据化，扩大信用卡、商业汇票、支票、银行本票等支付工具的使用对象和范围，增强票据使用的灵活性、流动性和安全性，减少现金使用。

（二）加快金融电子化建设。要加快人民银行卫星通讯网络的建设，推广计算机的运用和开发，实现联行清算、信贷储蓄、信息统计、业务处理和办公的自动化。金融电子化要统一规划，统一标准，分别实施。

（三）加强金融队伍建设。要更新从业人员的知识结构，加速培养现代化金融人才；要实行适合金融系统特点的干部人事制度和劳动工资制度，建立约束机制和激励机制。

国务院关于农村金融体制改革的决定[1]

（1996年8月22日）

各省、自治区、直辖市人民政府，国务院各部委、各直属机构：

农村金融体制改革是整个金融体制改革的一个重要组成部分。完善农村金融服务体系，对于加强农业的基础地位，促进农村经济发展，实现国民经济和社会发展"九五"计划和2010年远景目标，都具有十分重要的意义。根据中共中央十四届五中全会精神和《国务院关于金融体制改革的决定》（国发〔1993〕91号），现就农村金融体制改革作出如下决定：

一、农村金融体制改革的指导思想

改革开放以来，以家庭联产承包责任制为基础的农村经济体制改革，极大地促进了农业和农村经济的发展，在广大农村形成了多层次贸、工、农综合经营的格局。农村经济发展的多层次，要求既要有以工商企业为主要服务对象的商业性金融机构，也要有主要为农户服务的合作金融机构，还要有支持整个农业开发和农业技术进步、保证国家农副产品收购的政策性金融机构，以形成一个能够为农业和农村经济发展提供及时、有效服务的金融体系。

目前，我国农村合作性、商业性和政策性金融机构都有不同程度的发展，在促进农业和农村经济发展中发挥了重要作用。但是，由于各类金融机构相互间的关系没有理顺，没有建立起合理的管理

---

[1] 《国务院关于农村金融体制改革的决定》，《中华人民共和国国务院公报》，1996年第26期。

体制和良好的运行机制，农村金融体制还不适应农村经济发展的需要。相当多的农村信用合作社（以下简称农村信用社）失去了合作性质，背离了主要为农民服务的发展方向；现行中国农业银行领导管理农村信用社的体制，与其自身改革为商业银行在诸多关系上难以理顺；中国农业发展银行营业机构设置不适应业务发展需要，支持农村经济开发的能力较弱。因此，要进一步深化农村金融体制改革。

农村金融体制改革的指导思想是，根据农业和农村经济发展的客观需要，围绕"九五"计划和2010年农业发展远景目标，建立和完善以合作金融为基础，商业性金融、政策性金融分工协作的农村金融体系；进一步提高农村金融服务水平，增加对农业的投入，促进贸、工、农综合经营，促进城乡一体化发展，促进农业和农村经济的发展和对外开放。农村金融体制改革的重点是恢复农村信用社的合作性质，进一步增强政策性金融的服务功能，充分发挥国有商业银行的主导作用。农村金融体制改革是现有农村金融体制的自我完善，要坚持稳健过渡，分步实施，保持农村金融整体上的稳定性。在改革中，要不误农时地做好各项金融服务工作。

二、改革农村信用社管理体制

农村信用社管理体制改革，是农村金融体制改革的重点。改革的核心是把农村信用社逐步改为由农民入股、由社员民主管理、主要为入股社员服务的合作性金融组织。改革的步骤是：农村信用社与中国农业银行脱离行政隶属关系，对其业务管理和金融监管分别由农村信用社县联社和中国人民银行承担，然后按合作制原则加以规范。为保证农村信用社与中国农业银行脱离行政隶属关系后在管理上的连续性，要首先充实加强县联社和中国人民银行县支行。

（一）加强农村信用社县联社的建设。

县联社是农村信用社的县级联合组织，要按中国人民银行重新发布的《农村信用合作社联合社管理规定》组织和管理。

县联社有两种类型，一类是由农村信用社交纳会费，行使管理协调职能；另一类由农村信用社投资入股，除行使管理协调职能外，还可以从事调剂农村信用社资金余缺，组织清算等信贷业务。各县联社具体采取何种类型，要根据当地农村信用社的实际情况，经基层农村信用社代表讨论决定后，由中国人民银行批准。

县联社主任由基层农村信用社代表选举产生，报中国人民银行县支行初审，经中国人民银行地（市）分行审查其任职资格后，由理事会聘任。

县联社要根据管理和服务的需要，设置相应的职能管理部门，并从基层信用社和中国农业银行选调业务骨干。

（二）强化中国人民银行对农村信用社的监管。

中国人民银行县支行要指定一名副行长专门负责对农村信用社的监管工作，中国人民银行总行和分支行要根据监管任务需要内设职能机构，并从中国农业银行信用合作管理部门调入业务骨干。中国人民银行要在机构设立、服务方向、利率管理、风险管理、有关人员任职资格等方面，切实加强对农村信用社的监督和管理。

（三）中国农业银行不再领导管理农村信用社。

中国农业银行不再领导管理农村信用社。农村信用社的业务管理，改由县联社负责；对农村信用社的金融监督管理，由中国人民银行直接承担。

农村信用社与中国农业银行脱离行政隶属关系的改革过程中，涉及到的人员、财产、资金关系等问题，应在中国人民银行领导下，会同有关部门协调解决。原缴存中国农业银行的存款准备金，改缴存中国人民银行；农村信用社转存中国农业银行款，按平等互利、充分协商的原则逐年消化。农村信用社与中国农业银行要在平等自愿的基础上，继续发展业务往来，共同支持农村经济发展。

（四）按合作制原则重新规范农村信用社。

在基本完成上述三项工作后，农村信用社改革的重点转向恢复农村信用社的合作制性质。要加强领导、集中力量，根据中国人民银行重新发布的《农村信用合作社管理规定》和财政部《金融保险企业财务制度》，对现有农村信用社的股权设置、民主管理、服务方向、财务管理等方面进行规范。

农村信用社主要由农户、农村集体经济组织和农村信用社职工入股组成。农村信用社要适当充实股本。农村信用社的最高权力机构是社员代表大会，实行"一人一票"制；农村信用社实行理事会领导下的主任负责制。农村信用社主任由社员代表大会选举产生，经县联社审核，报中国人民银行县支行审查其任职资格后，由理事会聘任。农村信用社必须坚持主要为社员服务的方针，优先安排对农村种养业的贷款，对本社社员的贷款要占全部贷款金额的50%以上。农村信用社按规定交纳准备金，留足备付金，资金运用实行资产负债比例管理，多存多贷、少存少贷、瞻前顾后，合理调剂。

（五）县以上不再专设农村信用社的经营机构。建立农村信用社的行业自律性组织问题，要待上述改革完成后另行制定办法。

（六）农村信用社改革政策性强、难度大，为使农村信用合作事业稳定、健康地发展，改革中要注意维护农村信用社的合法权益，国家要给予适当的政策支持。中国人民银行要制定防范风险的对策和具体措施。

三、办好国有商业银行，建立农村合作银行

长期以来，中国农业银行为支持农村经济发展作出了重大贡献。在农村信用社与农业银行脱离行政隶属关系、中国农业发展银行的业务主要实行自营以后，中国农业银行要适应新的变化，努力办成真正的国有商业银行，进一步发挥在农村金融中的主导作用，为农业和农村现代化建设作出新的贡献。中国农业银行要进一步加强内部管理，实行资产负债比例管理和风险管理，建立自主经营、自负盈亏、自我发展的机制。对中国农业银行在农村金融体制改革过程中遇到的困难，国家将给予适当的政策支持。随着农村金融体制改革的深入进行，其他国有商业银行要根据商业化经营的原则，适当调整县以下分支机构。

在城乡一体化程度较高的地区，已经商业化经营的农村信用社，经整顿后可合并组建成农村合作银行。农村合作银行的性质是股份制的商业银行，与城市合作银行一样，按《中华人民共和国商业银行法》的要求设立。成立农村合作银行最少要有5000万元实收资本金。农村合作银行主要为农业、农产品加工业及农村其他各类企业服务，其固定资产贷款不得超过贷款总额的30%。

农村合作银行设在县及县级市，由所在县（市）财政、各类企业及居民个人依法投资入股组成，实行一级法人制度。农村信用社合并组建农村合作银行后，原农村信用社取消法人资格，作为农村合作银行的分支机构开展业务；该县（市）内的城市信用社也要依据同样原则并入农村合作银行。不加入农村合作银行的农村信用社，要严格按新的《农村信用合作社管理规定》办成真正的合作金融组织。

四、增设中国农业发展银行的分支机构,加强农产品收购资金管理

按照精简、高效原则适当增设中国农业发展银行的分支机构,基本实现业务自营。在中国农业发展银行总行、省级分行设立营业部,在地(市)、县(市)设立分行、支行;地(市)、县(市)同在一地的,只设一个机构;业务量小的县(市)可不设分支机构,其业务由中国农业银行等金融机构代理。在中国农业发展银行设立分支机构的地方,人员从中国农业银行调入,不增加新的设备,不盖新的办公楼,要充分运用中国农业银行和其它金融机构的现有设施。

继续实行地方政府领导下的分级分部门筹措收购资金责任制,各级人民政府要采取有效措施,保证财政补贴农产品收购资金及时足额到位。企业不得挪用收购资金搞其他建设和经营项目。中国农业发展银行要坚持商品库存值和贷款挂钩的原则,切实改进和加强粮棉油政策性贷款管理。要创造条件运用商业票据进行收购资金的结算,保证收购资金的封闭运行,防止收购资金被挤占挪用。

五、逐步建立各类农业保险机构

在总结试点经验的基础上,逐步在农业比重较大的县建立农村保险合作社,主要经营种养业保险。

在发展农村合作保险基础上,创造条件成立国家和地方农业保险公司,主要为农村保险合作社办理分保和再保险业务。国家农业保险公司在中国人民保险(集团)公司原有农业保险机构的基础上组建。

为避免农业保险机构因承保种养业保险造成亏损,国家将在政策上给予适当的扶持。

六、清理整顿农村合作基金会

农村合作基金会自试办以来,对于增加农业投入,缓解农民生产资金短缺发挥了一定的作用。《国务院关于金融体制改革的决定》明确规定:农村合作基金会不属于金融机构,不得办理存、贷款业务,要真正办成社区内的资金互助组织。但是,目前相当一部分农村合作基金会以招股名义高息吸收存款,入股人不参加基金会管理,不承担亏损;基金会将筹集资金用于发放贷款,违反金融法规经营金融业务,隐藏着很大的风险。因此,要按国家的有关规定对农村合作基金会进行清理整顿。凡农村合作基金会实际上已经营金融业务,存、贷款业务量比较大的,经整顿后可并入现有的农村信用社,也可另设农村信用社。不愿并入现有农村信用社或另设农村信用社的,必须立即停止以招股名义吸收存款,停止办理贷款业务。中国人民银行要会同农业部尽快制定《农村合作基金会管理规定》,报国务院审批。

农村合作基金会的债权债务关系,要在地方政府的领导下妥善处理,以保护农民的利益。

七、农村金融体制改革的组织领导

农村金融体制改革涉及面广,情况复杂,要坚持稳健过渡、分步实施的原则,加强领导,统一规划,有序进行。要注意防范和消除改革过程中暴露出的风险,保持农村金融秩序和社会的稳定。为此,在国务院、省、地、县四级设立农村金融体制改革协调机构,并相应设立办公室。

国务院成立农村金融体制改革部际协调小组，由中国人民银行牵头，中国人民银行行长任组长，中央和国务院有关部门及中国农业银行、中国农业发展银行的主管领导参加，办公室设在中国人民银行。

省、地、县三级成立农村金融体制改革领导小组，由地方人民政府牵头，省、地、县人民政府主管金融工作的负责同志任组长，中国人民银行分支行行长任副组长，省、地、县农口主管部门、中国农业银行分支行、中国农业发展银行分支行等单位各选派一名主管领导参加。办公室可参照国务院农村金融体制改革部际协调小组的办法设置。

农村信用社与中国农业银行脱离行政隶属关系，要在充实县联社的业务管理力量和中国人民银行县支行对农村信用社的监管力量后，以省为单位统一宣布。今年下半年全国基本完成上述工作，然后着手进行规范农村信用社的改革工作。今年下半年开始，各省（自治区、直辖市）可选择一、二个经济较为发达的县（市），开展组建农村合作银行的试点工作，但必须经国务院农村金融体制改革部际协调小组审定后，由中国人民银行批准。今年秋收前，中国农业发展银行在地（市）及部分县（市）做好业务经营机构的设立工作，切实改进收购资金管理，明年夏收前完成所有应设机构的增设工作。农业保险体制改革，今年内由中国人民银行会同有关部门制定方案，报国务院审批后实行。清理整顿农村合作基金会的工作，今年下半年由中国人民银行会同农业部制定方案，经国务院农村金融体制改革部际协调小组批准后实施。在改革中，要加强组织纪律性，设立、合并、撤销金融机构，必须报经中国人民银行审批。

农村金融体制改革直接涉及到农村经济的发展和广大农民的切身利益，政策性强，影响面广，对增加农产品生产和供应，提高农民的收入，以及抑制通货膨胀都具有十分重要的意义。各级人民政府要从全面发展农村经济的大局出发，加强对农村金融体制改革工作的组织领导，使这项改革积极稳妥地进行。农村金融系统广大干部和职工要顾全大局，在深化改革中不误农时地做好各项金融服务，促进农村经济的全面发展。

政策法规

中共中央 国务院关于深化金融改革，整顿金融秩序，防范金融风险的通知①

（1997年12月6日）

各省、自治区、直辖市党委和人民政府，各大军区党委，中央和国家机关各部委，军委各总部、各军兵种党委，各人民团体：

金融是现代经济的核心，在我国国民经济中的作用日益显著。进一步深化金融改革，建立和完善现代金融体系，依法规范和维护金融秩序，有效防范和化解金融风险，对于全面推进改革开放和社会主义现代化建设事业，顺利实现党的十五大确定的跨世纪宏伟目标，有着极为重要的意义。为此，党中央、国务院特作如下通知：

几年来，我国国民经济保持良好的发展势头，在实现持续快速增长的同时，有效地抑制了通货膨胀。金融系统积极执行党中央、国务院一系列方针政策，深化金融改革，扩大金融开放，加强金融监管，改进金融服务，取得明显成效，对加强和改善宏观调控、治理通货膨胀、促进经济发展和维护社会稳定，发挥了十分重要的作用。总的看来，我国金融业在改革开放中稳步健康发展。

在当前好的经济形势下，也存在着不少矛盾和问题，特别是金融领域的风险因素加大。一是国有银行不良资产比重高，资本金不足，应收未收利息不断增加，经营日趋困难，抗御风险能力脆弱。二是非银行金融机构不良资产比重更高，有些不能支付到期债务，少数已资不抵债，濒临破产，国家为平息事端已付出重大代价。三

---

① 《中共中央国务院关于深化金融改革，整顿金融秩序，防范金融风险的通知》，中共中央文献研究室编，《十五大以来重要文献选编（上）》，人民出版社，2000年版。

是有些地方和部门擅自设立大量非法金融机构，一些单位和个人非法从事或变相从事金融业务，名目繁多的非法集资活动相当严重，潜伏着支付危机，挤兑风潮在有些地方时有发生。四是股票、期货市场违法违规行为大量存在，部分上市公司质量不高，一些地方擅自设立股票（股权证）交易场所，隐藏着很大风险。五是不少金融机构和从业人员弄虚作假，违法违规经营，帐外活动、不正当竞争屡禁不止，内外勾结，金融诈骗等犯罪活动猖獗，大案要案越来越多。

目前金融领域的问题是多年积聚起来的，是国民经济深层次矛盾的综合反映。主要原因是：（一）在计划经济向社会主义市场经济转变过程中，金融体制不适应改革和发展的要求，金融法制不健全，金融监管薄弱，管理混乱，纪律松弛，少数从业人员素质差。（二）经济建设中盲目上项目、铺摊子，经济结构不合理，经济效益低下，企业高负债运营，有些信贷资金用于财政性支出，加上前些年出现的房地产热、开发区热，造成大量不良信贷资产，其中大部分已成为呆账、坏账，无法收回。（三）企业、金融机构和社会各方面信用观念淡薄，缺乏金融风险意识。特别是一些地方、部门领导干部金融知识不足，不懂甚至无视金融法律法规，动辄干预金融机构的正常经营活动。

金融业是高风险行业。金融风险突发性强、波及面广、危害极大，一旦爆发重大问题，就会危及经济、社会甚至政治稳定，严重影响改革开放和现代化建设的进程。我们要巩固和发展当前政治、经济的好形势，必须高度重视并采取有力的措施，认真解决金融领域中的问题，避免出现严重的全局性金融风波。

防范和化解金融风险，保证金融安全、高效、稳健运行，是我国经济工作面临的一项重要和紧迫的任务。做好这项工作，必须以邓小平理论和党的十五大精神为指针，按照建立社会主义市场经济体制的方向，深化和加快金融改革，进一步整顿和规范金融秩序，切实加强金融法治和金融监管，大力运用现代化信息技术管理手段，建立健全符合我国国情的现代金融体系和金融制度，引导金融业健康发展。中央要求，力争用三年左右时间大体建立与社会主义市场经济发展相适应的金融机构体系、金融市场体系和金融调控监管体系，显著提高金融业经营管理水平，基本实现全国金融秩序明显好转，化解金融风险，增强防范和抗御金融风险能力，为进一步全面推进改革开放和现代化建设创造良好的条件。这项工作的指导原则是：

——深化改革，标本兼治。规范和维护金融秩序，防范和化解金融风险，关键在于推进改革。既要采取有力措施，尽快改变当前金融领域某些严重混乱的状况，又要着眼于从根本上解决金融体制、机制和制度方面的问题。坚持必要集中和适当分散相结合，充分发挥中央和地方两个积极性。建立规范的多层次、多类型的金融体系，培育和发展资本市场，增强经济发展的活力与效率。

——依法规范，强化监管。健全金融法制，把一切金融活动纳入规范化、法制化轨道。严格规范金融市场准入、经营和退出，加强金融机构内控制度建设，加大金融监管和执法力度。主要运用法律手段和经济手段，也要运用必要的行政、教育和组织手段，以保证国家法纪和政令的畅通和落实。

——积极稳妥，分步实施。解决问题决心要大，时间要抓紧，但工作要审慎，步骤要稳妥，措施要切实可行。要从实际出发，针对不同情况，区别轻重缓急，着力抓紧解决已经显露和涉及全局、危害严重的问题，分阶段地达到目标。既要真正解决问题，又要确保经济和社会稳定。

针对当前金融领域存在的问题,根据上述要求和原则,中央决定采取以下措施:

一、改革中国人民银行管理体制,强化金融监管职能。

根据党的十四届三中全会的《决定》,为了有效实施货币政策、切实加强对金融业的监督管理,要尽快改变中国人民银行分支机构按行政区划设置的状况。有计划、有步骤地撤销中国人民银行省级分行,在全国设立若干跨省、自治区、直辖市的一级分行,重点是加强对辖区内金融业监督管理。现有地、市分行基本保留,适当合并,将工作重点转到对金融业的监督管理。调整县(市)支行职能,重点加强对农村信用合作社的监管。交通方便的地方,可逐步将货币发行业务集中到上级行;业务量较少的地方,可逐步将经理国库、票据清算业务委托商业银行代理。

中国人民银行要认真履行对金融业监督管理的职能,依法检查、制止设立各种非法金融机构和非法金融业务活动。中国人民银行要支持各类金融机构依法经营,不得直接干预它们的正常经营活动。

二、成立中共中央金融工委和金融机构系统党委,完善金融系统党的领导体制。

中央决定,为了加强党对金融工作的集中统一领导,成立中共中央金融工作委员会。中央金融工委受党中央委托,主要负责贯彻落实党的路线、方针、政策,领导金融系统党的建设工作,不领导金融业务。同时,相应成立中央金融纪律检查工作委员会。将中国人民银行、中国证券监督管理委员会和各国有银行、交通银行、中国人民保险(集团)公司等金融机构的党组改为党委,对本系统党的工作和干部工作实行垂直领导,以使中国人民银行、中国证券监督管理委员会更好地依法履行职能、职责,健全国有银行和其他金融机构统一法人制度。地方性金融机构也可成立系统党委,受当地党委领导。

三、加快国有商业银行和中国人民保险(集团)公司商业化改革步伐,完善政策性金融体制。

必须把国有商业银行办成真正的商业银行。国有商业银行和中国人民保险(集团)公司要进一步深化改革,完善管理体制和经营机制,强化统一法人制度。为此:(1)按照经济、合理、精简、高效的原则,因地制宜,减少管理层次和分支机构,进一步改变国有商业银行和中国人民保险(集团)公司按行政区设立分支机构的状况。国有商业银行和中国人民保险(集团)公司的省级分行(分公司)都要与省会城市的分行(分公司)合并。除中国农业银行外,其他国有商业银行要适当撤并地、县级机构,主要在大中城市开展业务。农业银行要根据农村金融改革和农村经济发展新形势,加快和深化改革,合理调整和优化分支机构布局,继续发挥在农村金融中的主导作用。(2)要进一步落实国有商业银行和中国人民保险(集团)公司经营自主权。改进对国有商业银行贷款规模管理办法,实行资产负债比例管理和风险管理。(3)改革和完善符合金融业特点的干部人事制度、劳动用工制度和收入分配制度。国有商业银行和中国人民保险(集团)公司都要成立监事会。(4)国有商业银行总行和中国人民保险(集团)公司要强化集中统一管理,对其分支机构实行全行(全公司)统一核算、统一调度资金、分级管理的财务制度;分支机构不具有法人资格,只能在总行(总公司)授权范围内依法开展业务，除总行（总公司）书面授权外一律不得对外提供任何担保。总行要适当集中大额贷款审批权。（5）国有商业银行和保险公司也要实行下岗分流、减员增效和再就业工程，形成优胜劣汰的竞争机制，降低经营成本，提高经济效益。

继续办好政策性银行。抓紧制定政策性银行条例。政策性银行要严格按国务院规定，坚持办行宗旨。严格按照国家批准的经营范围发放贷款，禁止将政策性信贷资金挪作商业性贷款。继续完善政策性银行管理体制和经营机制，努力提高信贷资金使用效益。要充分尊重政策性银行经营自主权。组建统一的政策性出口信用保险经营机构。

四、健全多层次、多类型金融机构体系，加快地方性金融机构建设。

建立健全在中央银行宏观调控和监管下，政策性金融与商业性金融分离，国有银行为主体，区域性商业银行，市、县商业银行（股份制）、城乡信用合作社、非银行金融机构和外资（中外合资）金融机构并存，分工合作、功能互补的金融机构体系。

国有商业银行在重点支持国有大中型企业的同时，要积极支持有市场、有效益的其他企业。为了适应地方发展经济和广大中小企业对金融服务的需求，要增加城市商业银行的数量，并加快组建步伐；适当增加现有区域性商业银行在中心城市的分支机构；进一步办好现有城市信用合作社；在有条件的地方尽快进行县（市）商业银行的试点；加快农村信用合作社管理体制改革步伐，进一步规范和发展农村信用合作社；加快农业保险体制改革步伐，扩大农业保险业。组建市、县商业银行和改革农业保险体制，要与国有商业银行精简分支机构和人员、整顿地市级信托投资公司和城乡信用合作社结合起来,充分利用现有金融机构的设施和人员。

五、积极稳步地发展资本市场,适当扩大直接融资。

适应国民收入分配格局变化,以及探索公有制多种实现形式和发展多种所有制经济的要求,在坚持间接融资为主的前提下,逐步增加直接融资的渠道和比重。进一步规范并扩大企业债券发行,选择有条件的国有大中型企业进行可转换债券试点。合理确定股票发行规模。加快规范和发展投资基金。认真组织实施《证券投资基金管理暂行办法》,研究制定中外合作投资基金管理办法和产业投资基金管理办法,并积极稳妥地进行试点,培育和发展基金市场与机构投资者。

发展股票、债券等直接融资,要有利于调整和优化经济结构,大力支持国有企业的改革和发展,特别是支持国家确定的重点大中型企业和企业集团,以利于它们实现资产优化组合,扩充资本实力,增强市场竞争力。鼓励有优势、效益好的企业兼并有市场、有发展前景但目前还处于困境的企业,支持和帮助这些企业的股票上市,转换机制,筹集资金,实现以强带弱、优势互补、共同发展。审批上市股票,要注意向农业、基础设施、基础工业和支柱产业、高新技术产业倾斜。正确引导和支持企业股份制改造和股份合作制经济的发展。规范和发展投资银行业务,发挥它们在企业改制和购并中的中介作用。

六、彻底取缔一切非法金融机构,严禁任何非法金融活动。

未经中国人民银行、中国证券监督管理委员会批准,任何地方和部门擅自批准或设立的经营金融包括证券业务的机构都是非法金融机构，必须一律取缔。未经中国人民银行批准，任何单位和个人从事或变相从事吸收公众存款等金融业务，都是非法金融活动，必须一律禁止。各地区、各部门要对所辖各类基金会、互助会、储金会、股金服务部、结算中心、投资公司等机构的各种非法或变相金融活动进行全面清理、限期整顿和严肃处理。进一步清理整顿财政信用。按国家规定可以有偿使用的财政资金，必须委托金融机构发放和收回。严禁财政周转金直接或间接用于证券、期货、房地产等投资。各级财政部门一律要与所属的信托投资公司、证券公司等在人、财、物各方面彻底脱钩。在清理、清退非法金融机构和非法金融活动的债权债务时，严禁把债务和风险转嫁给国有银行。

任何地方、部门、企事业单位和个人，一律不得在国务院有关规定之外，以任何名义乱集资。非法集资不受法律保护。无论是企事业单位、金融机构、机关、团体还是个人，因参与非法集资所造成的一切损失，一律由自己承担，国家概不负责，并要依法严厉打击非法集资的组织者。对非法集资活动，银行一律不准开户、不准结算、不准垫付。各地区、各部门要抓紧对本地区、本系统各种形式的非法集资活动进行一次全面清理，并逐一彻底查处。要尽快完善企业内部集资管理办法，依法规范企业内部集资活动。

七、全面清理农村合作基金会。

农村合作基金会的产生和发展有其历史的客观原因，对发展农村经济也起到一定的作用。目前相当多的农村合作基金会实际上已从事或变相从事存贷款金融业务，改变了原来的性质和宗旨，而且内部管理混乱，人员素质低，潜伏着很大的金融风险。鉴于国务院已明确农村金融体制改革的方向和原则，在农村建立由中国农业发展银行、中国农业银行、县（市）商业银行、农村信用合作社分工合作、功能互补的农村金融体系，可以满足我国现阶段农村经济发展和农民对金融服务的需要，农村合作基金会不必再单设。农村集体资金和乡（镇）财政结余资金的营运，可以通过委托信用合作社、银行的途径解决。因此：（1）今后各地区一律不得再新设农村合作基金会。（2）现有农村合作基金会必须立即停止以任何名义吸收存款，停止办理贷款业务，同时要进行全面清产核资，冲销呆账，符合条件的并入农村信用合作社；对资不抵债又不能支付到期债务的，由当地政府组织机构批设者负责清盘、关闭。在处理农村合作基金会债权债务关系中，要注意保护农户的合法利益。（3）农村信用合作社要合理调整和增加农村基层网点，切实端正经营方向，更好地为农村经济发展和农民提供金融服务。

八、严格规范各类金融机构业务范围，坚决改变混业经营状况。

在我国现实情况下，必须严格执行银行、信托、证券、保险分业经营、分业管理的原则。所有银行不得再向非银行金融机构和非金融企业投资，不得直接经营信托、证券、保险业务。在一九九八年底前，中国人民银行和所有商业银行一律要与所属的信托、证券、保险公司和其他经济实体在人、财、物等方面彻底脱钩；债权债务多的公司，也必须先脱钩再整顿。

信托投资公司应真正办成受托理财的金融机构，一律不得办理法人委托存贷款以外的一般存贷款业务，不得经营期货业务，也不得进行房地产投资，对其现有的证券业务要严格实行分业管理。要按照调整业务范围、撤并精简机构、健全规章制度、严格监督管理的原则，进一步全面清理整顿信托投资公司。继续抓紧做好对中央和地方所有信托投资公司的全面审计稽核工作。抓紧制定《信托管理条例》，引导和规范信托业健康发展。

企业集团财务公司必须严格按规定范围经营，不得吸收个人存款和企业短期存款，不得办成商业银行。金融租赁公司必须严格照章经营，短期融资不得超过规定比例。近期不再增设金融租赁公司。要对所有企业集团财务公司、金融租赁公司进行全面稽核清理，对违规经营的必须限期纠正。

城乡信用合作社必须坚持"自愿入股、民主管理、主要为入股社员服务"的原则，真正办成合作金融组织。中国人民银行要进一步加强对城乡信用合作社的监管，切实纠正某些城市信用社被私人控制和向股东违规大额贷款等问题。凡是资不抵债的高风险信用社，都要限期整改。逐步建立城乡信用社存款保险制度。

整顿和规范保险市场秩序。严格控制审批成立新的保险机构。凡未经中国人民银行批准，擅自批设或非法设立的保险机构、保险中介机构，要一律予以取缔。严格界定商业保险、社会保险业务范围，各地区和各有关部门不得以社会保险的名义直接或变相办理商业保险业务，也不得以商业保险经营方式办理社会保险，已办理的必须立即停止和纠正。坚决制止保险公司以高手续费、高返还、低费率等方式进行的不正当竞争。切实加强对保险业的监管，在适当时机成立国家保险监管机构。

九、继续清理、查处金融机构帐外活动和其它违法违规经营。

严禁金融机构任何形式的账外活动，是规范和维护金融秩序的重要内容。要加大查处力度，特别是在《国务院关于坚决打击骗取出口退税严厉惩治金融和财税领域违法乱纪行为的决定》下发以后发生的账外经营和各种违法违规行为，必须坚决按规定严肃查处，并从严惩罚。对已查出的账外业务，要登记台账，单独造册，分清责任，分类处理，监督收回，并严肃追究有关单位负责人和直接责任人的责任，构成犯罪的，依法追究刑事责任。对已转移的收入和形成的资产一律收缴入账。所有银行和其他金融机构都必须严格依法经营。严禁擅自扩大业务范围，严禁以任何形式违规高息吸收存款和发放贷款，严禁违章拆借、证券卖空、违规开具承兑汇票、信用证、担保证等。对已发生的问题，要认真纠正和查处。

十、健全现代金融监管体系，切实加强金融机构内控制度建设。

根据全面性、审慎性风险监管的要求，借鉴国际先进经验，健全现代金融监管体系和制度。中国人民银行和中国证券监督管理委员会要按照各自职权，完善对金融机构的稽核、检查、监管制度，并要加强对金融机构内控制度建设的指导和督促。要强化内部稽核、监管，建立由总行（总公司）垂直领导和相对独立的内部稽核、监管体系。所有银行和其他金融机构都必须根据自身性质和业务特点，制定科学、有效的内控制度，使各类决策权力、各项业务过程、各个操作环节和各个员工经营行为都处于缜密的内部制约与监控之下。加快银行、信托、证券、保险、信用社等行业自律制度建设，建立健全同业公会，制定同业公约，规范、协调同业经营行为。财政、审计、纪检、监察等部门要依照有关法律法规加强对金融机构的监督、检查。参照国际标准，抓紧制定国内银行和其他金融机构信用评级标准和办法，建立我国金融系统的社会监督和激励机制。

按照《中华人民共和国会计法》和国际通行的会计准则，改革金融业财务和会计制度。严格整顿财务会计秩序，严禁滥用和乱用会计科目，彻底改变会计信息失真的状况，建立统一、严格的财务会计、统计报表报告制度和信息披露制度。在新的形势下，要重新树立和坚决维护银行"铁帐、铁款、铁制度"的"三铁"信誉。各金融机构都要认真研究新问题，制定新办法。尽快在金融系统全面实行财会人员资格审查认证制度。凡是未取得资格认证的，不得在金融机构从事财会工作。对造假账、开假票据等违法违规的财会人员，坚决取消其会计专业技术资格，并依法追究法律责任。对授意、指使、强迫财会人员造假账的单位负责人，要一律撤销职务，依法从严惩处。

加快金融电子化建设。建立健全电子信息管理系统，充分运用现代化信息技术手段，抓紧金融系统风险监测、预警体系的建设，提高金融统计、会计、稽核和监管的水平。

十一、建立规范化的信贷资产质量风险管理制度，努力降低不良资产比例。

要参照国际惯例，结合我国实际情况，完善现行信贷资产质量分类和考核办法。对已发生的和新出现的不良资产，要分别计算、考核、处理。财政部要按照谨慎原则，抓紧修改金融机构呆坏账准备金提取和核销办法。要通过增加资本金和减少不良资产，把国有银行资本充足率提高到百分之八以上。中国人民保险（集团）公司的资本金也要尽快达到法定的水平。今后，国有银行都必须通过提高资产质量、降低成本、增加利润，增强补充资本的能力，建立正常的资本金补充机制，使资本充足率保持在合理水平。要把国家所有者权益保值增值作为考核、任免国有银行和中国人民保险（集团）公司主要领导人的重要指标。

各银行和其他金融机构都要建立健全信贷资产质量管理责任制，抓紧落实降低不良资产比例的任务。国有银行要力争在三年内使不良信贷资产比例平均每年下降二至三个百分点。要积极消化已形成的不良信贷资产，依法加大清欠、收回力度，大力提高收贷率和收息率。要努力提高新增贷款质量，严格执行《中华人民共和国商业银行法》和《贷款通则》，优化贷款结构，完善审贷分离制度，加强贷款证管理，规范和严格执行贷款担保制度。坚决杜绝发放人情贷款和不按程序个人决定发放贷款。

任何单位和个人不得强令银行和其他金融机构发放贷款、提供担保和办理其他金融业务。对随意干预金融业务造成不良后果的单位和个人，要坚决依法追究责任。严禁信贷资金用于财政性支出。在深化企业改革中，鼓励兼并，规范破产，严禁以任何形式悬空银行债权。进一步清理和规范账户管理，坚决推行基本存款账户制度，防止企业利用"多头开户"逃废债务。各级审计机关要加强账户审计，协助有关部门整顿和规范银行账户。银行要加强信贷资金保全监督。

为了保证投资项目和股票上市评估的公正性、科学性和真实性，尽快将目前隶属于各级政府职能部门的投资咨询、资产评估和会计师事务所、律师事务所等机构，改为独立的社会中介服务机构，并抓紧制定相应的管理办法，依法规范其行为。

十二、理顺和完善证券监管体系，进一步整顿和规范证券市场秩序。

中国证券监督管理委员会统一负责对全国证券、期货业的监管，包括证券、期货公司的审批和高级经营管理人员、从业人员的资格审查，以及上市公司质量和证券、期货市场监管等。

建立全国统一的证券、期货监管体系，理顺中央和地方监管部门的关系。充实证券业监管力量，在部分中心城市设立中国证券监督管理委员会派出机构。对地方证券监管部门，实行中央和地方双重领导、以中央为主的管理体制。

抓紧制定《证券法》，规范和引导证券业健康发展。证券市场发展必须认真贯彻法制、监管、自律、规范的方针，坚持公开、公平、公正的原则，切实保护投资者特别是中小投资者利益。未经中国证券监督管理委员会批准，任何单位和个人不得向社会公众发行股票（股权证）和证券投资基金。严禁证券经营机构挪用客户保证金，严禁信贷资金、财政资金、国有企业生产经营资金、机关事业单位资金进入股市，严禁操纵市场、内幕交易、透支交易，严禁泄露信息和编造、传播虚假信息，严禁任何机构盗用国家信用变相发行国债和买空卖空国债。

严格执行《中华人民共和国公司法》和国务院有关行政法规，切实把好上市公司质量关。企业发行股票要严格按程序报批、审核，符合条件的才能允许上市。改进企业股票发行、上市审批制度，逐步向符合国际惯例的制度过渡。加强对上市公司的持续监管，提高上市公司信息披露质量，严禁上市公司擅自改变募集资金用途和炒作本公司股票等。对违法违规的上市公司，要严肃查处；对三年连续亏损和有重大违法行为的上市公司，坚决依法停止上市资格。

继续认真办好上海、深圳证券交易所，其他地方不再设立新的证券交易所。证券交易所必须强化对会员、上市公司和日常证券交易活动的一线监管，并及时向中国证券监督管理委员会报告市场运行中重大违规和异常情况。改革证券交易保证金和结算制度，组建全国统一的证券市场结算系统。逐步建立证券市场风险基金。整顿和规范证券信息传播媒介的行为，提高证券市场信息传播质量。

彻底清理和纠正各类证券交易中心和报价系统非法进行的股票（股权证）、基金等上市交易活动。各地产权交易机构，一律不得变相进行股票（股权证）上市交易。对已经在上述机构上市进行交易的，所在地方政府要负责进行彻底清理，做好善后工作。证券经营机构不得从事或者为客户代理在上述机构非法进行股票（股权证）交易；已经参与的必须在一九九八年六月底以前退出，对不按此规定执行的，要取消其从事证券业务的资格。严禁以发起设立股份有限公司为名变相向社会公开发行股票。

继续整顿、撤并现有期货交易所和期货经纪机构，规范和统一期货市场的交易、结算、交割制度。严禁金融机构、事业单位和党政机关参与期货交易，严禁国有企业从事期货投机交易，严禁信贷资金、财政资金以任何形式流入期货市场。严禁违反规定从事境外商品和金融期货交易。对违反规定的，要依法严肃处理。

十三、高度警惕和重视防范涉外金融风险。

积极而又稳妥地扩大金融、保险业对外开放。对在我国设立的外资（中外合资）金融机构和保险机构，要依法严格加强监管，防止国际短期游资套利、投机活动和汇率、利率波动对我国金融、证券市场的冲击。严格区分经常项目与资本项目交易，依法审批和管理资本项下的外汇流入和流出。依法查处违规外汇交易。对外汇远期交易以及期权、汇率掉期等交易，要加强内部管理和外部监管。

强化对银行离岸业务的监控。

加强对国际收支平衡和外债、外资的宏观管理。改进和规范境外融资管理。禁止信托投资公司等金融机构举借外债偿还国内债务。任何部门和地方政府一律不得为企业境外融资出具担保,内资金融机构一律不得为外商投资企业发行外债出具担保。全面清理和严格规范内资企业在境外投资活动。未经国务院批准,中资金融机构和国有企事业单位不得进入国际期货市场;已经进入的,要立即采取有效措施停止交易,造成损失的要依法追究责任。一九九八年上半年,要对进行境内外期货交易的机构和企业进行一次全面清理整顿,重新审查资格,进一步加强规范管理。严厉打击境内外不法分子相互勾结的各种涉外金融诈骗等犯罪活动。

十四、加大金融执法力度,严厉惩治金融犯罪和违法违规活动。

各银行和其他金融机构要在近期内对执行金融法律法规情况进行全面的自查自纠。一九九八年要组织有关部门联合开展一次全国范围内的金融执法大检查,重点检查非法设立金融机构、非金融机构非法或变相从事金融活动、金融机构违法违规帐外活动、证券市场违法违规行为,以及行政干预金融业务造成重大损失的问题。对发现的问题要依法严肃处理。问题严重的金融机构,要停业或部分停业整顿,直至责令关闭。对包庇、袒护、纵容金融违法违规行为和干扰金融执法检查的,要依法从严处理。认真执行修订后的《中华人民共和国刑法》,严肃依法追究金融、证券业活动中违法犯罪者的刑事责任,依法严惩诈骗、抢劫、盗窃、贪污、收受贿赂和伪造凭证等各种金融犯罪行为。各级纪检监察、公安等部门和检察院、法院要集中力量抓紧审理一批典型案件,公开处理,对金融违法犯罪形成强大威慑。

十五、在全社会开展防范金融风险教育，建设高素质的金融从业人员队伍。

要采取多种形式，广泛、深入地开展金融包括证券业基本知识、法规政策的学习、宣传、教育活动，以增强全社会各方面的信用观念和金融、证券市场风险意识。无论是金融系统还是企事业单位、机关、团体，都要把学习和普及金融、证券市场基本知识和法律法规作为一项重要任务。所有金融从业人员都要学法、知法、守法。特别是各级领导干部更要带头学习金融知识、金融政策法规，牢固树立信用观念，提高金融风险意识，自觉按照经济规律和金融规律办事，正确认识和处理政府与银行的关系，支持银行履行职责和依法经营，坚决改变随意干预银行正常业务活动的做法。要加强对广大群众进行金融法律法规和金融风险宣传教育，自觉抵制各种非法金融和非法集资活动，避免遭受损失。

大力加强金融队伍建设，全面提高从业人员的政治思想素质、业务素质和职业道德素质，这是防范和化解金融风险的重要保证。切实加强金融系统党的建设和政治思想工作。加强各级金融机构领导班子建设，特别要抓紧对有问题的领导班子的整顿、调整工作。严格做好金融机构高级管理人员资格审查和法定代表人经营业绩档案管理工作。选择一批思想政治素质好、懂经济、懂技术的人才充实金融机构领导班子。认真实行干部交流特别是重要岗位人员交流和离任审计制度。强化职工岗位培训和职业道德教育。积极培养和广招精通现代金融知识而又熟悉我国国情的金融人才。金融系统要切实抓好廉洁自律，加大反腐倡廉力度，努力提供规范化的优质、文明服务。

以上各项措施,都必须认真贯彻落实。有关部门要抓紧制定具体实施方案和相关配套措施,涉及全局的重大改革和整顿实施方案须报中央批准后施行。

从根本上防范和化解金融风险,必须加快经济体制和经济增长方式的根本转变,继续实施适度从紧的财政政策和货币政策,保持宏观经济环境的稳定。特别是要加快企业改革,建立和完善符合社会主义市场经济规律的新型银企关系,改革和建立政企分开的投资体制,加大经济结构调整力度,严格控制新建项目,避免"大而全"、"小而全"和不合理重复建设,提高经济增长质量和效益,防止产生泡沫经济。所有这些,要靠各部门、各地方共同努力,扎扎实实地做好各方面工作。

防范金融风险是一项长期、艰巨的任务。我国正处在新旧经济体制转轨时期,金融对外开放还将不断扩大,金融业发展迅速。由于金融市场不完善,金融监管经验不足,违法违规行为容易发生,诱发金融风险的因素将会长期存在。同时,在经济、金融全球化趋势迅猛发展的情况下,由于国际金融市场瞬息万变,金融衍生产品日新月异,国际上的金融动荡也随时可能影响我国金融、证券市场的稳定。因此,我们对防范金融风险不仅要有紧迫感,而且要警钟长鸣,常抓不懈。

进一步深化金融改革,整顿金融秩序,防范和化解金融风险,是中央从全局和战略上考虑,保证我国改革开放和现代化建设顺利进行作出的重大决策。做好这项工作,必须统一思想认识,切实加强党的领导,充分发挥思想政治优势。各级党委、政府和各部门务必把思想和行动真正统一到中央的决策和部署上来。要树立全局观念，严格遵守和维护党的纪律，做到令行禁止，坚决维护党中央、国务院的权威，坚决维护国家金融法治和政策的权威，保证本通知各项措施的顺利贯彻落实。要建立防范和化解金融风险责任制。地方各级党委和政府要对解决本地区乱办金融问题切实负起责任。中央和国家机关有关部门要认真清理有关文件，负责纠正和查处本系统各种违法违规的金融活动。中国人民银行和中国证券监督管理委员会要切实依法履行监管职责。计划、财政、税务、审计、工商、纪检监察、公安等部门和检察院、法院，要各司其职，密切配合，共同担负起维护金融秩序、防范和化解金融风险的责任。

深化金融改革，整顿金融秩序，涉及面广，政策性强，敏感度高，务必精心组织，加强思想教育，缜密细致地工作。各地区、各部门要深入调查研究，全面摸清情况，抓紧作出具体部署。要认真分析可能遇到的突发情况，制定相应对策预案。特别要注意在调整撤并金融机构、禁止乱办金融业务、清理农村合作基金会、查处非法证券交易和非法集资活动中可能出现的各种问题，及时采取有效措施，避免诱发挤兑风波和影响社会稳定事端。新闻媒介要加强正面宣传，把握好舆论导向。

中央要求，一九九八年上半年，各地区、各部门要向党中央、国务院报告落实本通知的情况。中央将派出联合检查组赴各地区、各部门进行督促检查。

党中央、国务院和各有关部门过去下发的文件规定，凡与本通知不一致的，一律按本通知执行。军队系统贯彻本通知精神的工作，由中央军委根据实际情况作出具体部署。

国务院关于印发深化农村信用社改革试点方案的通知[①]

（2003 年 6 月 27 日）

各省、自治区、直辖市人民政府，国务院各部委、各直属机构：

现将《深化农村信用社改革试点方案》印发给你们，请认真组织实施。

深化农村信用社改革，改进农村金融服务，关系到农村信用社的稳定健康发展，事关农业发展、农民增收、农村稳定的大局。各级人民政府和国务院有关部门要从战略高度充分认识深化农村信用社改革试点工作的重要性和紧迫性，坚持以邓小平理论和"三个代表"重要思想为指导，按照"明晰产权关系、强化约束机制、增强服务功能、国家适当支持、地方政府负责"的总体要求，加快农村信用社管理体制和产权制度改革，把农村信用社逐步办成由农民、农村工商户和各类经济组织入股，为农民、农业和农村经济发展服务的社区性地方金融机构，充分发挥农村信用社农村金融主力军和联系农民的金融纽带作用，更好地支持农村经济结构调整，促进城乡经济协调发展。

国务院有关部门和试点地区的省级人民政府，要加强对深化农村信用社改革试点工作的组织领导，正确处理改革、发展、稳定的关系，确保改革试点工作积极稳妥地进行。其他未进行改革试点的地区要按照农村信用社现行管理体制，继续做好各项管理和服务工

---

① 《国务院关于印发深化农村信用社改革试点方案的通知》，《中华人民共和国国务院公报》，2003 年第 22 期。

作，为下一步深化改革积极创造条件。

深化农村信用社改革试点方案

根据党的十六大提出的全面建设小康社会的奋斗目标和《中共中央、国务院关于进一步加强金融监管，深化金融企业改革，促进金融业健康发展的若干意见》（中发〔2002〕5号）的精神，为进一步深化农村信用社改革，改善农村金融服务，促进农业发展、农民增收、农村全面建设小康社会，制定本方案。

一、指导思想和总体原则

1997年以来，按照党中央、国务院的统一部署，农村信用社（以下简称信用社）在改革中发展，各项工作取得明显成效。信用社为农业、农村和农民（以下简称"三农"）服务的方向进一步明确，服务水平不断提高，支农投入明显增加；内部管理逐步规范，资产质量和经营状况逐渐好转；金融监管得到加强，金融风险得到初步控制。但是，还必须看到，当前信用社无论是在自身建设，还是在适应为"三农"服务要求等方面，都还存在着不少问题，主要是：产权不明晰，法人治理结构不完善，经营机制和内控制度不健全；管理体制不顺，管理职权和责任需要进一步明确；历史包袱沉重，资产质量差，经营困难，潜在风险仍然很大。

深化信用社改革，改进农村金融服务，不仅关系到信用社的稳定健康发展，而且事关农业发展、农民增收、农村稳定的大局。根据当前农业和农村经济发展对农村金融服务提出的要求，深化信用社改革的指导思想是：以邓小平理论和"三个代表"重要思想为指导，以服务农业、农村和农民为宗旨，按照"明晰产权关系、强化约束机制、增强服务功能、国家适当支持、地方政府负责"的总体要求，加快信用社管理体制和产权制度改革，把信用社逐步办成由农民、农村工商户和各类经济组织入股，为农民、农业和农村经济发展服务的社区性地方金融机构，充分发挥信用社农村金融主力军和联系农民的金融纽带作用，更好地支持农村经济结构调整，帮助农民增加收入，促进城乡经济协调发展。

深化信用社改革应遵循以下原则：一是按照市场经济规则，明晰产权关系，促进信用社法人治理结构的完善和经营机制转换，使信用社真正成为自主经营、自我约束、自我发展、自担风险的市场主体；二是按照为"三农"服务的经营方向，改进服务方式，完善服务功能，提高服务水平；三是按照因地制宜、分类指导原则，积极探索和分类实施股份制、股份合作制、合作制等各种产权制度，建立与各地经济发展、管理水平相适应的组织形式和运行机制；四是按照权责利相结合原则，充分发挥各方面积极性，明确信用社监督管理体制，落实对信用社的风险防范和处置责任。

二、主要内容

深化信用社改革，要重点解决好两个问题：一是以法人为单位，改革信用社产权制度，明晰产权关系，完善法人治理结构，区别各类情况，确定不同的产权形式；二是改革信用社管理体制，将信用社的管理交由地方政府负责。

（一）以法人为单位改革信用社产权制度。

明晰信用社现有产权，妥善处理历史积累和包袱。根据实际状况，对资产大于负债的信用社，其积累部分首先要按规定提足股金分红、应付未付利息、各类保险基金；其次按资产风险程度提取风险准备金（呆账100%、呆滞50%、逾期20%、正常1%），作为信用社的附属资本；仍有剩余的，可拿出一定比例对原有股金予以增值。对资不抵债但目前还难以撤销的信用社，先用现有积累冲抵历年挂账亏损，其余部分要落实经营责任，通过采取转换机制、加强管理、政策扶持等多种措施逐步消化。

构建新的产权关系，完善法人治理结构。按照股权结构多样化、投资主体多元化原则，根据不同地区情况，分别进行不同产权形式的试点。有条件的地区可以进行股份制改造；暂不具备条件的地区，可以比照股份制的原则和做法，实行股份合作制；股份制改造有困难而又适合搞合作制的，也可以进一步完善合作制。在产权制度改革的同时，因地制宜确定信用社的组织形式：一是在经济比较发达、城乡一体化程度较高、信用社资产规模较大且已商业化经营的少数地区，可以组建股份制银行机构。具体条件是：（1）有较强的管理能力；（2）全辖信用社资产总规模10亿元以上；（3）不良贷款比例15%以下；（4）组建后资本金不低于5000万元，资本充足率达到8%。二是在人口相对稠密或粮棉商品基地县（市），可以县（市）为单位将信用社和县（市）联社各为法人改为统一法人。具体条件是：（1）全辖信用社统算账面资能抵债；（2）基层信用社自愿；（3）县（市）联社有较强的管理能力；（4）统一法人后股本金达到1000万元以上，资本充足率达到有关规定的要求。三是其他地区，可在完善合作制的基础上，继续实行乡镇信用社、县（市）联社各为法人的体制。四是采取有效措施，通过降格、合并等手段，加大对高风险信用社兼并和重组的步伐。对少数严重资不抵债、机构设置在城区或城郊、支农服务需求较少的信用社，可考虑按照《金融机构撤销条例》予以撤销。

不论采取何种产权制度和组织形式，都要在原有股权范围的基础上，做好清产核资工作，扩大入股范围，调整股权结构，提高入股额度，广泛吸收辖内农民、个体工商户和其他各类经济组织入股；都要按照现代企业制度的要求，完善法人治理结构，建立决策、执行、监督相制衡，激励和约束相结合的经营机制；都要坚持服务"三农"的经营方向，其信贷资金大部分要用于支持本地区农业和农民，即使是实行了股份制改造的机构，也要根据当地农村产业结构状况，确定一定比例的资金用于支农。

要切实强化约束机制，按照"自主经营、自我约束、自我发展、自担风险"的"四自"原则，建立健全信用社激励和约束机制，切实加强内部管理，进一步健全完善贷款审批、财务收支、风险控制等内控制度，降低不良贷款，压缩人员，减少成本，努力扭亏增盈，防范和控制新的经营风险。

要从农村经济发展和农民的实际需要出发，进一步增强和完善信用社服务功能。立足社区，面向"三农"，拓宽服务领域，创新服务品种，增加服务手段，充分发挥信用社在农村的机构网点优势，积极开办政策性银行和商业银行委托业务，适当增加为农民服务的金融业务品种。

（二）信用社的管理交由地方政府负责。

按照"国家宏观调控、加强监管，省级政府依法管理、落实责任，信用社自我约束、自担风险"的监督管理体制，分别确定有关方面的监督管理责任。

省级人民政府对信用社管理的主要职责：一是督促信用社贯彻执行国家金融方针政策，引导信用社坚持为"三农"服务的经营宗旨，地方党委要加强对信用社党的领导和思想政治工作；二是依照国家有关法律法规，指导本地区信用社加强自律性管理，督促信用社依法选举领导班子和聘用主要管理人员；三是统一组织有关部门防范和处置辖内信用社金融风险，今后对高风险机构的处置，在省级人民政府承诺由中央财政从转移支付中扣划的前提下，中央银行可以提供临时支持；四是帮助信用社清收旧贷，打击逃废债，查处信用社各类案件，建立良好的信用环境，维护农村金融秩序稳定。试点地区可本着精简、高效的原则，简化管理层次，结合当地实际情况，成立省级联社或其他形式的省级管理机构，在省级人民政府领导下，具体承担对辖内信用社的管理、指导、协调和服务职能。省级人民政府应坚持政企分开的原则，对信用社依法管理，不干预信用社的具体业务和经营活动，不把对信用社的管理权下放给地（市）和县、乡政府。地（市）级不再设立联社或其他形式的独立管理机构。

银监会作为国家银行监管机构承担对信用社的金融监管职能。主要职责：一是根据国家有关法律法规，制定监管的规章制度；二是审批机构的设立、变更、终止及其业务范围；三是依法组织现场检查和非现场监测，做好信息统计和风险评价，依法查处违法违规行为；四是审查高级管理人员的任职资格；五是向省级人民政府提供监管数据及有关信息，对风险类机构提出风险预警，并协助省级人民政府处置风险；六是对省级人民政府的专职管理人员进行培训；七是受国务院委托，对省级人民政府管理信用社的工作情况进行总结评价，报告国务院。

为了帮助消化信用社历史包袱，促进改革试点的顺利开展，在防范道德风险前提下，对试点地区的信用社，国家给予以下扶持政策：

1. 对亏损信用社因执行国家宏观政策开办保值储蓄而多支付保值贴补息给予补贴。具体办法是，由财政部核定1994—1997年期间亏损信用社实付保值贴补息数额，由国家财政分期予以拨补。

2. 从2003年1月1日起至2005年底，对西部地区试点的信用社一律暂免征收企业所得税；对其他地区试点的信用社，一律按其应纳税额减半征收企业所得税；从2003年1月1日起，对试点地区所有信用社的营业税按3%的税率征收。

3. 对试点地区的信用社，可采取两种方式给予适当的资金支持：一是由人民银行按照2002年底实际资不抵债数额的50%，安排专项再贷款。专项再贷款利率按金融机构准备金存款利率减半确定，期限根据试点地区的情况，可分为3年、5年和8年。资不抵债数额按照信用社法人单位计算，以省（区、市）为单位汇总，专项再贷款由省级人民政府统借统还。实际资不抵债数额按照"历年挂账亏损＋实际资产损失－所有者权益－呆账准备金"的公式计算。其中，实际资产损失按照"呆账贷款＋呆滞贷款的40%＋逾期贷款的10%＋投资资产的10%＋抵债资产的50%"计算。二是人民银行按2002年底实际资不抵债数额的50%，发行专项中央银行票据，用于置换信用社的不良贷款，票据期限两年，按不低于准备金存款利率按年付息。该票据不能流通、转让和抵押，可有条件提前兑付。中央银行票据支付必须与信用社改革效果挂钩，以县（市）为单位验收支付，标准为：产权明晰，资本金到位，治理结构完善，由人民银行分支行、银监会分支机构和地方政府监督执行。上述两种方式由试点地区自主选择，具体操作办法由人民银行另行规定。

4. 在民间借贷比较活跃的地方，实行灵活的利率政策。允许信用社贷款利率灵活浮动，贷款利率可在基准贷款利率的1.0至2.0倍范围内浮动。对农户小额信用贷款利率不上浮，个别风险较大的可小幅（不超过1.2倍）上浮，对受灾地区的农户贷款还可适当下浮。

信用社改革试点地区，要加强组织领导，严格清查资产，追讨债务，分清责任，严惩犯罪。

在信用社管理体制改革完成后，省级人民政府要切实履行对信用社的管理职能，在中央有关部门协助下，运用试点工作的经验，及时指导和组织信用社进行产权制度改革，并承担起对信用社的风险防范和处置责任。

三、组织实施

（一）组织领导：

深化信用社改革试点工作由银监会负责组织实施。按照引导和自愿相结合的原则，试点单位的选择，由各省（区、市）人民政府自愿申报，银监会统筹安排后报国务院确定。2003年试点在东、中、西部共选择3—5个省（区、市）进行。确定试点的省（区、市），要根据本方案的精神，提出本省（区、市）试点的具体实施意见，由银监会审核，报国务院批准后组织实施。

（二）进度安排：

试点工作从2003年下半年开始，力争年底之前完成管理体制改革试点工作。在改革试点地区，将信用社管理责任交由地方政府负责，并落实有关扶持政策。信用社产权制度改革，在总结试点地区经验的基础上，逐步在全国推开。

（三）应注意的几个问题：

一是正确处理好改革、发展和稳定的关系。要保持信用社各项管理工作和支农服务工作的正常开展。要遵守纪律，顾全大局，不得自行其是，防止借改革之机突击进人，突击花钱，突击放贷，防范各类道德风险。二是试点地区的改革，要严格按照本方案进行。国务院有关部门和地方政府要加强信息沟通，试点过程中的重大问题要及时请示报告。在积极推动改革的同时，要做好各项管理和服务工作，有效地支持农业和农村经济发展。三是正确处理改革试点和面上工作的关系。试点地区，省级人民政府要切实负起责任。未进行改革试点的地区，按照现行管理体制，银监会及其分支机构要切实加强对信用社的监督和管理，督促信用社进一步改进支农服务，防范和查处大案要案。四是改革过渡时期要特别注意防范和处置信用社风险，对可能出现支付风险的信用社，监管部门要及时提出处置预案，需要资金救助的，按人民银行有关规定办理。地方人民政府、人民银行、银监会要研究建立突发性支付风险的应急处理机制。

政策法规

国务院关于进一步促进资本市场健康发展的若干意见[①]

（2014年5月8日）

各省、自治区、直辖市人民政府，国务院各部委、各直属机构：

进一步促进资本市场健康发展，健全多层次资本市场体系，对于加快完善现代市场体系、拓宽企业和居民投融资渠道、优化资源配置、促进经济转型升级具有重要意义。20多年来，我国资本市场快速发展，初步形成了涵盖股票、债券、期货的市场体系，为促进改革开放和经济社会发展作出了重要贡献。但总体上看，我国资本市场仍不成熟，一些体制机制性问题依然存在，新情况新问题不断出现。为深入贯彻党的十八大和十八届二中、三中全会精神，认真落实党中央和国务院的决策部署，实现资本市场健康发展，现提出以下意见。

一、总体要求

（一）指导思想。

高举中国特色社会主义伟大旗帜，以邓小平理论、"三个代表"重要思想、科学发展观为指导，贯彻党中央和国务院的决策部署，解放思想，改革创新，开拓进取。坚持市场化和法治化取向，维护公开、公平、公正的市场秩序，维护投资者特别是中小投资者合法权益。紧紧围绕促进实体经济发展，激发市场创新活力，拓展

[①]《国务院关于进一步促进资本市场健康发展的若干意见》，《中华人民共和国国务院公报》，2014年第14期。

市场广度深度，扩大市场双向开放，促进直接融资与间接融资协调发展，提高直接融资比重，防范和分散金融风险。推动混合所有制经济发展，完善现代企业制度和公司治理结构，提高企业竞争能力，促进资本形成和股权流转，更好发挥资本市场优化资源配置的作用，促进创新创业、结构调整和经济社会持续健康发展。

（二）基本原则。

资本市场改革发展要从我国国情出发，积极借鉴国际经验，遵循以下原则：

一是处理好市场与政府的关系。尊重市场规律，依据市场规则、市场价格、市场竞争实现效益最大化和效率最优化，使市场在资源配置中起决定性作用。同时，更好发挥政府作用，履行好政府监管职能，实施科学监管、适度监管，创造公平竞争的市场环境，保护投资者合法权益，有效维护市场秩序。

二是处理好创新发展与防范风险的关系。以市场为导向、以提高市场服务能力和效率为目的，积极鼓励和引导资本市场创新。同时，强化风险防范，始终把风险监测、预警和处置贯穿于市场创新发展全过程，牢牢守住不发生系统性、区域性金融风险的底线。

三是处理好风险自担与强化投资者保护的关系。加强投资者教育，引导投资者培育理性投资理念，自担风险、自负盈亏，提高风险意识和自我保护能力。同时，健全投资者特别是中小投资者权益保护制度，保障投资者的知情权、参与权、求偿权和监督权，切实维护投资者合法权益。

四是处理好积极推进与稳步实施的关系。立足全局、着眼长远，坚定不移地积极推进改革。同时，加强市场顶层设计，增强改革措施的系统性、针对性、协同性，把握好改革的力度、节奏和市场承受程度，稳步实施各项政策措施，着力维护资本市场平稳发展。

（三）主要任务。

加快建设多渠道、广覆盖、严监管、高效率的股权市场，规范发展债券市场，拓展期货市场，着力优化市场体系结构、运行机制、基础设施和外部环境，实现发行交易方式多样、投融资工具丰富、风险管理功能完备、场内场外和公募私募协调发展。到2020年，基本形成结构合理、功能完善、规范透明、稳健高效、开放包容的多层次资本市场体系。

二、发展多层次股票市场

（四）积极稳妥推进股票发行注册制改革。建立和完善以信息披露为中心的股票发行制度。发行人是信息披露第一责任人，必须做到言行与信息披露的内容一致。发行人、中介机构对信息披露的真实性、准确性、完整性、充分性和及时性承担法律责任。投资者自行判断发行人的盈利能力和投资价值，自担投资风险。逐步探索符合我国实际的股票发行条件、上市标准和审核方式。证券监管部门依法监管发行和上市活动，严厉查处违法违规行为。

（五）加快多层次股权市场建设。强化证券交易所市场的主导地位，充分发挥证券交易所的自律监管职能。壮大主板、中小企业板市场，创新交易机制，丰富交易品种。加快创业板市场改革，健全适合创新型、成长型企业发展的制度安排。增加证券交易所市场内部层次。加快完善全国中小企业股份转让系统，建立小额、便捷、灵活、多元的投融资机制。在清理整顿的基础上，将区域性股权市场纳入多层次资本市场体系。完善集中统一的登记结算制度。

（六）提高上市公司质量。引导上市公司通过资本市场完善现代企业制度，建立健全市场化经营机制，规范经营决策。督促上市公司以投资者需求为导向，履行好信息披露义务，严格执行企业会计准则和财务报告制度，提高财务信息的可比性，增强信息披露的有效性。促进上市公司提高效益，增强持续回报投资者能力，为股东创造更多价值。规范上市公司控股股东、实际控制人行为，保障公司独立主体地位，维护各类股东的平等权利。鼓励上市公司建立市值管理制度。完善上市公司股权激励制度，允许上市公司按规定通过多种形式开展员工持股计划。

（七）鼓励市场化并购重组。充分发挥资本市场在企业并购重组过程中的主渠道作用，强化资本市场的产权定价和交易功能，拓宽并购融资渠道，丰富并购支付方式。尊重企业自主决策，鼓励各类资本公平参与并购，破除市场壁垒和行业分割，实现公司产权和控制权跨地区、跨所有制顺畅转让。

（八）完善退市制度。构建符合我国实际并有利于投资者保护的退市制度，建立健全市场化、多元化退市指标体系并严格执行。支持上市公司根据自身发展战略，在确保公众投资者权益的前提下以吸收合并、股东收购、转板等形式实施主动退市。对欺诈发行的上市公司实行强制退市。明确退市公司重新上市的标准和程序。逐步形成公司进退有序、市场转板顺畅的良性循环机制。

三、规范发展债券市场

（九）积极发展债券市场。完善公司债券公开发行制度。发展适合不同投资者群体的多样化债券品种。建立健全地方政府债券制度。丰富适合中小微企业的债券品种。统筹推进符合条件的资产证券化发展。支持和规范商业银行、证券经营机构、保险资产管理机构等合格机构依法开展债券承销业务。

（十）强化债券市场信用约束。规范发展债券市场信用评级服务。完善发行人信息披露制度，提高投资者风险识别能力，减少对外部评级的依赖。建立债券发行人信息共享机制。探索发展债券信用保险。完善债券增信机制，规范发展债券增信业务。强化发行人和投资者的责任约束，健全债券违约监测和处置机制，支持债券持有人会议维护债权人整体利益，切实防范道德风险。

（十一）深化债券市场互联互通。在符合投资者适当性管理要求的前提下，完善债券品种在不同市场的交叉挂牌及自主转托管机制，促进债券跨市场顺畅流转。鼓励债券交易场所合理分工、发挥各自优势。促进债券登记结算机构信息共享、顺畅连接，加强互联互通。提高债券市场信息系统、市场监察系统的运行效率，逐步强化对债券登记结算体系的统一管理，防范系统性风险。

（十二）加强债券市场监管协调。充分发挥公司信用类债券部际协调机制作用，各相关部门按照法律法规赋予的职责，各司其职，加强对债券市场准入、信息披露和资信评级的监管，建立投资者保护制度，加大查处债券市场虚假陈述、内幕交易、价格操纵等各类违法违规行为的力度。

四、培育私募市场

（十三）建立健全私募发行制度。建立合格投资者标准体系，明确各类产品私募发行的投资者适当性要求和面向同一类投资者的私募发行信息披露要求，规范募集行为。对私募发行不设行政审批，允许各类发行主体在依法合规的基础上，向累计不超过法律规定特定数量的投资者发行股票、债券、基金等产品。积极发挥证券中介机构、资产管理机构和有关市场组织的作用，建立健全私募产品发行监管制度，切实强化事中事后监管。建立促进经营机构规范开展私募业务的风险控制和自律管理制度安排，以及各类私募产品的统一监测系统。

（十四）发展私募投资基金。按照功能监管、适度监管的原则，完善股权投资基金、私募资产管理计划、私募集合理财产品、集合资金信托计划等各类私募投资产品的监管标准。依法严厉打击以私募为名的各类非法集资活动。完善扶持创业投资发展的政策体系，鼓励和引导创业投资基金支持中小微企业。研究制定保险资金投资创业投资基金的相关政策。完善围绕创新链需要的科技金融服务体系，创新科技金融产品和服务，促进战略性新兴产业发展。

五、推进期货市场建设

（十五）发展商品期货市场。以提升产业服务能力和配合资源性产品价格形成机制改革为重点，继续推出大宗资源性产品期货品种，发展商品期权、商品指数、碳排放权等交易工具，充分发挥期货市场价格发现和风险管理功能，增强期货市场服务实体经济的能力。允许符合条件的机构投资者以对冲风险为目的使用期货衍生品工具，清理取消对企业运用风险管理工具的不必要限制。

（十六）建设金融期货市场。配合利率市场化和人民币汇率形成机制改革，适应资本市场风险管理需要，平稳有序发展金融衍生产品。逐步丰富股指期货、股指期权和股票期权品种。逐步发展国债期货，进一步健全反映市场供求关系的国债收益率曲线。

六、提高证券期货服务业竞争力

（十七）放宽业务准入。实施公开透明、进退有序的证券期货业务牌照管理制度，研究证券公司、基金管理公司、期货公司、证券投资咨询公司等交叉持牌，支持符合条件的其他金融机构在风险隔离基础上申请证券期货业务牌照。积极支持民营资本进入证券期货服务业。支持证券期货经营机构与其他金融机构在风险可控前提下以相互控股、参股的方式探索综合经营。

（十八）促进中介机构创新发展。推动证券经营机构实施差异化、专业化、特色化发展，促进形成若干具有国际竞争力、品牌影响力和系统重要性的现代投资银行。促进证券投资基金管理公司向现代资产管理机构转型，提高财富管理水平。推动期货经营机构并购重组，提高行业集中度。支持证券期货经营机构拓宽融资渠道，扩大业务范围。在风险可控前提下，优化客户交易结算资金存管模式。支持证券期货经营机构、各类资产管理机构围绕风险管理、资本中介、投资融资等业务自主创设产品。规范发展证券期货经营机构柜台业务。对会计师事务所、资产评估机构、评级增信机构、法律服务机构开展证券期货相关服务强化监督，提升证券期货服务机构执业质量和公信力，打造功能齐备、分工专业、服务优质的金融服务产业。

（十九）壮大专业机构投资者。支持全国社会保障基金积极参与资本市场投资，支持社会保险基金、企业年金、职业年金、商业保险资金、境外长期资金等机构投资者资金逐步扩大资本市场投资范围和规模。推动商业银行、保险公司等设立基金管理公司，大力发展证券投资基金。

（二十）引导证券期货互联网业务有序发展。建立健全证券期货互联网业务监管规则。支持证券期货服务业、各类资产管理机构利用网络信息技术创新产品、业务和交易方式。支持有条件的互联网企业参与资本市场，促进互联网金融健康发展，扩大资本市场服务的覆盖面。

七、扩大资本市场开放

（二十一）便利境内外主体跨境投融资。扩大合格境外机构投资者、合格境内机构投资者的范围，提高投资额度与上限。稳步开放境外个人直接投资境内资本市场，有序推进境内个人直接投资境外资本市场。建立健全个人跨境投融资权益保护制度。在符合外商投资产业政策的范围内，逐步放宽外资持有上市公司股份的限制，完善对收购兼并行为的国家安全审查和反垄断审查制度。

（二十二）逐步提高证券期货行业对外开放水平。适时扩大外资参股或控股的境内证券期货经营机构的经营范围。鼓励境内证券期货经营机构实施"走出去"战略，增强国际竞争力。推动境内外交易所市场的连接，研究推进境内外基金互认和证券交易所产品互认。稳步探索B股市场改革。

（二十三）加强跨境监管合作。完善跨境监管合作机制，加大跨境执法协查力度，形成适应开放型资本市场体系的跨境监管制度。深化与香港、澳门特别行政区和台湾地区的监管合作。加强与国际证券期货监管组织的合作，积极参与国际证券期货监管规则制定。

八、防范和化解金融风险

（二十四）完善系统性风险监测预警和评估处置机制。建立健全宏观审慎管理制度。逐步建立覆盖各类金融市场、机构、产品、工具和交易结算行为的风险监测监控平台。完善风险管理措施，及时化解重大风险隐患。加强涵盖资本市场、货币市场、信托理财等领域的跨行业、跨市场、跨境风险监管。

（二十五）健全市场稳定机制。资本市场稳定关系经济发展和社会稳定大局。各地区、各部门在出台政策时要充分考虑资本市场的敏感性，做好新闻宣传和舆论引导工作。完善市场交易机制，丰富市场风险管理工具。建立健全金融市场突发事件快速反应和处置机制。健全稳定市场预期机制。

（二十六）从严查处证券期货违法违规行为。加强违法违规线索监测，提升执法反应能力。严厉打击证券期货违法犯罪行为。完善证券期货行政执法与刑事司法的衔接机制，深化证券期货监管部门与公安司法机关的合作。进一步加强执法能力，丰富行政调查手段，大幅改进执法效率，提高违法违规成本，切实提升执法效果。

（二十七）推进证券期货监管转型。加强全国集中统一的证券期货监管体系建设，依法规范监管权力运行，减少审批、核准、备案事项，强化事中事后监管，提高监管能力和透明度。支持市场自律组织履行职能。加强社会信用体系建设，完善资本市场诚信监管制度，强化守信激励、失信惩戒机制。

九、营造资本市场良好发展环境

（二十八）健全法规制度。推进证券法修订和期货法制定工作。出台上市公司监管、私募基金监管等行政法规。建立健全结构合理、内容科学、层级适当的法律实施规范体系，整合清理现行规章、规范性文件，完善监管执法实体和程序规则。重点围绕调查与审理分离、日常监管与稽查处罚协同等关键环节，积极探索完善监管执法体制和机制。配合完善民事赔偿法律制度，健全操纵市场等犯罪认定标准。

（二十九）坚决保护投资者特别是中小投资者合法权益。健全投资者适当性制度，严格投资者适当性管理。完善公众公司中小投资者投票和表决机制，优化投资者回报机制，健全多元化纠纷解决和投资者损害赔偿救济机制。督促证券投资基金等机构投资者参加上市公司业绩发布会，代表公众投资者行使权利。

（三十）完善资本市场税收政策。按照宏观调控政策和税制改革的总体方向，统筹研究有利于进一步促进资本市场健康发展的税收政策。

（三十一）完善市场基础设施。加强登记、结算、托管等公共基础设施建设。实现资本市场监管数据信息共享。推进资本市场信息系统建设，提高防范网络攻击、应对重大灾难与技术故障的能力。

（三十二）加强协调配合。健全跨部门监管协作机制。加强中小投资者保护工作的协调合作。各地区、各部门要加强与证券期货监管部门的信息共享与协同配合。出台支持资本市场扩大对外开放的外汇、海关监管政策。地方人民政府要规范各类区域性交易场所，打击各种非法证券期货活动，做好区域内金融风险防范和处置工作。

（三十三）规范资本市场信息传播秩序。各地区、各部门要严格管理涉及资本市场的内幕信息，确保信息发布公开公正、准确透明。健全资本市场政策发布和解读机制，创新舆论回应与引导方式。综合运用法律、行政、行业自律等方式，完善资本市场信息传播管理制度。依法严肃查处造谣、传谣以及炒作不实信息误导投资者和影响社会稳定的机构、个人。

中国人民银行等十大部门关于促进互联网金融健康发展的指导意见[①]

（2015 年 7 月 18 日）

近年来，互联网技术、信息通信技术不断取得突破，推动互联网与金融快速融合，促进了金融创新，提高了金融资源配置效率，但也存在一些问题和风险隐患。为全面贯彻落实党的十八大和十八届二中、三中、四中全会精神，按照党中央、国务院决策部署，遵循"鼓励创新、防范风险、趋利避害、健康发展"的总体要求，从金融业健康发展全局出发，进一步推进金融改革创新和对外开放，促进互联网金融健康发展，经党中央、国务院同意，现提出以下意见。

一、鼓励创新，支持互联网金融稳步发展

互联网金融是传统金融机构与互联网企业（以下统称从业机构）利用互联网技术和信息通信技术实现资金融通、支付、投资和信息中介服务的新型金融业务模式。互联网与金融深度融合是大势所趋，将对金融产品、业务、组织和服务等方面产生更加深刻的影响。互联网金融对促进小微企业发展和扩大就业发挥了现有金融机构难以替代的积极作用，为大众创业、万众创新打开了大门。促进互联网金融健康发展，有利于提升金融服务质量和效率，深化金融改革，促进金融创新发展，扩大金融业对内对外开放，构建多层次

[①]《中国人民银行等十大部门关于促进互联网金融健康发展的指导意见》，中国政府网，2015 年 7 月 18 日。

金融体系。作为新生事物，互联网金融既需要市场驱动，鼓励创新，也需要政策助力，促进发展。

（一）积极鼓励互联网金融平台、产品和服务创新，激发市场活力。鼓励银行、证券、保险、基金、信托和消费金融等金融机构依托互联网技术，实现传统金融业务与服务转型升级，积极开发基于互联网技术的新产品和新服务。支持有条件的金融机构建设创新型互联网平台开展网络银行、网络证券、网络保险、网络基金销售和网络消费金融等业务。支持互联网企业依法合规设立互联网支付机构、网络借贷平台、股权众筹融资平台、网络金融产品销售平台，建立服务实体经济的多层次金融服务体系，更好地满足中小微企业和个人投融资需求，进一步拓展普惠金融的广度和深度。鼓励电子商务企业在符合金融法律法规规定的条件下自建和完善线上金融服务体系，有效拓展电商供应链业务。鼓励从业机构积极开展产品、服务、技术和管理创新，提升从业机构核心竞争力。

（二）鼓励从业机构相互合作，实现优势互补。支持各类金融机构与互联网企业开展合作，建立良好的互联网金融生态环境和产业链。鼓励银行业金融机构开展业务创新，为第三方支付机构和网络贷款平台等提供资金存管、支付清算等配套服务。支持小微金融服务机构与互联网企业开展业务合作，实现商业模式创新。支持证券、基金、信托、消费金融、期货机构与互联网企业开展合作，拓宽金融产品销售渠道，创新财富管理模式。鼓励保险公司与互联网企业合作，提升互联网金融企业风险抵御能力。

（三）拓宽从业机构融资渠道，改善融资环境。支持社会资本发起设立互联网金融产业投资基金，推动从业机构与创业投资机构、产业投资基金深度合作。鼓励符合条件的优质从业机构在主板、创业板等境内资本市场上市融资。鼓励银行业金融机构按照支持小微企业发展的各项金融政策，对处于初创期的从业机构予以支持。针对互联网企业特点，创新金融产品和服务。

（四）坚持简政放权，提供优质服务。各金融监管部门要积极支持金融机构开展互联网金融业务。按照法律法规规定，对符合条件的互联网企业开展相关金融业务实施高效管理。工商行政管理部门要支持互联网企业依法办理工商注册登记。电信主管部门、国家互联网信息管理部门要积极支持互联网金融业务，电信主管部门对互联网金融业务涉及的电信业务进行监管，国家互联网信息管理部门负责对金融信息服务、互联网信息内容等业务进行监管。积极开展互联网金融领域立法研究，适时出台相关管理规章，营造有利于互联网金融发展的良好制度环境。加大对从业机构专利、商标等知识产权的保护力度。鼓励省级人民政府加大对互联网金融的政策支持。支持设立专业化互联网金融研究机构，鼓励建设互联网金融信息交流平台，积极开展互联网金融研究。

（五）落实和完善有关财税政策。按照税收公平原则，对于业务规模较小、处于初创期的从业机构，符合我国现行对中小企业特别是小微企业税收政策条件的，可按规定享受税收优惠政策。结合金融业营业税改征增值税改革，统筹完善互联网金融税收政策。落实从业机构新技术、新产品研发费用税前加计扣除政策。

（六）推动信用基础设施建设，培育互联网金融配套服务体系。支持大数据存储、网络与信息安全维护等技术领域基础设施建设。鼓励从业机构依法建立信用信息共享平台。推动符合条件的相关从业机构接入金融信用信息基础数据库。允许有条件的从业机构依法申请征信业务许可。支持具备资质的信用中介组织开展互联网企业信用评级，增强市场信息透明度。鼓励会计、审计、法律、咨询等中介服务机构为互联网企业提供相关专业服务。

二、分类指导，明确互联网金融监管责任

互联网金融本质仍属于金融，没有改变金融风险隐蔽性、传染性、广泛性和突发性的特点。加强互联网金融监管，是促进互联网金融健康发展的内在要求。同时，互联网金融是新生事物和新兴业态，要制定适度宽松的监管政策，为互联网金融创新留有余地和空间。通过鼓励创新和加强监管相互支撑，促进互联网金融健康发展，更好地服务实体经济。互联网金融监管应遵循"依法监管、适度监管、分类监管、协同监管、创新监管"的原则，科学合理界定各业态的业务边界及准入条件，落实监管责任，明确风险底线，保护合法经营，坚决打击违法和违规行为。

（七）互联网支付。互联网支付是指通过计算机、手机等设备，依托互联网发起支付指令、转移货币资金的服务。互联网支付应始终坚持服务电子商务发展和为社会提供小额、快捷、便民小微支付服务的宗旨。银行业金融机构和第三方支付机构从事互联网支付，应遵守现行法律法规和监管规定。第三方支付机构与其他机构开展合作的，应清晰界定各方的权利义务关系，建立有效的风险隔离机制和客户权益保障机制。要向客户充分披露服务信息，清晰地提示业务风险，不得夸大支付服务中介的性质和职能。互联网支付业务由人民银行负责监管。

（八）网络借贷。网络借贷包括个体网络借贷（即P2P网络借贷）和网络小额贷款。个体网络借贷是指个体和个体之间通过互联网平台实现的直接借贷。在个体网络借贷平台上发生的直接借贷行为属于民间借贷范畴，受合同法、民法通则等法律法规以及最高人民法院相关司法解释规范。个体网络借贷要坚持平台功能，为投资方和融资方提供信息交互、撮合、资信评估等中介服务。个体网络借贷机构要明确信息中介性质，主要为借贷双方的直接借贷提供信息服务，不得提供增信服务，不得非法集资。网络小额贷款是指互联网企业通过其控制的小额贷款公司，利用互联网向客户提供的小额贷款。网络小额贷款应遵守现有小额贷款公司监管规定，发挥网络贷款优势，努力降低客户融资成本。网络借贷业务由银监会负责监管。

（九）股权众筹融资。股权众筹融资主要是指通过互联网形式进行公开小额股权融资的活动。股权众筹融资必须通过股权众筹融资中介机构平台（互联网网站或其他类似的电子媒介）进行。股权众筹融资中介机构可以在符合法律法规规定前提下，对业务模式进行创新探索，发挥股权众筹融资作为多层次资本市场有机组成部分的作用，更好服务创新创业企业。股权众筹融资方应为小微企业，应通过股权众筹融资中介机构向投资人如实披露企业的商业模式、经营管理、财务、资金使用等关键信息，不得误导或欺诈投资者。投资者应当充分了解股权众筹融资活动风险，具备相应风险承受能力，进行小额投资。股权众筹融资业务由证监会负责监管。

（十）互联网基金销售。基金销售机构与其他机构通过互联网合作销售基金等理财产品的，要切实履行风险披露义务，不得通过违规承诺收益方式吸引客户；基金管理人应当采取有效措施防范资产配置中的期限错配和流动性风险；基金销售机构及其合作机构通过其他活动为投资人提供收益的，应当对收益构成、先决条件、适用情形等进行全面、真实、准确表述和列示，不得与基金产品收益混同。第三方支付机构在开展基金互联网销售支付服务过程中，应当遵守人民银行、证监会关于客户备付金及基金销售结算资金的相关监管要求。第三方支付机构的客户备付金只能用于办理客户委托的支付业务，不得用于垫付基金和其他理财产品的资金赎回。互联网基金销售业务由证监会负责监管。

（十一）互联网保险。保险公司开展互联网保险业务，应遵循安全性、保密性和稳定性原则，加强风险管理，完善内控系统，确保交易安全、信息安全和资金安全。专业互联网保险公司应当坚持服务互联网经济活动的基本定位，提供有针对性的保险服务。保险公司应建立对所属电子商务公司等非保险类子公司的管理制度，建立必要的防火墙。保险公司通过互联网销售保险产品，不得进行不实陈述、片面或夸大宣传过往业绩、违规承诺收益或者承担损失等误导性描述。互联网保险业务由保监会负责监管。

（十二）互联网信托和互联网消费金融。信托公司、消费金融公司通过互联网开展业务的，要严格遵循监管规定，加强风险管理，确保交易合法合规，并保守客户信息。信托公司通过互联网进行产品销售及开展其他信托业务的，要遵守合格投资者等监管规定，审慎甄别客户身份和评估客户风险承受能力，不能将产品销售给与风险承受能力不相匹配的客户。信托公司与消费金融公司要制定完善产品文件签署制度，保证交易过程合法合规，安全规范。互联网信托业务、互联网消费金融业务由银监会负责监管。

三、健全制度，规范互联网金融市场秩序

发展互联网金融要以市场为导向，遵循服务实体经济、服从宏观调控和维护金融稳定的总体目标，切实保障消费者合法权益，维护公平竞争的市场秩序。要细化管理制度，为互联网金融健康发展营造良好环境。

（十三）互联网行业管理。任何组织和个人开设网站从事互联网金融业务的，除应按规定履行相关金融监管程序外，还应依法向电信主管部门履行网站备案手续，否则不得开展互联网金融业务。工业和信息化部负责对互联网金融业务涉及的电信业务进行监管，国家互联网信息办公室负责对金融信息服务、互联网信息内容等业务进行监管，两部门按职责制定相关监管细则。

（十四）客户资金第三方存管制度。除另有规定外，从业机构应当选择符合条件的银行业金融机构作为资金存管机构，对客户资金进行管理和监督，实现客户资金与从业机构自身资金分账管理。客户资金存管账户应接受独立审计并向客户公开审计结果。人民银行会同金融监管部门按照职责分工实施监管，并制定相关监管细则。

（十五）信息披露、风险提示和合格投资者制度。从业机构应当对客户进行充分的信息披露，及时向投资者公布其经营活动和财务状况的相关信息，以便投资者充分了解从业机构运作状况，促使从业机构稳健经营和控制风险。从业机构应当向各参与方详细说明交易模式、参与方的权利和义务，并进行充分的风险提示。要研究建立互联网金融的合格投资者制度，提升投资者保护水平。有关部门按照职责分工负责监管。

（十六）消费者权益保护。研究制定互联网金融消费者教育规划，及时发布维权提示。加强互联网金融产品合同内容、免责条款规定等与消费者利益相关的信息披露工作，依法监督处理经营者利用合同格式条款侵害消费者合法权益的违法、违规行为。构建在线争议解决、现场接待受理、监管部门受理投诉、第三方调解以及仲裁、诉讼等多元化纠纷解决机制。细化完善互联网金融个人信息保护的原则、标准和操作流程。严禁网络销售金融产品过程中的不实宣传、强制捆绑销售。人民银行、银监会、证监会、保监会会同有关行政执法部门，根据职责分工依法开展互联网金融领域消费者和投资者权益保护工作。

（十七）网络与信息安全。从业机构应当切实提升技术安全水平，妥善保管客户资料和交易信息，不得非法买卖、泄露客户个人信息。人民银行、银监会、证监会、保监会、工业和信息化部、公安部、国家互联网信息办公室分别负责对相关从业机构的网络与信息安全保障进行监管，并制定相关监管细则和技术安全标准。

（十八）反洗钱和防范金融犯罪。从业机构应当采取有效措施识别客户身份，主动监测并报告可疑交易，妥善保存客户资料和交易记录。从业机构有义务按照有关规定，建立健全有关协助查询、冻结的规章制度，协助公安机关和司法机关依法、及时查询、冻结涉案财产，配合公安机关和司法机关做好取证和执行工作。坚决打击涉及非法集资等互联网金融犯罪，防范金融风险，维护金融秩序。金融机构在和互联网企业开展合作、代理时应根据有关法律和规定签订包括反洗钱和防范金融犯罪要求的合作、代理协议，并确保不因合作、代理关系而降低反洗钱和金融犯罪执行标准。人民银行牵头负责对从业机构履行反洗钱义务进行监管，并制定相关监管细则。打击互联网金融犯罪工作由公安部牵头负责。

（十九）加强互联网金融行业自律。充分发挥行业自律机制在规范从业机构市场行为和保护行业合法权益等方面的积极作用。人民银行会同有关部门，组建中国互联网金融协会。协会要按业务类型，制订经营管理规则和行业标准，推动机构之间的业务交流和信息共享。协会要明确自律惩戒机制，提高行业规则和标准的约束力。强化守法、诚信、自律意识，树立从业机构服务经济社会发展的正面形象，营造诚信规范发展的良好氛围。

（二十）监管协调与数据统计监测。各监管部门要相互协作、形成合力，充分发挥金融监管协调部际联席会议制度的作用。人民银行、银监会、证监会、保监会应当密切关注互联网金融业务发展及相关风险，对监管政策进行跟踪评估，适时提出调整建议，不断总结监管经验。财政部负责互联网金融从业机构财务监管政策。人民银行会同有关部门，负责建立和完善互联网金融数据统计监测体系，相关部门按照监管职责分工负责相关互联网金融数据统计和监测工作，并实现统计数据和信息共享。

人民银行　银保监会　证监会　外汇局关于规范金融机构资产管理业务的指导意见[①]

（银发〔2018〕106号，2018年4月27日）

近年来，我国资产管理业务快速发展，在满足居民和企业投融资需求、改善社会融资结构等方面发挥了积极作用，但也存在部分业务发展不规范、多层嵌套、刚性兑付、规避金融监管和宏观调控等问题。按照党中央、国务院决策部署，为规范金融机构资产管理业务，统一同类资产管理产品监管标准，有效防控金融风险，引导社会资金流向实体经济，更好地支持经济结构调整和转型升级，经国务院同意，现提出以下意见：

一、规范金融机构资产管理业务主要遵循以下原则：

（一）坚持严控风险的底线思维。把防范和化解资产管理业务风险放到更加重要的位置，减少存量风险，严防增量风险。

（二）坚持服务实体经济的根本目标。既充分发挥资产管理业务功能，切实服务实体经济投融资需求，又严格规范引导，避免资金脱实向虚在金融体系内部自我循环，防止产品过于复杂，加剧风险跨行业、跨市场、跨区域传递。

（三）坚持宏观审慎管理与微观审慎监管相结合、机构监管与功能监管相结合的监管理念。实现对各类机构开展资产管理业务的全面、统一覆盖，采取有效监管措施，加强金融消费者权益保护。

（四）坚持有的放矢的问题导向。重点针对资产管理业务的多

[①] 《人民银行 银保监会 证监会 外汇局关于规范金融机构资产管理业务的指导意见》，《中华人民共和国国务院公报》，2018年第26期。

层嵌套、杠杆不清、套利严重、投机频繁等问题，设定统一的标准规制，同时对金融创新坚持趋利避害、一分为二，留出发展空间。

（五）坚持积极稳妥审慎推进。正确处理改革、发展、稳定关系，坚持防范风险与有序规范相结合，在下决心处置风险的同时，充分考虑市场承受能力，合理设置过渡期，把握好工作的次序、节奏、力度，加强市场沟通，有效引导市场预期。

二、资产管理业务是指银行、信托、证券、基金、期货、保险资产管理机构、金融资产投资公司等金融机构接受投资者委托，对受托的投资者财产进行投资和管理的金融服务。金融机构为委托人利益履行诚实信用、勤勉尽责义务并收取相应的管理费用，委托人自担投资风险并获得收益。金融机构可以与委托人在合同中事先约定收取合理的业绩报酬，业绩报酬计入管理费，须与产品一一对应并逐个结算，不同产品之间不得相互串用。

资产管理业务是金融机构的表外业务，金融机构开展资产管理业务时不得承诺保本保收益。出现兑付困难时，金融机构不得以任何形式垫资兑付。金融机构不得在表内开展资产管理业务。

私募投资基金适用私募投资基金专门法律、行政法规，私募投资基金专门法律、行政法规中没有明确规定的适用本意见，创业投资基金、政府出资产业投资基金的相关规定另行制定。

三、资产管理产品包括但不限于人民币或外币形式的银行非保本理财产品，资金信托，证券公司、证券公司子公司、基金管理公司、基金管理子公司、期货公司、期货公司子公司、保险资产管理机构、金融资产投资公司发行的资产管理产品等。依据金融管理部门颁布规则开展的资产证券化业务，依据人力资源社会保障部门颁布规则发行的养老金产品，不适用本意见。

四、资产管理产品按照募集方式的不同，分为公募产品和私募产品。公募产品面向不特定社会公众公开发行。公开发行的认定标准依照《中华人民共和国证券法》执行。私募产品面向合格投资者通过非公开方式发行。

资产管理产品按照投资性质的不同，分为固定收益类产品、权益类产品、商品及金融衍生品类产品和混合类产品。固定收益类产品投资于存款、债券等债权类资产的比例不低于80%，权益类产品投资于股票、未上市企业股权等权益类资产的比例不低于80%，商品及金融衍生品类产品投资于商品及金融衍生品的比例不低于80%，混合类产品投资于债权类资产、权益类资产、商品及金融衍生品类资产且任一资产的投资比例未达到前三类产品标准。非因金融机构主观因素导致突破前述比例限制的，金融机构应当在流动性受限资产可出售、可转让或者恢复交易的15个交易日内调整至符合要求。

金融机构在发行资产管理产品时，应当按照上述分类标准向投资者明示资产管理产品的类型，并按照确定的产品性质进行投资。在产品成立后至到期日前，不得擅自改变产品类型。混合类产品投资债权类资产、权益类资产和商品及金融衍生品类资产的比例范围应当在发行产品时予以确定并向投资者明示，在产品成立后至到期日前不得擅自改变。产品的实际投向不得违反合同约定，如有改变，除高风险类型的产品超出比例范围投资较低风险资产外，应当先行取得投资者书面同意，并履行登记备案等法律法规以及金融监督管理部门规定的程序。

五、资产管理产品的投资者分为不特定社会公众和合格投资者两大类。合格投资者是指具备相应风险识别能力和风险承担能力，投资于单只资产管理产品不低于一定金额且符合下列条件的自然人和法人或者其他组织：

（一）具有 2 年以上投资经历，且满足以下条件之一：家庭金融净资产不低于 300 万元，家庭金融资产不低于 500 万元，或者近 3 年本人年均收入不低于 40 万元。

（二）最近 1 年末净资产不低于 1000 万元的法人单位。

（三）金融管理部门视为合格投资者的其他情形。

合格投资者投资于单只固定收益类产品的金额不低于 30 万元，投资于单只混合类产品的金额不低于 40 万元，投资于单只权益类产品、单只商品及金融衍生品类产品的金额不低于 100 万元。

投资者不得使用贷款、发行债券等筹集的非自有资金投资资产管理产品。

六、金融机构发行和销售资产管理产品，应当坚持"了解产品"和"了解客户"的经营理念，加强投资者适当性管理，向投资者销售与其风险识别能力和风险承担能力相适应的资产管理产品。禁止欺诈或者误导投资者购买与其风险承担能力不匹配的资产管理产品。金融机构不得通过拆分资产管理产品的方式，向风险识别能力和风险承担能力低于产品风险等级的投资者销售资产管理产品。

金融机构应当加强投资者教育，不断提高投资者的金融知识水平和风险意识，向投资者传递"卖者尽责、买者自负"的理念，打破刚性兑付。

七、金融机构开展资产管理业务，应当具备与资产管理业务发展相适应的管理体系和管理制度，公司治理良好，风险管理、内部控制和问责机制健全。

金融机构应当建立健全资产管理业务人员的资格认定、培训、考核评价和问责制度，确保从事资产管理业务的人员具备必要的专业知识、行业经验和管理能力，充分了解相关法律法规、监管规定以及资产管理产品的法律关系、交易结构、主要风险和风险管控方式，遵守行为准则和职业道德标准。

对于违反相关法律法规以及本意见规定的金融机构资产管理业务从业人员，依法采取处罚措施直至取消从业资格，禁止其在其他类型金融机构从事资产管理业务。

八、金融机构运用受托资金进行投资，应当遵守审慎经营规则，制定科学合理的投资策略和风险管理制度，有效防范和控制风险。

金融机构应当履行以下管理人职责：

（一）依法募集资金，办理产品份额的发售和登记事宜。

（二）办理产品登记备案或者注册手续。

（三）对所管理的不同产品受托财产分别管理、分别记账，进行投资。

（四）按照产品合同的约定确定收益分配方案，及时向投资者分配收益。

（五）进行产品会计核算并编制产品财务会计报告。

（六）依法计算并披露产品净值或者投资收益情况，确定申购、赎回价格。

（七）办理与受托财产管理业务活动有关的信息披露事项。

（八）保存受托财产管理业务活动的记录、账册、报表和其他相关资料。

（九）以管理人名义，代表投资者利益行使诉讼权利或者实施其他法律行为。

（十）在兑付受托资金及收益时，金融机构应当保证受托资金及收益返回委托人的原账户、同名账户或者合同约定的受益人账户。

（十一）金融监督管理部门规定的其他职责。

金融机构未按照诚实信用、勤勉尽责原则切实履行受托管理职责，造成投资者损失的，应当依法向投资者承担赔偿责任。

九、金融机构代理销售其他金融机构发行的资产管理产品，应当符合金融监督管理部门规定的资质条件。未经金融监督管理部门许可，任何非金融机构和个人不得代理销售资产管理产品。

金融机构应当建立资产管理产品的销售授权管理体系，明确代理销售机构的准入标准和程序，明确界定双方的权利与义务，明确相关风险的承担责任和转移方式。

金融机构代理销售资产管理产品，应当建立相应的内部审批和风险控制程序，对发行或者管理机构的信用状况、经营管理能力、市场投资能力、风险处置能力等开展尽职调查，要求发行或者管理机构提供详细的产品介绍、相关市场分析和风险收益测算报告，进行充分的信息验证和风险审查，确保代理销售的产品符合本意见规定并承担相应责任。

十、公募产品主要投资标准化债权类资产以及上市交易的股票，除法律法规和金融管理部门另有规定外，不得投资未上市企业股权。公募产品可以投资商品及金融衍生品，但应当符合法律法规以及金融管理部门的相关规定。

私募产品的投资范围由合同约定，可以投资债权类资产、上市或挂牌交易的股票、未上市企业股权（含债转股）和受（收）益权以及符合法律法规规定的其他资产，并严格遵守投资者适当性管理要求。鼓励充分运用私募产品支持市场化、法治化债转股。

十一、资产管理产品进行投资应当符合以下规定：

（一）标准化债权类资产应当同时符合以下条件：

1. 等分化，可交易。

2. 信息披露充分。

3. 集中登记，独立托管。

4. 公允定价，流动性机制完善。

5. 在银行间市场、证券交易所市场等经国务院同意设立的交易市场交易。

标准化债权类资产的具体认定规则由中国人民银行会同金融监督管理部门另行制定。

标准化债权类资产之外的债权类资产均为非标准化债权类资产。金融机构发行资产管理产品投资于非标准化债权类资产的，应当遵守金融监督管理部门制定的有关限额管理、流动性管理等监管标准。金融监督管理部门未制定相关监管标准的，由中国人民银行督促根据本意见要求制定监管标准并予以执行。

金融机构不得将资产管理产品资金直接投资于商业银行信贷资产。商业银行信贷资产受（收）益权的投资限制由金融管理部门另行制定。

（二）资产管理产品不得直接或者间接投资法律法规和国家政策禁止进行债权或股权投资的行业和领域。

（三）鼓励金融机构在依法合规、商业可持续的前提下，通过发行资产管理产品募集资金投向符合国家战略和产业政策要求、符合国家供给侧结构性改革政策要求的领域。鼓励金融机构通过发行资产管理产品募集资金支持经济结构转型，支持市场化、法治化债转股，降低企业杠杆率。

（四）跨境资产管理产品及业务参照本意见执行，并应当符合跨境人民币和外汇管理有关规定。

十二、金融机构应当向投资者主动、真实、准确、完整、及时披露资产管理产品募集信息、资金投向、杠杆水平、收益分配、托管安排、投资账户信息和主要投资风险等内容。国家法律法规另有规定的，从其规定。

对于公募产品，金融机构应当建立严格的信息披露管理制度，明确定期报告、临时报告、重大事项公告、投资风险披露要求以及具体内容、格式。在本机构官方网站或者通过投资者便于获取的方式披露产品净值或者投资收益情况，并定期披露其他重要信息：开放式产品按照开放频率披露，封闭式产品至少每周披露一次。

对于私募产品，其信息披露方式、内容、频率由产品合同约定，但金融机构应当至少每季度向投资者披露产品净值和其他重要信息。

对于固定收益类产品，金融机构应当通过醒目方式向投资者充分披露和提示产品的投资风险，包括但不限于产品投资债券面临的利率、汇率变化等市场风险以及债券价格波动情况，产品投资每笔非标准化债权类资产的融资客户、项目名称、剩余融资期限、到期收益分配、交易结构、风险状况等。

对于权益类产品，金融机构应当通过醒目方式向投资者充分披露和提示产品的投资风险，包括产品投资股票面临的风险以及股票价格波动情况等。

对于商品及金融衍生品类产品，金融机构应当通过醒目方式向投资者充分披露产品的挂钩资产、持仓风险、控制措施以及衍生品公允价值变化等。

对于混合类产品，金融机构应当通过醒目方式向投资者清晰披露产品的投资资产组合情况，并根据固定收益类、权益类、商品及金融衍生品类资产投资比例充分披露和提示相应的投资风险。

十三、主营业务不包括资产管理业务的金融机构应当设立具有独立法人地位的资产管理子公司开展资产管理业务，强化法人风险隔离，暂不具备条件的可以设立专门的资产管理业务经营部门开展业务。

金融机构不得为资产管理产品投资的非标准化债权类资产或者股权类资产提供任何直接或间接、显性或隐性的担保、回购等代为承担风险的承诺。

金融机构开展资产管理业务，应当确保资产管理业务与其他业务相分离，资产管理产品与其代销的金融产品相分离，资产管理产品之间相分离，资产管理业务操作与其他业务操作相分离。

十四、本意见发布后，金融机构发行的资产管理产品资产应当由具有托管资质的第三方机构独立托管，法律、行政法规另有规定的除外。

过渡期内，具有证券投资基金托管业务资质的商业银行可以托管本行理财产品，但应当为每只产品单独开立托管账户，确保资产隔离。过渡期后，具有证券投资基金托管业务资质的商业银行应当设立具有独立法人地位的子公司开展资产管理业务，该商业银行可以托管子公司发行的资产管理产品，但应当实现实质性的独立托管。独立托管有名无实的，由金融监督管理部门进行纠正和处罚。

十五、金融机构应当做到每只资产管理产品的资金单独管理、单独建账、单独核算，不得开展或者参与具有滚动发行、集合运作、分离定价特征的资金池业务。

金融机构应当合理确定资产管理产品所投资资产的期限，加强对期限错配的流动性风险管理，金融监督管理部门应当制定流动性风险管理规定。

为降低期限错配风险，金融机构应当强化资产管理产品久期管理，封闭式资产管理产品期限不得低于 90 天。资产管理产品直接或者间接投资于非标准化债权类资产的，非标准化债权类资产的终止日不得晚于封闭式资产管理产品的到期日或者开放式资产管理产品的最近一次开放日。

资产管理产品直接或者间接投资于未上市企业股权及其受（收）益权的，应当为封闭式资产管理产品，并明确股权及其受（收）益权的退出安排。未上市企业股权及其受（收）益权的退出日不得晚于封闭式资产管理产品的到期日。

金融机构不得违反金融监督管理部门的规定，通过为单一融资项目设立多只资产管理产品的方式，变相突破投资人数限制或者其他监管要求。同一金融机构发行多只资产管理产品投资同一资产的，为防止同一资产发生风险波及多只资产管理产品，多只资产管理产品投资该资产的资金总规模合计不得超过 300 亿元。如果超出该限额，需经相关金融监督管理部门批准。

十六、金融机构应当做到每只资产管理产品所投资资产的风险等级与投资者的风险承担能力相匹配，做到每只产品所投资资产构成清晰，风险可识别。

金融机构应当控制资产管理产品所投资资产的集中度：

（一）单只公募资产管理产品投资单只证券或者单只证券投资基金的市值不得超过该资产管理产品净资产的 10%。

（二）同一金融机构发行的全部公募资产管理产品投资单只证

券或者单只证券投资基金的市值不得超过该证券市值或者证券投资基金市值的 30%。其中，同一金融机构全部开放式公募资产管理产品投资单一上市公司发行的股票不得超过该上市公司可流通股票的 15%。

（三）同一金融机构全部资产管理产品投资单一上市公司发行的股票不得超过该上市公司可流通股票的 30%。

金融监督管理部门另有规定的除外。

非因金融机构主观因素导致突破前述比例限制的，金融机构应当在流动性受限资产可出售、可转让或者恢复交易的 10 个交易日内调整至符合相关要求。

十七、金融机构应当按照资产管理产品管理费收入的 10%计提风险准备金，或者按照规定计量操作风险资本或相应风险资本准备。风险准备金余额达到产品余额的 1%时可以不再提取。风险准备金主要用于弥补因金融机构违法违规、违反资产管理产品协议、操作错误或者技术故障等给资产管理产品财产或者投资者造成的损失。金融机构应当定期将风险准备金的使用情况报告金融管理部门。

十八、金融机构对资产管理产品应当实行净值化管理，净值生成应当符合企业会计准则规定，及时反映基础金融资产的收益和风险，由托管机构进行核算并定期提供报告，由外部审计机构进行审计确认，被审计金融机构应当披露审计结果并同时报送金融管理部门。

金融资产坚持公允价值计量原则，鼓励使用市值计量。符合以下条件之一的，可按照企业会计准则以摊余成本进行计量：

（一）资产管理产品为封闭式产品，且所投金融资产以收取合同现金流量为目的并持有到期。

（二）资产管理产品为封闭式产品，且所投金融资产暂不具备活跃交易市场，或者在活跃市场中没有报价、也不能采用估值技术可靠计量公允价值。

金融机构以摊余成本计量金融资产净值，应当采用适当的风险控制手段，对金融资产净值的公允性进行评估。当以摊余成本计量已不能真实公允反映金融资产净值时，托管机构应当督促金融机构调整会计核算和估值方法。金融机构前期以摊余成本计量的金融资产的加权平均价格与资产管理产品实际兑付时金融资产的价值的偏离度不得达到5%或以上，如果偏离5%或以上的产品数超过所发行产品总数的5%，金融机构不得再发行以摊余成本计量金融资产的资产管理产品。

十九、经金融管理部门认定，存在以下行为的视为刚性兑付：

（一）资产管理产品的发行人或者管理人违反真实公允确定净值原则，对产品进行保本保收益。

（二）采取滚动发行等方式，使得资产管理产品的本金、收益、风险在不同投资者之间发生转移，实现产品保本保收益。

（三）资产管理产品不能如期兑付或者兑付困难时，发行或者管理该产品的金融机构自行筹集资金偿付或者委托其他机构代为偿付。

（四）金融管理部门认定的其他情形。

经认定存在刚性兑付行为的，区分以下两类机构进行惩处：

（一）存款类金融机构发生刚性兑付的，认定为利用具有存款本质特征的资产管理产品进行监管套利，由国务院银行保险监督管理机构和中国人民银行按照存款业务予以规范，足额补缴存款准备金和存款保险保费,并予以行政处罚。

(二)非存款类持牌金融机构发生刚性兑付的,认定为违规经营,由金融监督管理部门和中国人民银行依法纠正并予以处罚。

任何单位和个人发现金融机构存在刚性兑付行为的,可以向金融管理部门举报,查证属实且举报内容未被相关部门掌握的,给予适当奖励。

外部审计机构在对金融机构进行审计时,如果发现金融机构存在刚性兑付行为的,应当及时报告金融管理部门。外部审计机构在审计过程中未能勤勉尽责,依法追究相应责任或依法依规给予行政处罚,并将相关信息纳入全国信用信息共享平台,建立联合惩戒机制。

二十、资产管理产品应当设定负债比例(总资产/净资产)上限,同类产品适用统一的负债比例上限。每只开放式公募产品的总资产不得超过该产品净资产的140%,每只封闭式公募产品、每只私募产品的总资产不得超过该产品净资产的200%。计算单只产品的总资产时应当按照穿透原则合并计算所投资资产管理产品的总资产。

金融机构不得以受托管理的资产管理产品份额进行质押融资,放大杠杆。

二十一、公募产品和开放式私募产品不得进行份额分级。

分级私募产品的总资产不得超过该产品净资产的140%。分级私募产品应当根据所投资资产的风险程度设定分级比例(优先级份额/劣后级份额,中间级份额计入优先级份额)。固定收益类产品的分级比例不得超过3:1,权益类产品的分级比例不得超过1:1,商品及金融衍生品类产品、混合类产品的分级比例不得超过

2∶1。发行分级资产管理产品的金融机构应当对该资产管理产品进行自主管理，不得转委托给劣后级投资者。

分级资产管理产品不得直接或者间接对优先级份额认购者提供保本保收益安排。

本条所称分级资产管理产品是指存在一级份额以上的份额为其他级份额提供一定的风险补偿，收益分配不按份额比例计算，由资产管理合同另行约定的产品。

二十二、金融机构不得为其他金融机构的资产管理产品提供规避投资范围、杠杆约束等监管要求的通道服务。

资产管理产品可以再投资一层资产管理产品，但所投资的资产管理产品不得再投资公募证券投资基金以外的资产管理产品。

金融机构将资产管理产品投资于其他机构发行的资产管理产品，从而将本机构的资产管理产品资金委托给其他机构进行投资的，该受托机构应当为具有专业投资能力和资质的受金融监督管理部门监管的机构。公募资产管理产品的受托机构应当为金融机构，私募资产管理产品的受托机构可以为私募基金管理人。受托机构应当切实履行主动管理职责，不得进行转委托，不得再投资公募证券投资基金以外的资产管理产品。委托机构应当对受托机构开展尽职调查，实行名单制管理，明确规定受托机构的准入标准和程序、责任和义务、存续期管理、利益冲突防范机制、信息披露义务以及退出机制。委托机构不得因委托其他机构投资而免除自身应当承担的责任。

金融机构可以聘请具有专业资质的受金融监督管理部门监管的机构作为投资顾问。投资顾问提供投资建议指导委托机构操作。

金融监督管理部门和国家有关部门应当对各类金融机构开展资

产管理业务实行平等准入、给予公平待遇。资产管理产品应当在账户开立、产权登记、法律诉讼等方面享有平等的地位。金融监督管理部门基于风险防控考虑，确实需要对其他行业金融机构发行的资产管理产品采取限制措施的，应当充分征求相关部门意见并达成一致。

二十三、运用人工智能技术开展投资顾问业务应当取得投资顾问资质，非金融机构不得借助智能投资顾问超范围经营或者变相开展资产管理业务。

金融机构运用人工智能技术开展资产管理业务应当严格遵守本意见有关投资者适当性、投资范围、信息披露、风险隔离等一般性规定，不得借助人工智能业务夸大宣传资产管理产品或者误导投资者。金融机构应当向金融监督管理部门报备人工智能模型的主要参数以及资产配置的主要逻辑，为投资者单独设立智能管理账户，充分提示人工智能算法的固有缺陷和使用风险，明晰交易流程，强化留痕管理，严格监控智能管理账户的交易头寸、风险限额、交易种类、价格权限等。金融机构因违法违规或者管理不当造成投资者损失的，应当依法承担损害赔偿责任。

金融机构应当根据不同产品投资策略研发对应的人工智能算法或者程序化交易，避免算法同质化加剧投资行为的顺周期性，并针对由此可能引发的市场波动风险制定应对预案。因算法同质化、编程设计错误、对数据利用深度不够等人工智能算法模型缺陷或者系统异常，导致羊群效应、影响金融市场稳定运行的，金融机构应当及时采取人工干预措施，强制调整或者终止人工智能业务。

二十四、金融机构不得以资产管理产品的资金与关联方进行不正当交易、利益输送、内幕交易和操纵市场，包括但不限于投资于关联方虚假项目、与关联方共同收购上市公司、向本机构注资等。

金融机构的资产管理产品投资本机构、托管机构及其控股股东、实际控制人或者与其有其他重大利害关系的公司发行或者承销的证券，或者从事其他重大关联交易的，应当建立健全内部审批机制和评估机制，并向投资者充分披露信息。

二十五、建立资产管理产品统一报告制度。中国人民银行负责统筹资产管理产品的数据编码和综合统计工作，会同金融监督管理部门拟定资产管理产品统计制度，建立资产管理产品信息系统，规范和统一产品标准、信息分类、代码、数据格式，逐只产品统计基本信息、募集信息、资产负债信息和终止信息。中国人民银行和金融监督管理部门加强资产管理产品的统计信息共享。金融机构应当将含债权投资的资产管理产品信息报送至金融信用信息基础数据库。

金融机构于每只资产管理产品成立后5个工作日内，向中国人民银行和金融监督管理部门同时报送产品基本信息和起始募集信息；于每月10日前报送存续期募集信息、资产负债信息，于产品终止后5个工作日内报送终止信息。

中央国债登记结算有限责任公司、中国证券登记结算有限公司、银行间市场清算所股份有限公司、上海票据交易所股份有限公司、上海黄金交易所、上海保险交易所股份有限公司、中保保险资产登记交易系统有限公司于每月10日前向中国人民银行和金融监督管理部门同时报送资产管理产品持有其登记托管的金融工具的信息。

在资产管理产品信息系统正式运行前，中国人民银行会同金融监督管理部门依据统计制度拟定统一的过渡期数据报送模板；各金融监督管理部门对本行业金融机构发行的资产管理产品，于每月 10 日前按照数据报送模板向中国人民银行提供数据，及时沟通跨行业、跨市场的重大风险信息和事项。

中国人民银行对金融机构资产管理产品统计工作进行监督检查。资产管理产品统计的具体制度由中国人民银行会同相关部门另行制定。

二十六、中国人民银行负责对资产管理业务实施宏观审慎管理，会同金融监督管理部门制定资产管理业务的标准规制。金融监督管理部门实施资产管理业务的市场准入和日常监管，加强投资者保护，依照本意见会同中国人民银行制定出台各自监管领域的实施细则。

本意见正式实施后，中国人民银行会同金融监督管理部门建立工作机制，持续监测资产管理业务的发展和风险状况，定期评估标准规制的有效性和市场影响，及时修订完善，推动资产管理行业持续健康发展。

二十七、对资产管理业务实施监管遵循以下原则：

（一）机构监管与功能监管相结合，按照产品类型而不是机构类型实施功能监管，同一类型的资产管理产品适用同一监管标准，减少监管真空和套利。

（二）实行穿透式监管，对于多层嵌套资产管理产品，向上识别产品的最终投资者，向下识别产品的底层资产（公募证券投资基金除外）。

（三）强化宏观审慎管理，建立资产管理业务的宏观审慎政策框架，完善政策工具，从宏观、逆周期、跨市场的角度加强监测、评估和调节。

（四）实现实时监管，对资产管理产品的发行销售、投资、兑付等各环节进行全面动态监管，建立综合统计制度。

二十八、金融监督管理部门应当根据本意见规定，对违规行为制定和完善处罚规则，依法实施处罚，并确保处罚标准一致。资产管理业务违反宏观审慎管理要求的，由中国人民银行按照法律法规实施处罚。

二十九、本意见实施后，金融监督管理部门在本意见框架内研究制定配套细则，配套细则之间应当相互衔接，避免产生新的监管套利和不公平竞争。按照"新老划断"原则设置过渡期，确保平稳过渡。过渡期为本意见发布之日起至2020年底，对提前完成整改的机构，给予适当监管激励。过渡期内，金融机构发行新产品应当符合本意见的规定；为接续存量产品所投资的未到期资产，维持必要的流动性和市场稳定，金融机构可以发行老产品对接，但应当严格控制在存量产品整体规模内，并有序压缩递减，防止过渡期结束时出现断崖效应。金融机构应当制定过渡期内的资产管理业务整改计划，明确时间进度安排，并报送相关金融监督管理部门，由其认可并监督实施，同时报备中国人民银行。过渡期结束后，金融机构的资产管理产品按照本意见进行全面规范（因子公司尚未成立而达不到第三方独立托管要求的情形除外），金融机构不得再发行或存续违反本意见规定的资产管理产品。

三十、资产管理业务作为金融业务，属于特许经营行业，必须纳入金融监管。非金融机构不得发行、销售资产管理产品，国家另有规定的除外。

非金融机构违反上述规定，为扩大投资者范围、降低投资门槛，利用互联网平台等公开宣传、分拆销售具有投资门槛的投资标的、过度强调增信措施掩盖产品风险、设立产品二级交易市场等行为，按照国家规定进行规范清理，构成非法集资、非法吸收公众存款、非法发行证券的，依法追究法律责任。非金融机构违法违规开展资产管理业务的，依法予以处罚；同时承诺或进行刚性兑付的，依法从重处罚。

三十一、本意见自发布之日起施行。

本意见所称"金融管理部门"是指中国人民银行、国务院银行保险监督管理机构、国务院证券监督管理机构和国家外汇管理局。"发行"是指通过公开或者非公开方式向资产管理产品的投资者发出认购邀约，进行资金募集的活动。"销售"是指向投资者宣传推介资产管理产品，办理产品申购、赎回的活动。"代理销售"是指接受合作机构的委托，在本机构渠道向投资者宣传推介、销售合作机构依法发行的资产管理产品的活动。

关于在上海证券交易所设立科创板并试点注册制的实施意见[①]

（2019年1月30日）

为进一步落实创新驱动发展战略，增强资本市场对提高我国关键核心技术创新能力的服务水平，促进高新技术产业和战略性新兴产业发展，支持上海国际金融中心和科技创新中心建设，完善资本市场基础制度，推动高质量发展，根据党中央、国务院决策部署和全国人民代表大会常务委员会《关于授权国务院在实施股票发行注册制改革中调整适用〈中华人民共和国证券法〉有关规定的决定》、《关于延长授权国务院在实施股票发行注册制改革中调整适用〈中华人民共和国证券法〉有关规定期限的决定》现就在上海证券交易所（以下简称"上交所"）设立科创板并试点注册制，提出以下意见。

一、总体要求

（一）指导思想。深入贯彻习近平新时代中国特色社会主义思想和党的十九大精神，认真落实习近平总书记关于资本市场的一系列重要指示批示精神，按照党中央、国务院决策部署，坚持稳中求进工作总基调，贯彻新发展理念，深化供给侧结构性改革，着眼于加快形成融资功能完备、基础制度扎实、市场监管有效、投资者合法权益得到有效保护的多层次资本市场体系，从设立上交所科创板入手，稳步试点注册制，统筹推进发行、上市、信息披露、交易、

---

① 《关于在上海证券交易所设立科创板并试点注册制的实施意见》，《中国证券监督管理委员会公告》，2019年02号。

退市等基础制度改革,发挥资本市场对提升科技创新能力和实体经济竞争力的支持功能,更好服务高质量发展。

(二)基本原则。一是坚持市场导向,强化市场约束。尊重市场规律,明确和稳定市场预期,建立以市场机制为主导的新股发行制度安排。二是坚持法治导向,依法治市。健全资本市场法律体系,强化依法全面从严监管,保护投资者合法权益,进一步明确市场参与各方权利义务,逐步形成市场参与各方依法履职尽责及维护自身合法权益的市场环境。三是强化信息披露监管,归位尽责。建立和完善以信息披露为中心的股票发行上市制度,强化发行人对信息披露的诚信义务和法律责任,充分发挥中介机构核查把关作用,引导投资者提高风险识别能力和理性投资意识。四是坚持统筹协调,守住底线。发挥好相关政府部门和有关方面的协同配合作用,形成共促市场稳定健康发展的合力,及时防范和化解市场风险。

二、设立上交所科创板

(三)准确把握科创板定位。在上交所新设科创板,坚持面向世界科技前沿、面向经济主战场、面向国家重大需求,主要服务于符合国家战略、突破关键核心技术、市场认可度高的科技创新企业。重点支持新一代信息技术、高端装备、新材料、新能源、节能环保以及生物医药等高新技术产业和战略性新兴产业,推动互联网、大数据、云计算、人工智能和制造业深度融合,引领中高端消费,推动质量变革、效率变革、动力变革。具体行业范围由上交所发布并适时更新。

(四)制定更具包容性的科创板上市条件。更加注重企业科技创新能力,允许符合科创板定位、尚未盈利或存在累计未弥补亏损的企业在科创板上市。综合考虑预计市值、收入、净利润、研发投入、现金流等因素，设置多元包容的上市条件。具体由上交所制定并公布。

（五）允许特殊股权结构企业和红筹企业上市。依照公司法第一百三十一条规定，允许科技创新企业发行具有特别表决权的类别股份,每一特别表决权股份拥有的表决权数量大于每一普通股份拥有的表决权数量，其他股东权利与普通股份相同。特别表决权股份一经转让，应当恢复至与普通股份同等的表决权。公司发行特别表决权股份的，应当在公司章程中规定特别表决权股份的持有人资格、特别表决权股份拥有的表决权数量与普通股份拥有的表决权数量的比例安排、持有人所持特别表决权股份能够参与表决的股东大会事项范围、特别表决权股份锁定安排及转让限制等事项。

存在特别表决权股份的境内科技创新企业申请发行股票并在科创板上市的，公司章程规定的上述事项应当符合上交所有关要求，同时在招股说明书等公开发行文件中，充分披露并特别提示有关差异化表决安排的主要内容、相关风险及对公司治理的影响，以及依法落实保护投资者合法权益的各项措施。

符合《国务院办公厅转发证监会关于开展创新企业境内发行股票或存托凭证试点若干意见的通知》（国办发〔2018〕21号）规定的红筹企业，可以申请发行股票或存托凭证并在科创板上市。红筹企业发行存托凭证的，按国家有关税收政策执行。

（六）确定投资者适当性要求。个人投资者投资科创板股票，证券账户及资金账户持有资产规模应当达到规定标准，且具备相关股票投资经验和相应的风险承受能力。具体标准由上交所制定，并可根据科创板运行情况作适当调整。强化证券公司投资者适当性管理义务和责任追究。

三、稳步实施注册制试点改革

（七）合理制定股票发行条件。精简优化现行公开发行股票条件。申请公开发行股票的公司，除符合科创板定位外，还应当符合下列基本发行条件：一是具备健全且运行良好的组织机构，具有完整的业务体系和直接面向市场独立经营的能力，不存在对持续经营有重大不利影响的情形；二是会计基础工作规范，内部控制制度健全且有效执行，最近三年财务会计报告被出具标准无保留意见审计报告；三是发行人及其控股股东、实际控制人最近三年不存在贪污、贿赂、侵占财产、挪用财产或者破坏社会主义市场经济秩序的刑事犯罪，不存在严重损害社会公共利益的重大违法行为；四是证监会规定的其他条件。逐步将现行发行条件中可以由投资者判断的事项转化为更加严格，更加全面、深入、精准的信息披露要求制度体系。证监会制定《科创板首次公开发行股票注册管理办法（试行）》等规则，对科创板试点注册制的发行条件、注册程序和具体信息披露要求等作出规定。

企业公开发行股票并在科创板上市交易，必须符合发行条件与上市条件，报上交所审核并经证监会注册。

（八）上交所负责科创板发行上市审核。上交所受理企业公开发行股票并上市的申请，审核并判断企业是否符合发行条件、上市条件和信息披露要求。审核工作主要通过提出问题、回答问题方式展开，督促发行人完善信息披露内容。上交所制定审核标准、审核程序等规则，报证监会批准。

上交所成立由相关领域科技专家、知名企业家、资深投资专家等组成的科技创新咨询委员会，为发行上市审核提供专业咨询和政策建议。必要时可对申请发行上市的企业进行询问。

（九）证监会负责科创板股票发行注册。上交所审核通过后，将审核意见及发行人注册申请文件报送证监会履行注册程序。注册工作不适用发行审核委员会审核程序，按证监会制定的程序进行，依照规定的发行条件和信息披露要求，在20个工作日内作出是否同意注册的决定。

科创板上市公司非公开发行新股实行注册制，具体程序与公开发行相同。证监会完善再融资制度，提高科创板再融资便利性。

（十）证监会对上交所审核工作进行监督。督促上交所建立内部防火墙制度，发行上市审核部门与其他部门隔离运行，防范利益冲突。持续追踪发行人的信息披露文件、上交所的审核意见，定期或不定期对上交所审核工作进行抽查和检查，落实对上交所审核工作的监督问责机制。督促上交所提高审核工作透明度，审核过程和审核意见向社会公开，减少自由裁量空间。上交所参与审核的人员，不得与发行人有利害关系，不得直接或间接与发行人有利益往来，不得持有发行人的股票，不得私下与发行人进行接触，切实防范以权谋私、利益输送等违法违纪行为。

（十一）强化事前事中事后全过程监管。在发行上市审核、注册和新股发行过程中，发现发行人存在重大违法违规嫌疑的，证监会可以要求上交所处理，也可以宣布发行注册暂缓生效，或者暂停新股发行，直至撤销发行注册。

四、完善基础制度

（十二）构建科创板股票市场化发行承销机制。科创板市场新股发行价格、规模、节奏主要通过市场化方式决定，强化市场约束。对新股发行定价不设限制，建立以机构投资者为参与主体的询价、定价、配售等机制，充分发挥机构投资者专业能力。试行保荐人相关子公司"跟投"制度。支持科创板上市公司引入战略投资者，科技创新企业高管、员工可以参与战略配售，发挥好超额配售选择权制度作用，促进股价稳定。加强对定价承销的事中事后监管，建立上市后交易价格监控机制，约束非理性定价，制定合理的科创板上市公司股份锁定期和减持制度安排。

（十三）强化信息披露监管。切实树立以信息披露为中心的监管理念，全面建立严格的信息披露体系并严格执行。明确发行人是信息披露第一责任人，充分披露投资者做出价值判断和投资决策所必需的信息，确保信息披露真实、准确、完整、及时、公平。明确发行人的控股股东、实际控制人不得要求或协助发行人隐瞒重要信息。

上交所建立以上市规则为中心的持续监管规则体系，在持续信息披露、并购重组、股权激励、退市等方面制定符合科创板上市公司特点的具体实施规则，报证监会批准。

科创板上市公司要根据自身特点，强化对业绩波动、行业风险、公司治理等相关事项的针对性信息披露。明确要求发行人披露科研水平、科研人员、科研资金投入等相关信息，督促引导发行人将募集资金重点投向科技创新领域。

（十四）完善交易制度。科创板采取独立交易模块和独立行情显示，交易日历、证券账户、申报成交等安排与上交所主板一致。基于科创板上市公司特点和投资者适当性要求，建立更加市场化的交易机制，研究制定股票日涨跌幅等标准。适当提高每笔最低交易股票数量。稳妥有序将科创板股票纳入融资融券标的，促进融资融券业务均衡发展。在竞价交易基础上，条件成熟时引入做市商机制。科创板运行一段时间后，由上交所对交易制度进行综合评估，必要时加以完善。

（十五）建立高效的并购重组机制。科创板上市公司并购重组统一由上交所审核，涉及发行股票的，实行注册制。证监会依法批准上交所制定的科创板上市公司并购重组审核标准及规则体系。达到一定规模的上市公司，可以依法分拆其业务独立、符合条件的子公司在科创板上市。

（十六）严格实施退市制度。严格交易类强制退市指标，对交易量、股价、股东人数等不符合条件的企业依法终止上市。优化财务类强制退市指标，科创板股票不适用证券法第五十六条第三项关于连续亏损终止上市的规定；对连续被出具否定或无法表示意见审计报告的上市公司实施终止上市。严格实施重大违法强制退市制度，对构成欺诈发行、重大信息披露违法或其他重大违法行为的上市公司依法坚决终止上市。科创板股票不适用证券法第五十五条关于暂停上市的规定，应当退市的直接终止上市。

五、完善配套改革措施

（十七）加强科创板上市公司持续监管。上交所要依法发挥一线监管职能，强化监管问询，加大现场检查力度，提高上市公司信息披露质量。适当延长核心技术团队股份锁定期，促进上市公司稳定经营。适当延长未盈利上市公司控股股东、实际控制人、董事、监事、高级管理人员的股份锁定期。加强上市公司信息披露与二级市场监管联动，切实防范和打击内幕交易与操纵市场行为。

（十八）强化中介机构责任。保荐人作为主要中介机构，必须诚实守信、勤勉尽责，充分了解发行人经营情况和风险，并对发行人的申请文件和信息披露资料进行全面核查验证。建立保荐人资格与新股发行信息披露质量挂钩机制。适当延长保荐人持续督导期。证券服务机构及其从业人员应当对本专业相关的业务事项履行特别注意义务,对其他业务事项履行普通注意义务。对发行人、上市公司虚假记载、误导性陈述或重大遗漏负有责任的保荐人、会计师事务所、律师事务所、资产评估机构,加大处罚力度。

(十九)保护投资者合法权益。严厉打击欺诈发行、虚假陈述等违法行为。对以欺骗手段骗取发行注册等违法行为,依照证券法第一百八十九条等规定依法从重处罚。对欺诈发行上市的,可以责令上市公司及其控股股东、实际控制人按规定购回已上市的股份。探索建立发行人和投资者之间的纠纷化解和赔偿救济机制。将发行人和相关中介机构及责任人的信用记录纳入国家统一信用信息平台,加强监管信息共享,完善失信联合惩戒机制。

(二十)推动完善有关法律法规。加强行政执法与司法的衔接,符合刑事追诉标准、涉嫌犯罪的案件,依法及时移送司法机关追究刑事责任。推动完善相关法律制度和司法解释,建立健全证券支持诉讼示范判决机制。根据试点情况,探索完善与注册制相适应的证券民事诉讼法律制度。

证监会根据本意见制定《科创板首次公开发行股票注册管理办法(试行)》等监管规则,明确股票发行条件、注册程序、信息披露、中介机构职责、监督管理和法律责任等事项,并完善相关配套制度规则。上交所应制定科创板发行、上市、信息披露交易、退市等业务规则,建立健全公开透明高效的审核机制。证监会及上交所根据科创板运行和注册制试点情况,及时总结经验,适时调整完善相关具体制度安排。

国务院办公厅关于促进平台经济规范健康发展的指导意见[①]

（2019年8月1日）

各省、自治区、直辖市人民政府，国务院各部委、各直属机构：

互联网平台经济是生产力新的组织方式，是经济发展新动能，对优化资源配置、促进跨界融通发展和大众创业万众创新、推动产业升级、拓展消费市场尤其是增加就业，都有重要作用。要坚持以习近平新时代中国特色社会主义思想为指导，深入贯彻落实党的十九大和十九届二中、三中全会精神，持续深化"放管服"改革，围绕更大激发市场活力，聚焦平台经济发展面临的突出问题，遵循规律、顺势而为，加大政策引导、支持和保障力度，创新监管理念和方式，落实和完善包容审慎监管要求，推动建立健全适应平台经济发展特点的新型监管机制，着力营造公平竞争市场环境。为促进平台经济规范健康发展，经国务院同意，现提出以下意见。

一、优化完善市场准入条件，降低企业合规成本

（一）推进平台经济相关市场主体登记注册便利化。放宽住所（经营场所）登记条件，经营者通过电子商务类平台开展经营活动的，可以使用平台提供的网络经营场所申请个体工商户登记。指导督促地方开展"一照多址"改革探索，进一步简化平台企业分支机构设立手续。放宽新兴行业企业名称登记限制，允许使用反映新业

[①]《国务院办公厅关于促进平台经济规范健康发展的指导意见》，《中华人民共和国国务院公报》，2019年第23期。

态特征的字词作为企业名称。推进经营范围登记规范化，及时将反映新业态特征的经营范围表述纳入登记范围。（市场监管总局负责）

（二）合理设置行业准入规定和许可。放宽融合性产品和服务准入限制，只要不违反法律法规，均应允许相关市场主体进入。清理和规范制约平台经济健康发展的行政许可、资质资格等事项，对仅提供信息中介和交易撮合服务的平台，除直接涉及人身健康、公共安全、社会稳定和国家政策另有规定的金融、新闻等领域外，原则上不要求比照平台内经营者办理相关业务许可。（各相关部门按职责分别负责）指导督促有关地方评估网约车、旅游民宿等领域的政策落实情况，优化完善准入条件、审批流程和服务，加快平台经济参与者合规化进程。（交通运输部、文化和旅游部等相关部门按职责分别负责）对仍处于发展初期、有利于促进新旧动能转换的新兴行业，要给予先行先试机会，审慎出台市场准入政策。（各地区、各部门负责）

（三）加快完善新业态标准体系。对部分缺乏标准的新兴行业，要及时制定出台相关产品和服务标准，为新产品新服务进入市场提供保障。对一些发展相对成熟的新业态，要鼓励龙头企业和行业协会主动制定企业标准，参与制定行业标准，提升产品质量和服务水平。（市场监管总局牵头，各相关部门按职责分别负责）

二、创新监管理念和方式，实行包容审慎监管

（一）探索适应新业态特点、有利于公平竞争的公正监管办法。本着鼓励创新的原则，分领域制定监管规则和标准，在严守安全底线的前提下为新业态发展留足空间。对看得准、已经形成较好发展势头的，分类量身定制适当的监管模式，避免用老办法管理新业态；对一时看不准的，设置一定的"观察期"，防止一上来就管死；对潜在风险大、可能造成严重不良后果的，严格监管；对非法经营的，坚决依法予以取缔。各有关部门要依法依规夯实监管责任，优化机构监管，强化行为监管，及时预警风险隐患，发现和纠正违法违规行为。（发展改革委、中央网信办、工业和信息化部、市场监管总局、公安部等相关部门及各地区按职责分别负责）

（二）科学合理界定平台责任。明确平台在经营者信息核验、产品和服务质量、平台（含APP）索权、消费者权益保护、网络安全、数据安全、劳动者权益保护等方面的相应责任，强化政府部门监督执法职责，不得将本该由政府承担的监管责任转嫁给平台。尊重消费者选择权，确保跨平台互联互通和互操作。允许平台在合规经营前提下探索不同经营模式，明确平台与平台内经营者的责任，加快研究出台平台尽职免责的具体办法，依法合理确定平台承担的责任。鼓励平台通过购买保险产品分散风险，更好保障各方权益。（各相关部门按职责分别负责）

（三）维护公平竞争市场秩序。制定出台网络交易监督管理有关规定，依法查处互联网领域滥用市场支配地位限制交易、不正当竞争等违法行为，严禁平台单边签订排他性服务提供合同，保障平台经济相关市场主体公平参与市场竞争。维护市场价格秩序，针对互联网领域价格违法行为特点制定监管措施，规范平台和平台内经营者价格标示、价格促销等行为，引导企业合法合规经营。（市场监管总局负责）

（四）建立健全协同监管机制。适应新业态跨行业、跨区域的特点，加强监管部门协同、区域协同和央地协同，充分发挥"互联网+"行动、网络市场监管、消费者权益保护、交通运输新业态协同监管等部际联席会议机制作用,提高监管效能。(发展改革委、市场监管总局、交通运输部等相关部门按职责分别负责)加大对跨区域网络案件查办协调力度,加强信息互换、执法互助,形成监管合力。鼓励行业协会商会等社会组织出台行业服务规范和自律公约,开展纠纷处理和信用评价,构建多元共治的监管格局。(各地区、各相关部门按职责分别负责)

(五)积极推进"互联网+监管"。依托国家"互联网+监管"等系统,推动监管平台与企业平台联通,加强交易、支付、物流、出行等第三方数据分析比对,开展信息监测、在线证据保全、在线识别、源头追溯,增强对行业风险和违法违规线索的发现识别能力,实现以网管网、线上线下一体化监管。(国务院办公厅、市场监管总局等相关部门按职责分别负责)根据平台信用等级和风险类型,实施差异化监管,对风险较低、信用较好的适当减少检查频次,对风险较高、信用较差的加大检查频次和力度。(各相关部门按职责分别负责)

三、鼓励发展平台经济新业态,加快培育新的增长点

(一)积极发展"互联网+服务业"。支持社会资本进入基于互联网的医疗健康、教育培训、养老家政、文化、旅游、体育等新兴服务领域,改造提升教育医疗等网络基础设施,扩大优质服务供给,满足群众多层次多样化需求。鼓励平台进一步拓展服务范围,加强品牌建设,提升服务品质,发展便民服务新业态,延伸产业链和带动扩大就业。鼓励商品交易市场顺应平台经济发展新趋势、新要求,提升流通创新能力,促进产销更好衔接。(教育部、民政部、商务部、文化和旅游部、卫生健康委、体育总局、工业和信息

化部等相关部门按职责分别负责）

（二）大力发展"互联网+生产"。适应产业升级需要，推动互联网平台与工业、农业生产深度融合，提升生产技术，提高创新服务能力，在实体经济中大力推广应用物联网、大数据，促进数字经济和数字产业发展，深入推进智能制造和服务型制造。深入推进工业互联网创新发展，加快跨行业、跨领域和企业级工业互联网平台建设及应用普及，实现各类生产设备与信息系统的广泛互联互通，推进制造资源、数据等集成共享，促进一二三产业、大中小企业融通发展。（工业和信息化部、农业农村部等相关部门按职责分别负责）

（三）深入推进"互联网+创业创新"。加快打造"双创"升级版，依托互联网平台完善全方位创业创新服务体系，实现线上线下良性互动、创业创新资源有机结合，鼓励平台开展创新任务众包，更多向中小企业开放共享资源，支撑中小企业开展技术、产品、管理模式、商业模式等创新，进一步提升创业创新效能。（发展改革委牵头，各相关部门按职责分别负责）

（四）加强网络支撑能力建设。深入实施"宽带中国"战略，加快5G等新一代信息基础设施建设，优化提升网络性能和速率，推进下一代互联网、广播电视网、物联网建设，进一步降低中小企业宽带平均资费水平，为平台经济发展提供有力支撑。（工业和信息化部、发展改革委等相关部门按职责分别负责）

四、优化平台经济发展环境，夯实新业态成长基础

（一）加强政府部门与平台数据共享。依托全国一体化在线政务服务平台、国家"互联网+监管"系统、国家数据共享交换平台、全国信用信息共享平台和国家企业信用信息公示系统，进一步归集市场主体基本信息和各类涉企许可信息，力争 2019 年上线运行全国一体化在线政务服务平台电子证照共享服务系统，为平台依法依规核验经营者、其他参与方的资质信息提供服务保障。（国务院办公厅、发展改革委、市场监管总局按职责分别负责）加强部门间数据共享，防止各级政府部门多头向平台索要数据。（发展改革委、中央网信办、市场监管总局、国务院办公厅等相关部门按职责分别负责）畅通政企数据双向流通机制，制定发布政府数据开放清单，探索建立数据资源确权、流通、交易、应用开发规则和流程，加强数据隐私保护和安全管理。（发展改革委、中央网信办等相关部门及各地区按职责分别负责）

（二）推动完善社会信用体系。加大全国信用信息共享平台开放力度，依法将可公开的信用信息与相关企业共享，支持平台提升管理水平。利用平台数据补充完善现有信用体系信息，加强对平台内失信主体的约束和惩戒。（发展改革委、市场监管总局负责）完善新业态信用体系，在网约车、共享单车、汽车分时租赁等领域，建立健全身份认证、双向评价、信用管理等机制，规范平台经济参与者行为。（发展改革委、交通运输部等相关部门按职责分别负责）

（三）营造良好的政策环境。各地区各部门要充分听取平台经济参与者的诉求，有针对性地研究提出解决措施，为平台创新发展和吸纳就业提供有力保障。（各地区、各部门负责）2019 年底前建成全国统一的电子发票公共服务平台，提供免费的增值税电子普通发票开具服务，加快研究推进增值税专用发票电子化工作。（税务总局负责）尽快制定电子商务法实施中的有关信息公示、零星小额交易等配套规则。（商务部、市场监管总局、司法部按职责分别负责）鼓励银行业金融机构基于互联网和大数据等技术手段，创新发展适应平台经济相关企业融资需求的金融产品和服务,为平台经济发展提供支持。允许有实力有条件的互联网平台申请保险兼业代理资质。(银保监会等相关部门按职责分别负责)推动平台经济监管与服务的国际交流合作,加强政策沟通,为平台企业走出去创造良好外部条件。(商务部等相关部门按职责分别负责)

五、切实保护平台经济参与者合法权益,强化平台经济发展法治保障

(一)保护平台、平台内经营者和平台从业人员等权益。督促平台按照公开、公平、公正的原则,建立健全交易规则和服务协议,明确进入和退出平台、商品和服务质量安全保障、平台从业人员权益保护、消费者权益保护等规定。(商务部、市场监管总局牵头,各相关部门按职责分别负责)抓紧研究完善平台企业用工和灵活就业等从业人员社保政策,开展职业伤害保障试点,积极推进全民参保计划,引导更多平台从业人员参保。加强对平台从业人员的职业技能培训,将其纳入职业技能提升行动。(人力资源社会保障部负责)强化知识产权保护意识。依法打击网络欺诈行为和以"打假"为名的敲诈勒索行为。(市场监管总局、知识产权局按职责分别负责)

(二)加强平台经济领域消费者权益保护。督促平台建立健全消费者投诉和举报机制,公开投诉举报电话,确保投诉举报电话有人接听,建立与市场监管部门投诉举报平台的信息共享机制,及时受理并处理投诉举报,鼓励行业组织依法依规建立消费者投诉和维权第三方平台。鼓励平台建立争议在线解决机制,制定并公示争议解决规则。依法严厉打击泄露和滥用用户信息等损害消费者权益行

为。(市场监管总局等相关部门按职责分别负责)

(三)完善平台经济相关法律法规。及时推动修订不适应平台经济发展的相关法律法规与政策规定,加快破除制约平台经济发展的体制机制障碍。(司法部等相关部门按职责分别负责)

涉及金融领域的互联网平台,其金融业务的市场准入管理和事中事后监管,按照法律法规和有关规定执行。设立金融机构、从事金融活动、提供金融信息中介和交易撮合服务,必须依法接受准入管理。

各地区、各部门要充分认识促进平台经济规范健康发展的重要意义,按照职责分工抓好贯彻落实,压实工作责任,完善工作机制,密切协作配合,切实解决平台经济发展面临的突出问题,推动各项政策措施及时落地见效,重大情况及时报国务院。

中国人民银行关于开展内地与香港债券市场互联互通南向合作的通知[①]

（2021年9月14日）

中国人民银行上海总部，国家开发银行，进出口银行，各国有商业银行，中国邮政储蓄银行，各股份制商业银行，北京银行、宁波银行、杭州银行、江苏银行、上海银行、徽商银行、南京银行、广州银行、洛阳银行、郑州银行、长沙银行、中原银行、青岛银行、厦门银行、贵阳银行、西安银行、齐鲁银行，渣打银行（中国）有限公司、汇丰银行（中国）有限公司、花旗银行（中国）有限公司、三菱日联银行（中国）有限公司，同业拆借中心、中央结算公司、交易商协会、上海清算所、跨境清算公司：

为规范开展内地与香港债券市场互联互通南向合作（以下简称"南向通"），便利境内债券市场机构投资者（以下简称境内投资者）有序配置全球债券，推动我国债券市场稳步实现高水平双向开放，根据《中华人民共和国中国人民银行法》等法律法规，现就"南向通"有关事宜通知如下：

一、本通知所称"南向通"，是指境内投资者经由内地与香港相关基础服务机构在债券交易、托管、结算等方面互联互通的机制安排，投资香港债券市场交易流通的债券。

本通知所称基础服务机构，是指经中国人民银行和香港金融管理局认可，为境内外投资者提供债券登记、存管、托管、交易、结

[①] 《中国人民银行关于开展内地与香港债券市场互联互通南向合作的通知》，中国政府网，2021年9月14日。

算、清算等基础性服务的机构，包括内地与香港两地的债券市场基础设施机构和托管清算银行。

二、"南向通"遵循内地与香港现行法律法规，相关交易结算活动遵守交易结算发生地的监管规定及业务规则。本通知另有规定的除外。

三、符合中国人民银行要求的境内投资者可通过"南向通"开展债券投资，标的债券为境外发行并在香港债券市场交易流通的所有券种。交易对手暂定为香港金融管理局指定的做市商。

境内投资者范围暂定为经中国人民银行认可的部分公开市场业务一级交易商。合格境内机构投资者（QDII）和人民币合格境内机构投资者（RQDII）也可通过"南向通"开展境外债券投资。

四、经中国人民银行认可的境内电子交易平台可与境外交易平台建立连接，为"南向通"提供交易服务。

五、经中国人民银行认可的境内债券登记结算机构，应在经香港金融管理局认可的香港地区债券登记结算机构开立名义持有人账户，用于记载代境内投资者名义持有的全部债券余额。

经中国人民银行认可的境内托管清算银行，应与香港债券登记结算机构或香港托管银行建立连接，为境内投资者提供债券托管结算等服务。

六、境内投资者可以自主选择通过境内债券登记结算机构或境内托管清算银行托管其债券资产。

选择境内债券登记结算机构托管债券的境内投资者，应通过境内电子交易平台与交易对手达成交易，并通过人民币跨境支付系统办理债券交易的资金支付。

七、境内投资者可通过"南向通"参与境外债券的发行认购。内地与香港相关基础服务机构应建立健全相关机制安排，做好衔接。

八、境内投资者可使用人民币或外汇参与"南向通",相关资金只可用于债券投资。

境内投资者不得通过"南向通"非法套汇。使用人民币投资外币债券的境内投资者,可通过银行间外汇市场办理外汇资金兑换和外汇风险对冲业务,投资的债券到期或卖出后境内投资者不再继续投资的,相关资金应汇回境内并兑换回人民币。

九、"南向通"跨境资金净流出额上限不超过年度总额度和每日额度。目前,"南向通"年度总额度为 5000 亿元等值人民币,每日额度为 200 亿元等值人民币。

十、内地与香港相关基础服务机构应真实、准确、完整、及时地记录境内外投资者的债券交易、托管、结算等明细数据信息。

中国人民银行上海总部应建立健全"南向通"运行监测机制,并及时、准确掌握"南向通"额度使用情况。内地与香港相关基础服务机构、境内外投资者应按照交易报告制度有关要求,向中国人民银行上海总部报送相关数据信息。内地相关基础服务机构和境内投资者应按照国际收支统计申报有关规定履行国际收支申报义务。

十一、中国人民银行依法对境内投资者参与"南向通"进行监督管理,并会同香港金融管理局持续健全内地与香港债券市场互联互通的监管合作安排,共同维护境内外投资者跨境投资的合法权益。

十二、中国人民银行会同外汇管理部门依法对境内投资者开展"南向通"业务的资金汇兑、资金汇出汇入、信息报送等进行监督管理,防范境内投资者通过"南向通"进行违法违规活动。

十三、内地相关基础服务机构应当根据本通知制定"南向通"相关业务细则或操作规程,报中国人民银行同意后实施。

十四、本通知自 2021 年 9 月 24 日起施行。

中华人民共和国国库券条例[①]

（1992年3月18日中华人民共和国国务院令第95号发布 根据2011年1月8日《国务院关于废止和修改部分行政法规的决定》修订）

第一条 为了筹集社会资金，进行社会主义现代化建设，制定本条例。

第二条 国库券的发行对象是：居民个人、个体工商户、企业、事业单位、机关、社会团体和其他组织。

第三条 国库券以人民币元为计算单位。

第四条 每年国库券的发行数额、利率、偿还期等，经国务院确定后，由财政部予以公告。

第五条 国库券发行采取承购包销、认购等方式。

国家下达的国库券发行计划，应当按期完成。

第六条 国库券按期偿还本金。国库券利息在偿还本金时一次付给，不计复利。

第七条 国库券的发行和还本付息事宜，在各级人民政府统一领导下，由财政部门和中国人民银行组织有关部门多渠道办理。

第八条 国库券可以用于抵押，但是不得作为货币流通。

第九条 国库券可以转让，但是应当在国家批准的交易场所办理。

第十条 发行国库券筹集的资金，由国务院统一安排使用。

第十一条 对伪造国库券的，依法追究刑事责任。

[①] 《中华人民共和国国库券条例》，《中华人民共和国国务院公报》，1981年第2期。

第十二条　国库券的利息收入享受免税待遇。

第十三条　本条例由财政部负责解释。实施细则由财政部商中国人民银行制定。

第十四条　本条例自发布之日起施行。

储蓄管理条例[①]

（1992年12月11日中华人民共和国国务院令第107号发布 根据2011年1月8日《国务院关于废止和修改部分行政法规的决定》修订）

第一章 总则

第一条 为了发展储蓄事业，保护储户的合法权益，加强储蓄管理，制定本条例。

第二条 凡在中国境内办理储蓄业务的储蓄机构和参加储蓄的个人，必须遵守本条例的规定。

第三条 本条例所称储蓄是指个人将属于其所有的人民币或者外币存入储蓄机构，储蓄机构开具存折或者存单作为凭证，个人凭存折或者存单可以支取存款本金和利息，储蓄机构依照规定支付存款本金和利息的活动。

任何单位和个人不得将公款以个人名义转为储蓄存款。

第四条 本条例所称储蓄机构是指经中国人民银行或其分支机构批准，各银行、信用合作社办理储蓄业务的机构，以及邮政企业依法办理储蓄业务的机构。

第五条 国家保护个人合法储蓄存款的所有权及其他合法权益，鼓励个人参加储蓄。

储蓄机构办理储蓄业务，必须遵循"存款自愿，取款自由，存款有息，为储户保密"的原则。

[①]《储蓄管理条例》，《中华人民共和国国务院公报》，增刊2011年第1号。

第六条　中国人民银行负责全国储蓄管理工作。

中国人民银行及其分支机构负责储蓄机构和储蓄业务的审批，协调、仲裁有关储蓄机构之间在储蓄业务方面的争议，监督、稽核储蓄机构的业务工作，纠正和处罚违反国家储蓄法律、法规和政策的行为。

第七条　中国人民银行经国务院批准，可以采取适当措施稳定储蓄，保护储户利益。

第八条　除储蓄机构外，任何单位和个人不得办理储蓄业务。

第二章　储蓄机构

第九条　储蓄机构的设置，应当遵循统一规划，方便群众，注重实效，确保安全的原则。

第十条　储蓄机构的设置，应当按照国家有关规定报中国人民银行或其分支机构批准，并申领《经营金融业务许可证》，但国家法律、行政法规另有规定的除外。

第十一条　储蓄机构的设置必须具备下列条件：

（一）有机构名称、组织机构和营业场所；

（二）熟悉储蓄业务的工作人员不少于四人；

（三）有必要的安全防范设备。

第十二条　经当地中国人民银行分支机构批准，储蓄机构可以设立储蓄代办点。储蓄代办点的管理办法，由中国人民银行规定。

第十三条　储蓄机构应当按照规定时间营业，不得擅自停业或者缩短营业时间。

第十四条　储蓄机构应当保证储蓄存款本金和利息的支付，不得违反规定拒绝支付储蓄存款本金和利息。

第十五条　储蓄机构不得使用不正当手段吸收储蓄存款。

第三章　储蓄业务

第十六条　储蓄机构可以办理下列人民币储蓄业务：

（一）活期储蓄存款；

（二）整存整取定期储蓄存款；

（三）零存整取定期储蓄存款；

（四）存本取息定期储蓄存款；

（五）整存零取定期储蓄存款；

（六）定活两便储蓄存款；

（七）华侨（人民币）整存整取定期储蓄存款；

（八）经中国人民银行批准开办的其他种类的储蓄存款。

第十七条　经外汇管理部门批准，储蓄机构可以办理下列外币储蓄业务：

（一）活期储蓄存款；

（二）整存整取定期储蓄存款；

（三）经中国人民银行批准开办的其他种类的外币储蓄存款。

办理外币储蓄业务，存款本金和利息应当用外币支付。

第十八条　储蓄机构办理定期储蓄存款时，根据储户的意愿，可以同时为储户办理定期储蓄存款到期自动转存业务。

第十九条　根据国家住房改革的有关政策和实际需要，经当地中国人民银行分支机构批准，储蓄机构可以办理个人住房储蓄业务。

第二十条　经中国人民银行或其分支机构批准，储蓄机构可以办理下列金融业务：

（一）发售和兑付以居民个人为发行对象的国库券、金融债券、企业债券等有价证券；

（二）个人定期储蓄存款存单小额抵押贷款业务；

（三）其他金融业务。

第二十一条　储蓄机构可以办理代发工资和代收房租、水电费等服务性业务。

第四章　储蓄存款利率和计息

第二十二条　储蓄存款利率由中国人民银行拟订，经国务院批准后公布，或者由国务院授权中国人民银行制定、公布。

第二十三条　储蓄机构必须挂牌公告储蓄存款利率，不得擅自变动。

第二十四条　未到期的定期储蓄存款，全部提前支取的，按支取日挂牌公告的活期储蓄存款利率计付利息；部分提前支取的，提前支取的部分按支取日挂牌公告的活期储蓄存款利率计付利息，其余部分到期时按存单开户日挂牌公告的定期储蓄存款利率计付利息。

第二十五条　逾期支取的定期储蓄存款，其超过原定存期的部分，除约定自动转存的外，按支取日挂牌公告的活期储蓄存款利率计付利息。

第二十六条　定期储蓄存款在存期内遇有利率调整，按存单开户日挂牌公告的相应的定期储蓄存款利率计付利息。

第二十七条　活期储蓄存款在存入期间遇有利率调整，按结息日挂牌公告的活期储蓄存款利率计付利息。全部支取活期储蓄存款，按清户日挂牌公告的活期储蓄存款利率计付利息。

第二十八条　储户认为储蓄存款利息支付有错误时，有权向经办的储蓄机构申请复核；经办的储蓄机构应当及时受理、复核。

第五章　提前支取、挂失、查询和过户

第二十九条　未到期的定期储蓄存款，储户提前支取的，必须持存单和存款人的身份证明办理；代储户支取的，代支取人还必须持其身份证明。

第三十条　存单、存折分为记名式和不记名式。记名式的存单、存折可以挂失，不记名式的存单、存折不能挂失。

第三十一条　储户遗失存单、存折或者预留印鉴的印章的，必须立即持本人身份证明，并提供储户的姓名、开户时间、储蓄种类、金额、账号及住址等有关情况，向其开户的储蓄机构书面申请挂失。在特殊情况下，储户可以用口头或者函电形式申请挂失，但必须在5天内补办书面申请挂失手续。

储蓄机构受理挂失后，必须立即停止支付该储蓄存款；受理挂失前该储蓄存款已被他人支取的，储蓄机构不负赔偿责任。

第三十二条　储蓄机构及其工作人员对储户的储蓄情况负有保密责任。

储蓄机构不代任何单位和个人查询、冻结或者划拨储蓄存款，国家法律、行政法规另有规定的除外。

第三十三条　储蓄存款的所有权发生争议，涉及办理过户的，储蓄机构依据人民法院发生法律效力的判决书、裁定书或者调解书办理过户手续。

第六章　法律责任

第三十四条　违反本条例规定，有下列行为之一的单位和个

人，由中国人民银行或其分支机构责令其纠正，并可以根据情节轻重处以罚款、停业整顿、吊销《经营金融业务许可证》；情节严重，构成犯罪的，依法追究刑事责任：

（一）擅自开办储蓄业务的；

（二）擅自设置储蓄机构的；

（三）储蓄机构擅自开办新的储蓄种类的；

（四）储蓄机构擅自办理本条例规定以外的其他金融业务的；

（五）擅自停业或者缩短营业时间的；

（六）储蓄机构采取不正当手段吸收储蓄存款的；

（七）违反国家利率规定，擅自变动储蓄存款利率的；

（八）泄露储户储蓄情况或者未经法定程序代为查询、冻结、划拨储蓄存款的；

（九）其他违反国家储蓄法律、法规和政策的。

违反本条例第三条第二款规定的，依照国家有关规定予以处罚。

第三十五条　对处罚决定不服的，当事人可以依照《中华人民共和国行政复议法》的规定申请复议。对复议决定不服的，当事人可以依照《中华人民共和国行政诉讼法》的规定向人民法院提起诉讼。

第三十六条　复议申请人逾期不起诉又不履行复议决定的，依照《中华人民共和国行政复议法》的规定执行。

第三十七条　储蓄机构违反国家有关规定，侵犯储户合法权益，造成损失的，应当依法承担赔偿责任。

第七章　附则

第三十八条　本条例施行前的定期储蓄存款，在原定存期内，依照本条例施行前国家有关规定办理计息事宜。

第三十九条　本条例由中国人民银行负责解释，实施细则由中国人民银行制定。

第四十条　本条例自 1993 年 3 月 1 日起施行。1980 年 5 月 28 日中国人民银行发布的《中国人民银行储蓄存款章程》同时废止。

中华人民共和国外汇管理条例[①]

（1996年1月29日中华人民共和国国务院令第193号发布 根据1997年1月14日《国务院关于修改〈中华人民共和国外汇管理条例〉的决定》修订 2008年8月1日国务院第20次常务会议修订通过 2008年8月5日中华人民共和国国务院令第532号公布 自颁布之日起施行）

第一章 总则

第一条 为了加强外汇管理，促进国际收支平衡，促进国民经济健康发展，制定本条例。

第二条 国务院外汇管理部门及其分支机构（以下统称外汇管理机关）依法履行外汇管理职责，负责本条例的实施。

第三条 本条例所称外汇，是指下列以外币表示的可以用作国际清偿的支付手段和资产：

（一）外币现钞，包括纸币、铸币；

（二）外币支付凭证或者支付工具，包括票据、银行存款凭证、银行卡等；

（三）外币有价证券，包括债券、股票等；

（四）特别提款权；

（五）其他外汇资产。

第四条 境内机构、境内个人的外汇收支或者外汇经营活动，

[①]《中华人民共和国外汇管理条例》，国家法律法规数据库，2008年8月5日。

以及境外机构、境外个人在境内的外汇收支或者外汇经营活动，适用本条例。

第五条　国家对经常性国际支付和转移不予限制。

第六条　国家实行国际收支统计申报制度。

国务院外汇管理部门应当对国际收支进行统计、监测，定期公布国际收支状况。

第七条　经营外汇业务的金融机构应当按照国务院外汇管理部门的规定为客户开立外汇账户，并通过外汇账户办理外汇业务。

经营外汇业务的金融机构应当依法向外汇管理机关报送客户的外汇收支及账户变动情况。

第八条　中华人民共和国境内禁止外币流通，并不得以外币计价结算，但国家另有规定的除外。

第九条　境内机构、境内个人的外汇收入可以调回境内或者存放境外；调回境内或者存放境外的条件、期限等，由国务院外汇管理部门根据国际收支状况和外汇管理的需要作出规定。

第十条　国务院外汇管理部门依法持有、管理、经营国家外汇储备，遵循安全、流动、增值的原则。

第十一条　国际收支出现或者可能出现严重失衡，以及国民经济出现或者可能出现严重危机时，国家可以对国际收支采取必要的保障、控制等措施。

第二章　经常项目外汇管理

第十二条　经常项目外汇收支应当具有真实、合法的交易基础。经营结汇、售汇业务的金融机构应当按照国务院外汇管理部门的规定，对交易单证的真实性及其与外汇收支的一致性进行合理审查。

外汇管理机关有权对前款规定事项进行监督检查。

第十三条　经常项目外汇收入，可以按照国家有关规定保留或者卖给经营结汇、售汇业务的金融机构。

第十四条　经常项目外汇支出，应当按照国务院外汇管理部门关于付汇与购汇的管理规定，凭有效单证以自有外汇支付或者向经营结汇、售汇业务的金融机构购汇支付。

第十五条　携带、申报外币现钞出入境的限额，由国务院外汇管理部门规定。

第三章　资本项目外汇管理

第十六条　境外机构、境外个人在境内直接投资，经有关主管部门批准后，应当到外汇管理机关办理登记。

境外机构、境外个人在境内从事有价证券或者衍生产品发行、交易，应当遵守国家关于市场准入的规定，并按照国务院外汇管理部门的规定办理登记。

第十七条　境内机构、境内个人向境外直接投资或者从事境外有价证券、衍生产品发行、交易，应当按照国务院外汇管理部门的规定办理登记。国家规定需要事先经有关主管部门批准或者备案的，应当在外汇登记前办理批准或者备案手续。

第十八条　国家对外债实行规模管理。借用外债应当按照国家有关规定办理，并到外汇管理机关办理外债登记。

国务院外汇管理部门负责全国的外债统计与监测，并定期公布外债情况。

第十九条　提供对外担保，应当向外汇管理机关提出申请，由外汇管理机关根据申请人的资产负债等情况作出批准或者不批准的决定；国家规定其经营范围需经有关主管部门批准的，应当在向外汇管理机关提出申请前办理批准手续。申请人签订对外担保合同后，应当到外汇管理机关办理对外担保登记。

经国务院批准为使用外国政府或者国际金融组织贷款进行转贷提供对外担保的，不适用前款规定。

第二十条　银行业金融机构在经批准的经营范围内可以直接向境外提供商业贷款。其他境内机构向境外提供商业贷款，应当向外汇管理机关提出申请，外汇管理机关根据申请人的资产负债等情况作出批准或者不批准的决定；国家规定其经营范围需经有关主管部门批准的，应当在向外汇管理机关提出申请前办理批准手续。

向境外提供商业贷款，应当按照国务院外汇管理部门的规定办理登记。

第二十一条　资本项目外汇收入保留或者卖给经营结汇、售汇业务的金融机构，应当经外汇管理机关批准，但国家规定无需批准的除外。

第二十二条　资本项目外汇支出，应当按照国务院外汇管理部门关于付汇与购汇的管理规定，凭有效单证以自有外汇支付或者向经营结汇、售汇业务的金融机构购汇支付。国家规定应当经外汇管理机关批准的，应当在外汇支付前办理批准手续。

依法终止的外商投资企业，按照国家有关规定进行清算、纳税后，属于外方投资者所有的人民币，可以向经营结汇、售汇业务的金融机构购汇汇出。

第二十三条　资本项目外汇及结汇资金，应当按照有关主管部门及外汇管理机关批准的用途使用。外汇管理机关有权对资本项目外汇及结汇资金使用和账户变动情况进行监督检查。

第四章　金融机构外汇业务管理

第二十四条　金融机构经营或者终止经营结汇、售汇业务，应当经外汇管理机关批准；经营或者终止经营其他外汇业务，应当按照职责分工经外汇管理机关或者金融业监督管理机构批准。

第二十五条　外汇管理机关对金融机构外汇业务实行综合头寸管理，具体办法由国务院外汇管理部门制定。

第二十六条　金融机构的资本金、利润以及因本外币资产不匹配需要进行人民币与外币间转换的，应当经外汇管理机关批准。

第五章　人民币汇率和外汇市场管理

第二十七条　人民币汇率实行以市场供求为基础的、有管理的浮动汇率制度。

第二十八条　经营结汇、售汇业务的金融机构和符合国务院外汇管理部门规定条件的其他机构，可以按照国务院外汇管理部门的规定在银行间外汇市场进行外汇交易。

第二十九条　外汇市场交易应当遵循公开、公平、公正和诚实信用的原则。

第三十条　外汇市场交易的币种和形式由国务院外汇管理部门规定。

第三十一条　国务院外汇管理部门依法监督管理全国的外汇市场。

第三十二条　国务院外汇管理部门可以根据外汇市场的变化和货币政策的要求，依法对外汇市场进行调节。

第六章 监督管理

第三十三条 外汇管理机关依法履行职责,有权采取下列措施:

(一)对经营外汇业务的金融机构进行现场检查;

(二)进入涉嫌外汇违法行为发生场所调查取证;

(三)询问有外汇收支或者外汇经营活动的机构和个人,要求其对与被调查外汇违法事件直接有关的事项作出说明;

(四)查阅、复制与被调查外汇违法事件直接有关的交易单证等资料;

(五)查阅、复制被调查外汇违法事件的当事人和直接有关的单位、个人的财务会计资料及相关文件,对可能被转移、隐匿或者毁损的文件和资料,可以予以封存;

(六)经国务院外汇管理部门或者省级外汇管理机关负责人批准,查询被调查外汇违法事件的当事人和直接有关的单位、个人的账户,但个人储蓄存款账户除外;

(七)对有证据证明已经或者可能转移、隐匿违法资金等涉案财产或者隐匿、伪造、毁损重要证据的,可以申请人民法院冻结或者查封。

有关单位和个人应当配合外汇管理机关的监督检查,如实说明有关情况并提供有关文件、资料,不得拒绝、阻碍和隐瞒。

第三十四条 外汇管理机关依法进行监督检查或者调查,监督检查或者调查的人员不得少于2人,并应当出示证件。监督检查、调查的人员少于2人或者未出示证件的,被监督检查、调查的单位和个人有权拒绝。

第三十五条 有外汇经营活动的境内机构,应当按照国务院外汇管理部门的规定报送财务会计报告、统计报表等资料。

第三十六条　经营外汇业务的金融机构发现客户有外汇违法行为的，应当及时向外汇管理机关报告。

第三十七条　国务院外汇管理部门为履行外汇管理职责，可以从国务院有关部门、机构获取所必需的信息，国务院有关部门、机构应当提供。

国务院外汇管理部门应当向国务院有关部门、机构通报外汇管理工作情况。

第三十八条　任何单位和个人都有权举报外汇违法行为。

外汇管理机关应当为举报人保密，并按照规定对举报人或者协助查处外汇违法行为有功的单位和个人给予奖励。

第七章　法律责任

第三十九条　有违反规定将境内外汇转移境外，或者以欺骗手段将境内资本转移境外等逃汇行为的，由外汇管理机关责令限期调回外汇，处逃汇金额30%以下的罚款；情节严重的，处逃汇金额30%以上等值以下的罚款；构成犯罪的，依法追究刑事责任。

第四十条　有违反规定以外汇收付应当以人民币收付的款项，或者以虚假、无效的交易单证等向经营结汇、售汇业务的金融机构骗购外汇等非法套汇行为的，由外汇管理机关责令对非法套汇资金予以回兑，处非法套汇金额30%以下的罚款；情节严重的，处非法套汇金额30%以上等值以下的罚款；构成犯罪的，依法追究刑事责任。

第四十一条　违反规定将外汇汇入境内的，由外汇管理机关责令改正，处违法金额30%以下的罚款；情节严重的，处违法金额

30%以上等值以下的罚款。

非法结汇的，由外汇管理机关责令对非法结汇资金予以回兑，处违法金额30%以下的罚款。

第四十二条　违反规定携带外汇出入境的，由外汇管理机关给予警告，可以处违法金额20%以下的罚款。法律、行政法规规定由海关予以处罚的，从其规定。

第四十三条　有擅自对外借款、在境外发行债券或者提供对外担保等违反外债管理行为的，由外汇管理机关给予警告，处违法金额30%以下的罚款。

第四十四条　违反规定，擅自改变外汇或者结汇资金用途的，由外汇管理机关责令改正，没收违法所得，处违法金额30%以下的罚款；情节严重的，处违法金额30%以上等值以下的罚款。

有违反规定以外币在境内计价结算或者划转外汇等非法使用外汇行为的，由外汇管理机关责令改正，给予警告，可以处违法金额30%以下的罚款。

第四十五条　私自买卖外汇、变相买卖外汇、倒买倒卖外汇或者非法介绍买卖外汇数额较大的，由外汇管理机关给予警告，没收违法所得，处违法金额30%以下的罚款；情节严重的，处违法金额30%以上等值以下的罚款；构成犯罪的，依法追究刑事责任。

第四十六条　未经批准擅自经营结汇、售汇业务的，由外汇管理机关责令改正，有违法所得的，没收违法所得，违法所得50万元以上的，并处违法所得1倍以上5倍以下的罚款；没有违法所得或者违法所得不足50万元的，处50万元以上200万元以下的罚款；情节严重的，由有关主管部门责令停业整顿或者吊销业务许可证；构成犯罪的，依法追究刑事责任。

未经批准经营结汇、售汇业务以外的其他外汇业务的，由外汇管理机关或者金融业监督管理机构依照前款规定予以处罚。

第四十七条　金融机构有下列情形之一的，由外汇管理机关责令限期改正，没收违法所得，并处20万元以上100万元以下的罚款；情节严重或者逾期不改正的，由外汇管理机关责令停止经营相关业务：

（一）办理经常项目资金收付，未对交易单证的真实性及其与外汇收支的一致性进行合理审查的；

（二）违反规定办理资本项目资金收付的；

（三）违反规定办理结汇、售汇业务的；

（四）违反外汇业务综合头寸管理的；

（五）违反外汇市场交易管理的。

第四十八条　有下列情形之一的，由外汇管理机关责令改正，给予警告，对机构可以处30万元以下的罚款，对个人可以处5万元以下的罚款：

（一）未按照规定进行国际收支统计申报的；

（二）未按照规定报送财务会计报告、统计报表等资料的；

（三）未按照规定提交有效单证或者提交的单证不真实的；

（四）违反外汇账户管理规定的；

（五）违反外汇登记管理规定的；

（六）拒绝、阻碍外汇管理机关依法进行监督检查或者调查的。

第四十九条　境内机构违反外汇管理规定的，除依照本条例给予处罚外，对直接负责的主管人员和其他直接责任人员，应当给予处分；对金融机构负有直接责任的董事、监事、高级管理人员和其他直接责任人员给予警告，处5万元以上50万元以下的罚款；构成犯罪的，依法追究刑事责任。

第五十条　外汇管理机关工作人员徇私舞弊、滥用职权、玩忽职守，构成犯罪的，依法追究刑事责任；尚不构成犯罪的，依法给予处分。

第五十一条　当事人对外汇管理机关作出的具体行政行为不服的，可以依法申请行政复议；对行政复议决定仍不服的，可以依法向人民法院提起行政诉讼。

第八章　附则

第五十二条　本条例下列用语的含义：

（一）境内机构，是指中华人民共和国境内的国家机关、企业、事业单位、社会团体、部队等，外国驻华外交领事机构和国际组织驻华代表机构除外。

（二）境内个人，是指中国公民和在中华人民共和国境内连续居住满1年的外国人，外国驻华外交人员和国际组织驻华代表除外。

（三）经常项目，是指国际收支中涉及货物、服务、收益及经常转移的交易项目等。

（四）资本项目，是指国际收支中引起对外资产和负债水平发生变化的交易项目，包括资本转移、直接投资、证券投资、衍生产品及贷款等。

第五十三条　非金融机构经营结汇、售汇业务，应当由国务院外汇管理部门批准，具体管理办法由国务院外汇管理部门另行制定。

第五十四条　本条例自公布之日起施行。

人民币利率管理规定[①]

（1999年3月3日银发〔1999〕77号文印发，

自1999年4月1日起实施）

第一章　总则

第一条　为有效发挥利率杠杆对国民经济的调节作用，加强利率管理，维护正常的金融秩序，创造公平有序的竞争环境，根据《中华人民共和国中国人民银行法》、《中华人民共和国商业银行法》及其他相关法律、法规制定本规定。

第二条　凡在中华人民共和国境内（不含香港、澳门、台湾）经营人民币存、贷款业务的金融机构，邮政储蓄部门，其他法人、自然人和其他组织，均遵守本规定。

第三条　中国人民银行是经国务院授权的利率主管机关，代表国家依法行使利率管理权，其他任何单位和个人不得干预。

第四条　中国人民银行制定的各种利率是法定利率。法定利率具有法律效力，其他任何单位和个人均无权变动。

第二章　利率的制定与管理

第五条　中国人民银行制定、调整以下利率：

（一）中国人民银行对金融机构存、贷款利率和再贴现利率；

（二）金融机构存、贷款利率；

[①]《人民币利率管理规定》，中国人民银行网站，2019年4月1日。

（三）优惠贷款利率；

（四）罚息利率；

（五）同业存款利率；

（六）利率浮动幅度；

（七）其他。

第六条　金融机构根据中国人民银行的有关规定确定以下利率：

（一）浮动利率；

（二）内部资金往来利率；

（三）同业拆借利率；

（四）贴现利率和转贴现利率；

（五）中国人民银行允许确定的其他利率。

第七条　中国人民银行总行履行下列利率管理职责：

（一）根据国民经济发展的需要和货币政策要求，制定利率政策和利率管理法规并组织实施；

（二）领导中国人民银行分支机构的利率管理工作；

（三）监督、检查金融机构执行国家利率政策、法规的情况；

（四）协调、处理金融机构的利率纠纷和利率违规行为；

（五）宣传、解释国家的利率政策及相关法规；

（六）研究、制定、实施国家的利率改革规划；

（七）监测、调控金融市场利率；

（八）其他利率管理工作。

第八条　中国人民银行分支机构在中国人民银行总行授权的范围内履行下列利率管理职责：

（一）实施对辖区内金融机构的利率管理，指导下级行的利率管理工作；

（二）及时转发中国人民银行总行的有关文件，对有关利率调整等内容的重要文件，应在生效日之前传送到辖区内金融机构，并严守机密；

（三）监督、检查辖区内金融机构执行利率政策的情况，处理利率违规行为，并及时向上级行报告本辖区内利率政策执行情况；

（四）建立和完善利率违规举报制度，加强社会监督；

（五）宣传、解释国家的利率政策及相关法规；

（六）组织有关利率政策的调查研究；

（七）完成上级行安排的其他利率管理工作。

第九条　金融机构履行下列职责：

（一）协助和配合中国人民银行进行利率管理工作，宣传、贯彻、执行国家利率政策；

（二）系统内发布的有关利率的文件必须抄送辖区内中国人民银行，凡与中国人民银行有关规定不一致的内容，以中国人民银行的规定为准；

（三）严格执行国家的利率政策和相关法规，加强自身及所辖分支机构的利率管理，发现问题应主动处理；

（四）自觉接受并主动配合中国人民银行的利率管理和检查，提供真实的相关资料；

（五）在营业场所挂牌公告法定利率水平；

（六）对利率政策执行过程中出现的问题及时向中国人民银行报告。

第十条　利率管理人员应当坚持原则，依法办事，不得徇私舞弊，泄露机密，玩忽职守。

第三章 存款的结息

第十一条 城乡居民储蓄存款的计息和结息按《储蓄管理条例》有关条款办理。

活期储蓄存款每年结息一次，六月三十日为结息日，结息后的利息并入本金起息，元以下尾数不计息。未到结息日清户时，按清户日挂牌公告的利率计息到清户前一日止。

定期储蓄存款按存入日挂牌公告的利率计息，利随本清，遇利率调整不分段计息。

定活两便储蓄存款按支取日挂牌公告的一年期以内（含一年）相应档次的定期整存整取存款利率打折计息，打折后低于活期存款利率时，按活期存款利率计息。

通知存款的计息和结息按《通知存款管理办法》执行。

大额可转让定期存单在存期内按照存单开户日银行挂牌公告的利率计息，利随本清，遇利率调整不分段计息，逾期期间不计息。

第十二条 单位存款的计息和结息按《人民币单位存款管理办法》的有关条款办理。

活期存款按季结息，每季末月的二十日为结息日。

单位通知存款计息和结息按《通知存款管理办法》执行。

单位协定存款按结息日或清户日挂牌公告的利率计息，按季结息。

第十三条 金融机构经中国人民银行批准收取的保证金，按照单位存款计息、结息。

第十四条 职工个人住房公积金存款，当年归集的按结息日挂牌公告的活期存款利率计息，结息后转入上年结转户；上年结转的按结息日挂牌公告的三个月定期整存整取存款利率计息。公积金存款的结息日为每年的六月三十日。

第十五条　金融机构的准备金存款按季结息，每季度末月的二十日为结息日，按结息日的利率计息，遇利率调整不分段计息。

对欠交准备金的金融机构，从欠交之日起按罚息利率计收罚息，直至交足准备金止，遇罚息利率调整分段计息。

第十六条　邮政储蓄转存款，按季结息，每季度末月的二十日为结息日，遇利率调整分段计息。

第十七条　保险公司在中国人民银行的保证金存款按金融机构准备金存款利率计息，在其他金融机构的存款按单位存款利率计息。

第十八条　金融机构按规定全额划缴中国人民银行的财政存款一律不计息，不划缴的部分按单位存款利率计息。

第十九条　金融机构同业存款利率，最高不得超过准备金存款利率，计息和结息同第十五条。

第四章　贷款的结息

第二十条　短期贷款（期限在一年以下，含一年），按贷款合同签定日的相应档次的法定贷款利率计息。贷款合同期内，遇利率调整不分段计息。

短期贷款按季结息的，每季度末月的二十日为结息日；按月结息的，每月的二十日为结息日。具体结息方式由借贷双方协商确定。对贷款期内不能按期支付的利息按贷款合同利率按季或按月计收复利，贷款逾期后改按罚息利率计收复利。最后一笔贷款清偿时，利随本清。

第二十一条　中长期贷款（期限在一年以上）利率实行一年一

定。贷款（包括贷款合同生效日起一年内应分笔拨付的所有资金）根据贷款合同确定的期限，按贷款合同生效日相应档次的法定贷款利率计息，每满一年后（分笔拨付的以第一笔贷款的发放日为准），再按当时相应档次的法定贷款利率确定下一年度利率。中长期贷款按季结息，每季度末月二十日为结息日。对贷款期内不能按期支付的利息按合同利率按季计收复利，贷款逾期后改按罚息利率计收复利。

第二十二条 贴现按贴现日确定的贴现利率一次性收取利息。

第二十三条 信托贷款利率由委托双方在不超过同期同档次法定贷款利率水平（含浮动）的范围内协商确定；租赁贷款利率按同期同档次法定贷款利率（含浮动）执行。

第二十四条 贷款展期，期限累计计算，累计期限达到新的利率期限档次时，自展期之日起，按展期日挂牌的同档次利率计息；达不到新的期限档次时，按展期日的原档次利率计息。

第二十五条 逾期贷款或挤占挪用贷款，从逾期或挤占挪用之日起，按罚息利率计收罚息，直到清偿本息为止，遇罚息利率调整分段计息。对贷款逾期或挪用期间不能按期支付的利息按罚息利率按季（短期贷款也可按月）计收复利。如同一笔贷款既逾期又挤占挪用，应择其重，不能并处。

第二十六条 借款人在借款合同到期日之前归还借款时，贷款人有权按原贷款合同向借款人收取利息。

第二十七条 个人住房贷款利率及其计结息办法按《个人住房贷款管理办法》有关规定执行，贷款逾期按本规定第二十五条办理。

第二十八条 中国人民银行对金融机构再贷款按合同利率计息，遇利率调整不分段计息。按季结息，每季度末月二十日为结息日。对贷款期内不能按期支付的利息按合同利率计收复利。

再贷款展期，贷款期限不累计计算，按展期日相应档次的再贷款利率计息。再贷款逾期，按逾期日的罚息利率计收罚息，直到归还本息，遇罚息利率调整分段计息。对逾期期间不能按期支付的利息按罚息利率按季计收复利。

第二十九条 再贴现按再贴现日的再贴现利率一次性收取利息。

第五章 罚则

第三十条 有下列行为之一的，属于利率违规行为：

（一）擅自提高或降低存、贷款利率的；

（二）变相提高或降低存、贷款利率的；

（三）擅自或变相以高利率发行债券的；

（四）其他违反本规定和国家利率政策的。

第三十一条 对存在上述利率违规行为的金融机构，中国人民银行将视其情节及所致后果轻重，依照有关法律法规给予相应处罚。

第三十二条 金融机构违反国家法律法规和利率政策而多收的贷款利息或少付的存款利息，以及个人、法人及其他组织因金融机构违规而多收的存款利息或少付的贷款利息，不受法律保护。

第三十三条 金融机构因非不可抗力拖延或拒绝支付存款人已到期合法存款的，未付期间按该笔存款原存单利率对存款人支付利息。

第三十四条 对违反《企业债券管理条例》，擅自或变相对高利率发行债券的企业，辖区内中国人民银行有权制止，并会同有关部门依照《企业债券管理条例》等有关法规进行处罚。

第三十五条　对违反本规定的金融机构的主要负责人、业务部门负责人及直接业务人员，视情节轻重和造成危害的程度，按照中国人民银行《关于对金融机构违法违规经营责任人的行政处分规定》给予相应处分。

第三十六条　违反利率管理规定的当事人，对中国人民银行做出的处罚不服的，可以按《行政复议条例》有关规定向上一级人民银行申请复议。

第六章　附则

第三十七条　本规定由中国人民银行总行负责解释、说明和修改。

第三十八条　本规定自一九九九年四月一日起实行。此前凡与本规定相抵触的，皆以本规定为准。

中华人民共和国人民币管理条例[①]

（2000年2月3日中华人民共和国国务院令第280号发布 根据2014年7月29日《国务院关于修改部分行政法规的决定》第一次修订 根据2018年3月19日《国务院关于修改和废止部分行政法规的决定》第二次修订）

第一章 总则

第一条 为了加强对人民币的管理，维护人民币的信誉，稳定金融秩序，根据《中华人民共和国中国人民银行法》，制定本条例。

第二条 本条例所称人民币，是指中国人民银行依法发行的货币，包括纸币和硬币。

从事人民币的设计、印制、发行、流通和回收等活动，应当遵守本条例。

第三条 中华人民共和国的法定货币是人民币。以人民币支付中华人民共和国境内的一切公共的和私人的债务，任何单位和个人不得拒收。

第四条 人民币的单位为元，人民币辅币单位为角、分。1元等于10角，1角等于10分。

人民币依其面额支付。

第五条 中国人民银行是国家管理人民币的主管机关，负责本条例的组织实施。

第六条 任何单位和个人都应当爱护人民币。禁止损害人民币

[①] 《中华人民共和国人民币管理条例》，《中华人民共和国国务院公报》，增刊2019年第1期。

和妨碍人民币流通。

第二章　设计和印制

第七条　新版人民币由中国人民银行组织设计，报国务院批准。

第八条　人民币由中国人民银行指定的专门企业印制。

第九条　印制人民币的企业应当按照中国人民银行制定的人民币质量标准和印制计划印制人民币。

第十条　印制人民币的企业应当将合格的人民币产品全部解缴中国人民银行人民币发行库，将不合格的人民币产品按照中国人民银行的规定全部销毁。

第十一条　印制人民币的原版、原模使用完毕后，由中国人民银行封存。

第十二条　印制人民币的特殊材料、技术、工艺、专用设备等重要事项属于国家秘密。印制人民币的企业和有关人员应当保守国家秘密；未经中国人民银行批准，任何单位和个人不得对外提供。

第十三条　除中国人民银行指定的印制人民币的企业外，任何单位和个人不得研制、仿制、引进、销售、购买和使用印制人民币所特有的防伪材料、防伪技术、防伪工艺和专用设备。有关管理办法由中国人民银行另行制定。

第十四条　人民币样币是检验人民币印制质量和鉴别人民币真伪的标准样本，由印制人民币的企业按照中国人民银行的规定印制。人民币样币上应当加印"样币"字样。

第三章　发行和回收

第十五条　人民币由中国人民银行统一发行。

第十六条　中国人民银行发行新版人民币，应当报国务院批准。

中国人民银行应当将新版人民币的发行时间、面额、图案、式样、规格、主色调、主要特征等予以公告。

中国人民银行不得在新版人民币发行公告发布前将新版人民币支付给金融机构。

第十七条　因防伪或者其他原因，需要改变人民币的印制材料、技术或者工艺的，由中国人民银行决定。

中国人民银行应当将改版后的人民币的发行时间、面额、主要特征等予以公告。

中国人民银行不得在改版人民币发行公告发布前将改版人民币支付给金融机构。

第十八条　中国人民银行可以根据需要发行纪念币。

纪念币是具有特定主题的限量发行的人民币，包括普通纪念币和贵金属纪念币。

第十九条　纪念币的主题、面额、图案、材质、式样、规格、发行数量、发行时间等由中国人民银行确定；但是，纪念币的主题涉及重大政治、历史题材的，应当报国务院批准。

中国人民银行应当将纪念币的主题、面额、图案、材质、式样、规格、发行数量、发行时间等予以公告。

中国人民银行不得在纪念币发行公告发布前将纪念币支付给金融机构。

第二十条　中国人民银行设立人民币发行库，在其分支机构设立分支库，负责保管人民币发行基金。各级人民币发行库主任由同级中国人民银行行长担任。

人民币发行基金是中国人民银行人民币发行库保存的未进入流

通的人民币。

人民币发行基金的调拨，应当按照中国人民银行的规定办理。任何单位和个人不得违反规定动用人民币发行基金，不得干扰、阻碍人民币发行基金的调拨。

第二十一条　特定版别的人民币的停止流通，应当报国务院批准，并由中国人民银行公告。

办理人民币存取款业务的金融机构应当按照中国人民银行的规定，收兑停止流通的人民币，并将其交存当地中国人民银行。

中国人民银行不得将停止流通的人民币支付给金融机构，金融机构不得将停止流通的人民币对外支付。

第二十二条　办理人民币存取款业务的金融机构应当按照中国人民银行的规定，无偿为公众兑换残缺、污损的人民币，挑剔残缺、污损的人民币，并将其交存当地中国人民银行。

中国人民银行不得将残缺、污损的人民币支付给金融机构，金融机构不得将残缺、污损的人民币对外支付。

第二十三条　停止流通的人民币和残缺、污损的人民币，由中国人民银行负责回收、销毁。具体办法由中国人民银行制定。

第四章　流通和保护

第二十四条　办理人民币存取款业务的金融机构应当根据合理需要的原则，办理人民币券别调剂业务。

第二十五条　禁止非法买卖流通人民币。

纪念币的买卖，应当遵守中国人民银行的有关规定。

第二十六条　禁止下列损害人民币的行为：

（一）故意毁损人民币；

（二）制作、仿制、买卖人民币图样；

（三）未经中国人民银行批准，在宣传品、出版物或者其他商品上使用人民币图样；

（四）中国人民银行规定的其他损害人民币的行为。

前款人民币图样包括放大、缩小和同样大小的人民币图样。

第二十七条　人民币样币禁止流通。

人民币样币的管理办法，由中国人民银行制定。

第二十八条　任何单位和个人不得印制、发售代币票券，以代替人民币在市场上流通。

第二十九条　中国公民出入境、外国人入出境携带人民币实行限额管理制度，具体限额由中国人民银行规定。

第三十条　禁止伪造、变造人民币。禁止出售、购买伪造、变造的人民币。禁止走私、运输、持有、使用伪造、变造的人民币。

第三十一条　单位和个人持有伪造、变造的人民币的，应当及时上交中国人民银行、公安机关或者办理人民币存取款业务的金融机构；发现他人持有伪造、变造的人民币的，应当立即向公安机关报告。

第三十二条　中国人民银行、公安机关发现伪造、变造的人民币，应当予以没收，加盖"假币"字样的戳记，并登记造册；持有人对公安机关没收的人民币的真伪有异议的，可以向中国人民银行申请鉴定。

公安机关应当将没收的伪造、变造的人民币解缴当地中国人民银行。

第三十三条　办理人民币存取款业务的金融机构发现伪造、变造的人民币，数量较多、有新版的伪造人民币或者有其他制造贩卖伪造、变造的人民币线索的,应当立即报告公安机关;数量较少的,由该金融机构两名以上工作人员当面予以收缴,加盖"假币"字样的戳记,登记造册,向持有人出具中国人民银行统一印制的收缴凭证,并告知持有人可以向中国人民银行或者向中国人民银行授权的国有独资商业银行的业务机构申请鉴定。对伪造、变造的人民币收缴及鉴定的具体办法,由中国人民银行制定。

办理人民币存取款业务的金融机构应当将收缴的伪造、变造的人民币解缴当地中国人民银行。

第三十四条 中国人民银行和中国人民银行授权的国有独资商业银行的业务机构应当无偿提供鉴定人民币真伪的服务。

对盖有"假币"字样戳记的人民币,经鉴定为真币的,由中国人民银行或者中国人民银行授权的国有独资商业银行的业务机构按照面额予以兑换;经鉴定为假币的,由中国人民银行或者中国人民银行授权的国有独资商业银行的业务机构予以没收。

中国人民银行授权的国有独资商业银行的业务机构应当将没收的伪造、变造的人民币解缴当地中国人民银行。

第三十五条 办理人民币存取款业务的金融机构应当采取有效措施,防止以伪造、变造的人民币对外支付。

办理人民币存取款业务的金融机构应当在营业场所无偿提供鉴别人民币真伪的服务。

第三十六条 伪造、变造的人民币由中国人民银行统一销毁。

第三十七条 人民币反假鉴别仪应当按照国家规定标准生产。

人民币反假鉴别仪国家标准,由中国人民银行会同有关部门制定,并协助组织实施。

第三十八条 人民币有下列情形之一的,不得流通:

（一）不能兑换的残缺、污损的人民币；

（二）停止流通的人民币。

第五章　罚则

第三十九条　印制人民币的企业和有关人员有下列情形之一的，由中国人民银行给予警告，没收违法所得，并处违法所得1倍以上3倍以下的罚款，没有违法所得的，处1万元以上10万元以下的罚款；对直接负责的主管人员和其他直接责任人员，依法给予纪律处分：

（一）未按照中国人民银行制定的人民币质量标准和印制计划印制人民币的；

（二）未将合格的人民币产品全部解缴中国人民银行人民币发行库的；

（三）未按照中国人民银行的规定将不合格的人民币产品全部销毁的；

（四）未经中国人民银行批准，擅自对外提供印制人民币的特殊材料、技术、工艺或者专用设备等国家秘密的。

第四十条　违反本条例第十三条规定的，由工商行政管理机关和其他有关行政执法机关给予警告，没收违法所得和非法财物，并处违法所得1倍以上3倍以下的罚款；没有违法所得的，处2万元以上20万元以下的罚款。

第四十一条　办理人民币存取款业务的金融机构违反本条例第二十一条第二款、第三款和第二十二条规定的，由中国人民银行给予警告，并处1000元以上5000元以下的罚款；对直接负责的主管人员和其他直接责任人员，依法给予纪律处分。

第四十二条　故意毁损人民币的，由公安机关给予警告，并处 1 万元以下的罚款。

第四十三条　违反本条例第二十五条、第二十六条第一款第二项和第四项规定的，由工商行政管理机关和其他有关行政执法机关给予警告，没收违法所得和非法财物，并处违法所得 1 倍以上 3 倍以下的罚款；没有违法所得的，处 1000 元以上 5 万元以下的罚款。

工商行政管理机关和其他有关行政执法机关应当销毁非法使用的人民币图样。

第四十四条　办理人民币存取款业务的金融机构、中国人民银行授权的国有独资商业银行的业务机构违反本条例第三十三条、第三十四条和第三十五条规定的，由中国人民银行给予警告，并处 1000 元以上 5 万元以下的罚款；对直接负责的主管人员和其他直接责任人员，依法给予纪律处分。

第四十五条　中国人民银行、公安机关、工商行政管理机关及其工作人员违反本条例有关规定的，对直接负责的主管人员和其他直接责任人员，依法给予行政处分。

第四十六条　违反本条例第二十条第三款、第二十六条第一款第三项、第二十八条和第三十条规定的，依照《中华人民共和国中国人民银行法》的有关规定予以处罚；其中，违反本条例第三十条规定，构成犯罪的，依法追究刑事责任。

第六章　附则

第四十七条　本条例自 2000 年 5 月 1 日起施行。

中华人民共和国外资银行管理条例[①]

（2006年11月11日中华人民共和国国务院令第478号公布　根据2014年7月29日《国务院关于修改部分行政法规的决定》第一次修订　根据2014年11月27日《国务院关于修改〈中华人民共和国外资银行管理条例〉的决定》第二次修订　根据2019年9月30日《国务院关于修改〈中华人民共和国外资保险公司管理条例〉和〈中华人民共和国外资银行管理条例〉的决定》第三次修订）

第一章　总则

第一条　为了适应对外开放和经济发展的需要，加强和完善对外资银行的监督管理，促进银行业的稳健运行，制定本条例。

第二条　本条例所称外资银行，是指依照中华人民共和国有关法律、法规，经批准在中华人民共和国境内设立的下列机构：

（一）1家外国银行单独出资或者1家外国银行与其他外国金融机构共同出资设立的外商独资银行；

（二）外国金融机构与中国的公司、企业共同出资设立的中外合资银行；

（三）外国银行分行；

（四）外国银行代表处。

前款第一项至第三项所列机构，以下统称外资银行营业性机构。

---

① 《中华人民共和国外资银行管理条例》，《中华人民共和国国务院公报》，2007年第1期。

第三条　本条例所称外国金融机构，是指在中华人民共和国境外注册并经所在国家或者地区金融监管当局批准或者许可的金融机构。

本条例所称外国银行，是指在中华人民共和国境外注册并经所在国家或者地区金融监管当局批准或者许可的商业银行。

第四条　外资银行必须遵守中华人民共和国法律、法规，不得损害中华人民共和国的国家利益、社会公共利益。

外资银行的正当活动和合法权益受中华人民共和国法律保护。

第五条　国务院银行业监督管理机构及其派出机构（以下统称银行业监督管理机构）负责对外资银行及其活动实施监督管理。法律、行政法规规定其他监督管理部门或者机构对外资银行及其活动实施监督管理的，依照其规定。

第六条　国务院银行业监督管理机构根据国家区域经济发展战略及相关政策制定有关鼓励和引导的措施，报国务院批准后实施。

第二章　设立与登记

第七条　设立外资银行及其分支机构，应当经银行业监督管理机构审查批准。

第八条　外商独资银行、中外合资银行的注册资本最低限额为10亿元人民币或者等值的自由兑换货币。注册资本应当是实缴资本。

外商独资银行、中外合资银行在中华人民共和国境内设立的分行，应当由其总行无偿拨给人民币或者自由兑换货币的营运资金。外商独资银行、中外合资银行拨给各分支机构营运资金的总和，不得超过总行资本金总额的60%。

外国银行分行应当由其总行无偿拨给不少于2亿元人民币或者等值的自由兑换货币的营运资金。

国务院银行业监督管理机构根据外资银行营业性机构的业务范围和审慎监管的需要，可以提高注册资本或者营运资金的最低限额，并规定其中的人民币份额。

第九条　拟设外商独资银行、中外合资银行的股东或者拟设分行、代表处的外国银行应当具备下列条件：

（一）具有持续盈利能力，信誉良好，无重大违法违规记录；

（二）拟设外商独资银行的股东、中外合资银行的外方股东或者拟设分行、代表处的外国银行具有从事国际金融活动的经验；

（三）具有有效的反洗钱制度；

（四）拟设外商独资银行的股东、中外合资银行的外方股东或者拟设分行、代表处的外国银行受到所在国家或者地区金融监管当局的有效监管，并且其申请经所在国家或者地区金融监管当局同意；

（五）国务院银行业监督管理机构规定的其他审慎性条件。

拟设外商独资银行的股东、中外合资银行的外方股东或者拟设分行、代表处的外国银行所在国家或者地区应当具有完善的金融监督管理制度，并且其金融监管当局已经与国务院银行业监督管理机构建立良好的监督管理合作机制。

第十条　拟设外商独资银行的股东应当为金融机构，除应当具备本条例第九条规定的条件外，其中唯一或者控股股东还应当具备下列条件：

（一）为商业银行；

（二）资本充足率符合所在国家或者地区金融监管当局以及国务院银行业监督管理机构的规定。

第十一条　拟设中外合资银行的股东除应当具备本条例第九条规定的条件外，其中外方股东应当为金融机构，且外方唯一或者主要股东还应当具备下列条件：

（一）为商业银行；

（二）资本充足率符合所在国家或者地区金融监管当局以及国务院银行业监督管理机构的规定。

第十二条　拟设分行的外国银行除应当具备本条例第九条规定的条件外，其资本充足率还应当符合所在国家或者地区金融监管当局以及国务院银行业监督管理机构的规定。

第十三条　外国银行在中华人民共和国境内设立营业性机构的，除已设立的代表处外，不得增设代表处，但符合国家区域经济发展战略及相关政策的地区除外。

代表处经批准改制为营业性机构的，应当依法办理原代表处的注销登记手续。

第十四条　设立外资银行营业性机构，应当先申请筹建，并将下列申请资料报送拟设机构所在地的银行业监督管理机构：

（一）申请书，内容包括拟设机构的名称、所在地、注册资本或者营运资金、申请经营的业务种类等；

（二）可行性研究报告；

（三）拟设外商独资银行、中外合资银行的章程草案；

（四）拟设外商独资银行、中外合资银行各方股东签署的经营合同；

（五）拟设外商独资银行、中外合资银行的股东或者拟设分行的外国银行的章程；

（六）拟设外商独资银行、中外合资银行的股东或者拟设分行的外国银行及其所在集团的组织结构图、主要股东名单、海外分支机构和关联企业名单；

（七）拟设外商独资银行、中外合资银行的股东或者拟设分行的外国银行最近 3 年的年报；

（八）拟设外商独资银行、中外合资银行的股东或者拟设分行的外国银行的反洗钱制度；

（九）拟设外商独资银行的股东、中外合资银行的外方股东或者拟设分行的外国银行所在国家或者地区金融监管当局核发的营业执照或者经营金融业务许可文件的复印件及对其申请的意见书；

（十）国务院银行业监督管理机构规定的其他资料。

拟设机构所在地的银行业监督管理机构应当将申请资料连同审核意见，及时报送国务院银行业监督管理机构。

第十五条 国务院银行业监督管理机构应当自收到设立外资银行营业性机构完整的申请资料之日起 6 个月内作出批准或者不批准筹建的决定，并书面通知申请人。决定不批准的，应当说明理由。

特殊情况下，国务院银行业监督管理机构不能在前款规定期限内完成审查并作出批准或者不批准筹建决定的，可以适当延长审查期限，并书面通知申请人，但延长期限不得超过 3 个月。

申请人凭批准筹建文件到拟设机构所在地的银行业监督管理机构领取开业申请表。

第十六条 申请人应当自获准筹建之日起 6 个月内完成筹建工作。在规定期限内未完成筹建工作的，应当说明理由，经拟设机构所在地的银行业监督管理机构批准，可以延长 3 个月。在延长期内仍未完成筹建工作的，国务院银行业监督管理机构作出的批准筹建决定自动失效。

第十七条 经验收合格完成筹建工作的，申请人应当将填写好的开业申请表连同下列资料报送拟设机构所在地的银行业监督管理机构：

（一）拟设机构的主要负责人名单及简历；

（二）对拟任该机构主要负责人的授权书；

（三）法定验资机构出具的验资证明；

（四）安全防范措施和与业务有关的其他设施的资料；

（五）设立分行的外国银行对该分行承担税务、债务的责任保证书；

（六）国务院银行业监督管理机构规定的其他资料。

拟设机构所在地的银行业监督管理机构应当将申请资料连同审核意见，及时报送国务院银行业监督管理机构。

第十八条 国务院银行业监督管理机构应当自收到完整的开业申请资料之日起2个月内，作出批准或者不批准开业的决定，并书面通知申请人。决定批准的，应当颁发金融许可证；决定不批准的，应当说明理由。

第十九条 经批准设立的外资银行营业性机构，应当凭金融许可证向市场监督管理部门办理登记，领取营业执照。

第二十条 设立外国银行代表处，应当将下列申请资料报送拟设代表处所在地的银行业监督管理机构：

（一）申请书，内容包括拟设代表处的名称、所在地等；

（二）可行性研究报告；

（三）申请人的章程；

（四）申请人及其所在集团的组织结构图、主要股东名单、海外分支机构和关联企业名单；

（五）申请人最近3年的年报；

（六）申请人的反洗钱制度；

（七）拟任该代表处首席代表的身份证明和学历证明的复印件、简历以及拟任人有无不良记录的陈述书；

（八）对拟任该代表处首席代表的授权书；

（九）申请人所在国家或者地区金融监管当局核发的营业执照或者经营金融业务许可文件的复印件及对其申请的意见书；

（十）国务院银行业监督管理机构规定的其他资料。

拟设代表处所在地的银行业监督管理机构应当将申请资料连同审核意见，及时报送国务院银行业监督管理机构。

第二十一条 国务院银行业监督管理机构应当自收到设立外国银行代表处完整的申请资料之日起6个月内作出批准或者不批准设立的决定，并书面通知申请人。决定不批准的，应当说明理由。

第二十二条 经批准设立的外国银行代表处，应当凭批准文件向市场监督管理部门办理登记，领取外国企业常驻代表机构登记证。

第二十三条 本条例第十四条、第十七条、第二十条所列资料，除年报外，凡用外文书写的，应当附有中文译本。

第二十四条 按照合法性、审慎性和持续经营原则，经国务院银行业监督管理机构批准，外国银行可以将其在中华人民共和国境内设立的分行改制为由其单独出资的外商独资银行。申请人应当按照国务院银行业监督管理机构规定的审批条件、程序、申请资料提出设立外商独资银行的申请。

第二十五条 外国银行可以在中华人民共和国境内同时设立外商独资银行和外国银行分行，或者同时设立中外合资银行和外国银行分行。

第二十六条 外资银行董事、高级管理人员、首席代表的任职资格应当符合国务院银行业监督管理机构规定的条件，并经国务院银行业监督管理机构核准。

第二十七条 外资银行有下列情形之一的，应当经国务院银行业监督管理机构批准，并按照规定提交申请资料，依法向市场监督管理部门办理有关登记：

（一）变更注册资本或者营运资金；

（二）变更机构名称、营业场所或者办公场所；

（三）调整业务范围；

（四）变更股东或者调整股东持股比例；

（五）修改章程；

（六）国务院银行业监督管理机构规定的其他情形。

外资银行更换董事、高级管理人员、首席代表，应当报经国务院银行业监督管理机构核准其任职资格。

第二十八条 外商独资银行、中外合资银行变更股东的，变更后的股东应当符合本条例第九条、第十条或者第十一条关于股东的条件。

第三章 业务范围

第二十九条 外商独资银行、中外合资银行按照国务院银行业监督管理机构批准的业务范围，可以经营下列部分或者全部外汇业务和人民币业务：

（一）吸收公众存款；

（二）发放短期、中期和长期贷款；

（三）办理票据承兑与贴现；

（四）代理发行、代理兑付、承销政府债券；

（五）买卖政府债券、金融债券，买卖股票以外的其他外币有价证券；

（六）提供信用证服务及担保；

（七）办理国内外结算；

（八）买卖、代理买卖外汇；

（九）代理收付款项及代理保险业务；

（十）从事同业拆借；

（十一）从事银行卡业务；

（十二）提供保管箱服务；

（十三）提供资信调查和咨询服务；

（十四）经国务院银行业监督管理机构批准的其他业务。

外商独资银行、中外合资银行经中国人民银行批准，可以经营结汇、售汇业务。

第三十条　外商独资银行、中外合资银行的分支机构在总行授权范围内开展业务，其民事责任由总行承担。

第三十一条　外国银行分行按照国务院银行业监督管理机构批准的业务范围，可以经营下列部分或者全部外汇业务以及对除中国境内公民以外客户的人民币业务：

（一）吸收公众存款；

（二）发放短期、中期和长期贷款；

（三）办理票据承兑与贴现；

（四）代理发行、代理兑付、承销政府债券；

（五）买卖政府债券、金融债券，买卖股票以外的其他外币有价证券；

（六）提供信用证服务及担保；

（七）办理国内外结算；

（八）买卖、代理买卖外汇；

（九）代理收付款项及代理保险业务；

（十）从事同业拆借；

（十一）提供保管箱服务；

（十二）提供资信调查和咨询服务；

（十三）经国务院银行业监督管理机构批准的其他业务。

外国银行分行可以吸收中国境内公民每笔不少于50万元人民币的定期存款。

外国银行分行经中国人民银行批准，可以经营结汇、售汇业务。

第三十二条　外国银行分行及其分支机构的民事责任由其总行承担。

第三十三条　外国银行代表处可以从事与其代表的外国银行业务相关的联络、市场调查、咨询等非经营性活动。

外国银行代表处的行为所产生的民事责任，由其所代表的外国银行承担。

第三十四条　外资银行营业性机构经营本条例第二十九条或者第三十一条规定业务范围内的人民币业务的，应当符合国务院银行业监督管理机构规定的审慎性要求。

第四章　监督管理

第三十五条　外资银行营业性机构应当按照有关规定，制定本行的业务规则，建立、健全风险管理和内部控制制度，并遵照执行。

第三十六条　外资银行营业性机构应当遵守国家统一的会计制度和国务院银行业监督管理机构有关信息披露的规定。

第三十七条　外资银行营业性机构举借外债，应当按照国家有关规定执行。

第三十八条 外资银行营业性机构应当按照有关规定确定存款、贷款利率及各种手续费率。

第三十九条 外资银行营业性机构经营存款业务，应当按照中国人民银行的规定交存存款准备金。

第四十条 外商独资银行、中外合资银行应当遵守《中华人民共和国商业银行法》关于资产负债比例管理的规定。外国银行分行变更的由其总行单独出资的外商独资银行以及本条例施行前设立的外商独资银行、中外合资银行，其资产负债比例不符合规定的，应当在国务院银行业监督管理机构规定的期限内达到规定要求。

国务院银行业监督管理机构可以要求风险较高、风险管理能力较弱的外商独资银行、中外合资银行提高资本充足率。

第四十一条 外资银行营业性机构应当按照规定计提呆账准备金。

第四十二条 外商独资银行、中外合资银行应当遵守国务院银行业监督管理机构有关公司治理的规定。

第四十三条 外商独资银行、中外合资银行应当遵守国务院银行业监督管理机构有关关联交易的规定。

第四十四条 外国银行分行应当按照国务院银行业监督管理机构的规定，持有一定比例的生息资产。

第四十五条 外国银行分行营运资金加准备金等项之和中的人民币份额与其人民币风险资产的比例不得低于8%。

资本充足率持续符合所在国家或者地区金融监管当局以及国务院银行业监督管理机构规定的外国银行，其分行不受前款规定的限制。

国务院银行业监督管理机构可以要求风险较高、风险管理能力较弱的外国银行分行提高本条第一款规定的比例。

第四十六条　外国银行分行应当确保其资产的流动性。流动性资产余额与流动性负债余额的比例不得低于25%。

第四十七条　外国银行分行境内本外币资产余额不得低于境内本外币负债余额。

第四十八条　在中华人民共和国境内设立2家及2家以上分行的外国银行，应当授权其中1家分行对其他分行实施统一管理。

国务院银行业监督管理机构对外国银行在中华人民共和国境内设立的分行实行合并监管。

第四十九条　外资银行营业性机构应当按照国务院银行业监督管理机构的有关规定，向其所在地的银行业监督管理机构报告跨境大额资金流动和资产转移情况。

第五十条　国务院银行业监督管理机构根据外资银行营业性机构的风险状况，可以依法采取责令暂停部分业务、责令撤换高级管理人员等特别监管措施。

第五十一条　外资银行营业性机构应当聘请在中华人民共和国境内依法设立的会计师事务所对其财务会计报告进行审计，并应当向其所在地的银行业监督管理机构报告。解聘会计师事务所的，应当说明理由。

第五十二条　外资银行营业性机构应当按照规定向银行业监督管理机构报送财务会计报告、报表和有关资料。

外国银行代表处应当按照规定向银行业监督管理机构报送资料。

第五十三条　外资银行应当接受银行业监督管理机构依法进行

的监督检查，不得拒绝、阻碍。

第五十四条　外商独资银行、中外合资银行应当设置独立的内部控制系统、风险管理系统、财务会计系统、计算机信息管理系统。

第五十五条　外国银行在中华人民共和国境内设立的外商独资银行、中外合资银行的董事长、高级管理人员和外国银行分行的高级管理人员不得相互兼职。

第五十六条　外国银行在中华人民共和国境内设立的外商独资银行、中外合资银行与外国银行分行之间进行的交易必须符合商业原则，交易条件不得优于与非关联方进行交易的条件。外国银行对其在中华人民共和国境内设立的外商独资银行与外国银行分行之间的资金交易，应当提供全额担保。

第五十七条　外国银行代表处及其工作人员，不得从事任何形式的经营性活动。

第五章　终止与清算

第五十八条　外资银行营业性机构自行终止业务活动的，应当在终止业务活动 30 日前以书面形式向国务院银行业监督管理机构提出申请，经审查批准予以解散或者关闭并进行清算。

第五十九条　外资银行营业性机构已经或者可能发生信用危机，严重影响存款人和其他客户合法权益的，国务院银行业监督管理机构可以依法对该外资银行营业性机构实行接管或者促成机构重组。

第六十条　外资银行营业性机构因解散、关闭、依法被撤销或者宣告破产而终止的，其清算的具体事宜，依照中华人民共和国有关法律、法规的规定办理。

第六十一条　外资银行营业性机构清算终结,应当在法定期限内向原登记机关办理注销登记。

第六十二条　外国银行代表处自行终止活动的,应当经国务院银行业监督管理机构批准予以关闭,并在法定期限内向原登记机关办理注销登记。

第六章　法律责任

第六十三条　未经国务院银行业监督管理机构审查批准,擅自设立外资银行或者非法从事银行业金融机构的业务活动的,由国务院银行业监督管理机构予以取缔,自被取缔之日起5年内,国务院银行业监督管理机构不受理该当事人设立外资银行的申请;构成犯罪的,依法追究刑事责任;尚不构成犯罪的,由国务院银行业监督管理机构没收违法所得,违法所得50万元以上的,并处违法所得1倍以上5倍以下罚款;没有违法所得或者违法所得不足50万元的,处50万元以上200万元以下罚款。

第六十四条　外资银行营业性机构有下列情形之一的,由国务院银行业监督管理机构责令改正,没收违法所得,违法所得50万元以上的,并处违法所得1倍以上5倍以下罚款;没有违法所得或者违法所得不足50万元的,处50万元以上200万元以下罚款;情节特别严重或者逾期不改正的,可以责令停业整顿或者吊销其金融许可证;构成犯罪的,依法追究刑事责任:

(一)未经批准设立分支机构的;

(二)未经批准变更、终止的;

(三)违反规定从事未经批准的业务活动的;

(四)违反规定提高或者降低存款利率、贷款利率的。

第六十五条　外资银行有下列情形之一的，由国务院银行业监督管理机构责令改正，处 20 万元以上 50 万元以下罚款；情节特别严重或者逾期不改正的，可以责令停业整顿、吊销其金融许可证、撤销代表处；构成犯罪的，依法追究刑事责任：

（一）未按照有关规定进行信息披露的；

（二）拒绝或者阻碍银行业监督管理机构依法进行的监督检查的；

（三）提供虚假的或者隐瞒重要事实的财务会计报告、报表或者有关资料的；

（四）隐匿、损毁监督检查所需的文件、证件、账簿、电子数据或者其他资料的；

（五）未经任职资格核准任命董事、高级管理人员、首席代表的；

（六）拒绝执行本条例第五十条规定的特别监管措施的。

第六十六条　外资银行营业性机构违反本条例有关规定，未按期报送财务会计报告、报表或者有关资料，或者未按照规定制定有关业务规则、建立健全有关管理制度的，由国务院银行业监督管理机构责令限期改正；逾期不改正的，处 10 万元以上 30 万元以下罚款。

第六十七条　外资银行营业性机构违反本条例第四章有关规定从事经营或者严重违反其他审慎经营规则的，由国务院银行业监督管理机构责令改正，处 20 万元以上 50 万元以下罚款；情节特别严重或者逾期不改正的，可以责令停业整顿或者吊销其金融许可证。

第六十八条　外资银行营业性机构违反本条例规定，国务院银行业监督管理机构除依照本条例第六十三条至第六十七条规定处罚外，还可以区别不同情形，采取下列措施：

（一）责令外资银行营业性机构撤换直接负责的董事、高级管理人员和其他直接责任人员；

（二）外资银行营业性机构的行为尚不构成犯罪的，对直接负责的董事、高级管理人员和其他直接责任人员给予警告，并处 5 万元以上 50 万元以下罚款；

（三）取消直接负责的董事、高级管理人员一定期限直至终身在中华人民共和国境内的任职资格，禁止直接负责的董事、高级管理人员和其他直接责任人员一定期限直至终身在中华人民共和国境内从事银行业工作。

第六十九条　外国银行代表处违反本条例规定，从事经营性活动的，由国务院银行业监督管理机构责令改正，给予警告，没收违法所得，违法所得 50 万元以上的，并处违法所得 1 倍以上 5 倍以下罚款；没有违法所得或者违法所得不足 50 万元的，处 50 万元以上 200 万元以下罚款；情节严重的，由国务院银行业监督管理机构予以撤销；构成犯罪的，依法追究刑事责任。

第七十条　外国银行代表处有下列情形之一的，由国务院银行业监督管理机构责令改正，给予警告，并处 10 万元以上 30 万元以下罚款；情节严重的，取消首席代表一定期限在中华人民共和国境内的任职资格或者要求其代表的外国银行撤换首席代表；情节特别严重的，由国务院银行业监督管理机构予以撤销：

（一）未经批准变更办公场所的；

（二）未按照规定向国务院银行业监督管理机构报送资料的；

（三）违反本条例或者国务院银行业监督管理机构的其他规定的。

第七十一条　外资银行违反中华人民共和国其他法律、法规的，由有关主管机关依法处理。

第七章　附则

第七十二条　香港特别行政区、澳门特别行政区和台湾地区的金融机构在内地（大陆）设立的银行机构，比照适用本条例。国务院另有规定的，依照其规定。

第七十三条　本条例自 2006 年 12 月 11 日起施行。2001 年 12 月 20 日国务院公布的《中华人民共和国外资金融机构管理条例》同时废止。

期货交易管理条例[1]

（2007年3月6日中华人民共和国国务院令第489号公布　根据2012年10月24日《国务院关于修改〈期货交易管理条例〉的决定》第一次修订　根据2013年7月18日《国务院关于废止和修改部分行政法规的决定》第二次修订　根据2016年2月6日《国务院关于修改部分行政法规的决定》第三次修订　根据2017年3月1日《国务院关于修改和废止部分行政法规的决定》第四次修订）

第一章　总则

第一条　为了规范期货交易行为，加强对期货交易的监督管理，维护期货市场秩序，防范风险，保护期货交易各方的合法权益和社会公共利益，促进期货市场积极稳妥发展，制定本条例。

第二条　任何单位和个人从事期货交易及其相关活动，应当遵守本条例。

本条例所称期货交易，是指采用公开的集中交易方式或者国务院期货监督管理机构批准的其他方式进行的以期货合约或者期权合约为交易标的的交易活动。

本条例所称期货合约，是指期货交易场所统一制定的、规定在将来某一特定的时间和地点交割一定数量标的物的标准化合约。期货合约包括商品期货合约和金融期货合约及其他期货合约。

本条例所称期权合约，是指期货交易场所统一制定的、规定买

---

[1] 《期货交易管理条例》，《中华人民共和国国务院公报》，增刊2017年第1号。

方有权在将来某一时间以特定价格买入或者卖出约定标的物（包括期货合约）的标准化合约。

第三条　从事期货交易活动，应当遵循公开、公平、公正和诚实信用的原则。禁止欺诈、内幕交易和操纵期货交易价格等违法行为。

第四条　期货交易应当在依照本条例第六条第一款规定设立的期货交易所、国务院批准的或者国务院期货监督管理机构批准的其他期货交易场所进行。

禁止在前款规定的期货交易场所之外进行期货交易。

第五条　国务院期货监督管理机构对期货市场实行集中统一的监督管理。

国务院期货监督管理机构派出机构依照本条例的有关规定和国务院期货监督管理机构的授权，履行监督管理职责。

第二章　期货交易所

第六条　设立期货交易所，由国务院期货监督管理机构审批。

未经国务院批准或者国务院期货监督管理机构批准，任何单位或者个人不得设立期货交易场所或者以任何形式组织期货交易及其相关活动。

第七条　期货交易所不以营利为目的，按照其章程的规定实行自律管理。期货交易所以其全部财产承担民事责任。期货交易所的负责人由国务院期货监督管理机构任免。

期货交易所的管理办法由国务院期货监督管理机构制定。

第八条　期货交易所会员应当是在中华人民共和国境内登记注册的企业法人或者其他经济组织。

期货交易所可以实行会员分级结算制度。实行会员分级结算制度的期货交易所会员由结算会员和非结算会员组成。

第九条 有《中华人民共和国公司法》第一百四十六条规定的情形或者下列情形之一的,不得担任期货交易所的负责人、财务会计人员:

(一)因违法行为或者违纪行为被解除职务的期货交易所、证券交易所、证券登记结算机构的负责人,或者期货公司、证券公司的董事、监事、高级管理人员,以及国务院期货监督管理机构规定的其他人员,自被解除职务之日起未逾5年;

(二)因违法行为或者违纪行为被撤销资格的律师、注册会计师或者投资咨询机构、财务顾问机构、资信评级机构、资产评估机构、验证机构的专业人员,自被撤销资格之日起未逾5年。

第十条 期货交易所应当依照本条例和国务院期货监督管理机构的规定,建立、健全各项规章制度,加强对交易活动的风险控制和对会员以及交易所工作人员的监督管理。期货交易所履行下列职责:

(一)提供交易的场所、设施和服务;

(二)设计合约,安排合约上市;

(三)组织并监督交易、结算和交割;

(四)为期货交易提供集中履约担保;

(五)按照章程和交易规则对会员进行监督管理;

(六)国务院期货监督管理机构规定的其他职责。

期货交易所不得直接或者间接参与期货交易。未经国务院期货监督管理机构审核并报国务院批准,期货交易所不得从事信托投资、股票投资、非自用不动产投资等与其职责无关的业务。

第十一条 期货交易所应当按照国家有关规定建立、健全下列风险管理制度:

（一）保证金制度；

（二）当日无负债结算制度；

（三）涨跌停板制度；

（四）持仓限额和大户持仓报告制度；

（五）风险准备金制度；

（六）国务院期货监督管理机构规定的其他风险管理制度。

实行会员分级结算制度的期货交易所，还应当建立、健全结算担保金制度。

第十二条　当期货市场出现异常情况时，期货交易所可以按照其章程规定的权限和程序，决定采取下列紧急措施，并应当立即报告国务院期货监督管理机构：

（一）提高保证金；

（二）调整涨跌停板幅度；

（三）限制会员或者客户的最大持仓量；

（四）暂时停止交易；

（五）采取其他紧急措施。

前款所称异常情况，是指在交易中发生操纵期货交易价格的行为或者发生不可抗拒的突发事件以及国务院期货监督管理机构规定的其他情形。

异常情况消失后，期货交易所应当及时取消紧急措施。

第十三条　期货交易所办理下列事项，应当经国务院期货监督管理机构批准：

（一）制定或者修改章程、交易规则；

（二）上市、中止、取消或者恢复交易品种；

（三）国务院期货监督管理机构规定的其他事项。

国务院期货监督管理机构批准期货交易所上市新的交易品种，应当征求国务院有关部门的意见。

第十四条　期货交易所的所得收益按照国家有关规定管理和使用，但应当首先用于保证期货交易场所、设施的运行和改善。

第三章　期货公司

第十五条　期货公司是依照《中华人民共和国公司法》和本条例规定设立的经营期货业务的金融机构。设立期货公司，应当在公司登记机关登记注册，并经国务院期货监督管理机构批准。

未经国务院期货监督管理机构批准，任何单位或者个人不得设立或者变相设立期货公司，经营期货业务。

第十六条　申请设立期货公司，应当符合《中华人民共和国公司法》的规定，并具备下列条件：

（一）注册资本最低限额为人民币3000万元；

（二）董事、监事、高级管理人员具备任职条件，从业人员具有期货从业资格；

（三）有符合法律、行政法规规定的公司章程；

（四）主要股东以及实际控制人具有持续盈利能力，信誉良好，最近3年无重大违法违规记录；

（五）有合格的经营场所和业务设施；

（六）有健全的风险管理和内部控制制度；

（七）国务院期货监督管理机构规定的其他条件。

国务院期货监督管理机构根据审慎监管原则和各项业务的风险程度，可以提高注册资本最低限额。注册资本应当是实缴资本。股东应当以货币或者期货公司经营必需的非货币财产出资，货币出资比例不得低于85%。

国务院期货监督管理机构应当在受理期货公司设立申请之日起6个月内，根据审慎监管原则进行审查，作出批准或者不批准的决定。

未经国务院期货监督管理机构批准，任何单位和个人不得委托或者接受他人委托持有或者管理期货公司的股权。

第十七条　期货公司业务实行许可制度，由国务院期货监督管理机构按照其商品期货、金融期货业务种类颁发许可证。期货公司除申请经营境内期货经纪业务外，还可以申请经营境外期货经纪、期货投资咨询以及国务院期货监督管理机构规定的其他期货业务。

期货公司不得从事与期货业务无关的活动，法律、行政法规或者国务院期货监督管理机构另有规定的除外。

期货公司不得从事或者变相从事期货自营业务。

期货公司不得为其股东、实际控制人或者其他关联人提供融资，不得对外担保。

第十八条　期货公司从事经纪业务，接受客户委托，以自己的名义为客户进行期货交易，交易结果由客户承担。

第十九条　期货公司办理下列事项，应当经国务院期货监督管理机构批准：

（一）合并、分立、停业、解散或者破产；

（二）变更业务范围；

（三）变更注册资本且调整股权结构；

（四）新增持有5%以上股权的股东或者控股股东发生变化；

（五）国务院期货监督管理机构规定的其他事项。

前款第三项、第五项所列事项，国务院期货监督管理机构应当自受理申请之日起 20 日内作出批准或者不批准的决定；前款所列其他事项，国务院期货监督管理机构应当自受理申请之日起 2 个月内作出批准或者不批准的决定。

第二十条　期货公司或者其分支机构有《中华人民共和国行政许可法》第七十条规定的情形或者下列情形之一的，国务院期货监督管理机构应当依法办理期货业务许可证注销手续：

（一）营业执照被公司登记机关依法注销；

（二）成立后无正当理由超过 3 个月未开始营业，或者开业后无正当理由停业连续 3 个月以上；

（三）主动提出注销申请；

（四）国务院期货监督管理机构规定的其他情形。

期货公司在注销期货业务许可证前，应当结清相关期货业务，并依法返还客户的保证金和其他资产。期货公司分支机构在注销经营许可证前，应当终止经营活动，妥善处理客户资产。

第二十一条　期货公司应当建立、健全并严格执行业务管理规则、风险管理制度，遵守信息披露制度，保障客户保证金的存管安全，按照期货交易所的规定，向期货交易所报告大户名单、交易情况。

第二十二条　其他期货经营机构从事期货投资咨询业务，应当遵守国务院期货监督管理机构的规定。

第四章　期货交易基本规则

第二十三条　在期货交易所进行期货交易的，应当是期货交易所会员。

符合规定条件的境外机构，可以在期货交易所从事特定品种的期货交易。具体办法由国务院期货监督管理机构制定。

第二十四条　期货公司接受客户委托为其进行期货交易，应当事先向客户出示风险说明书，经客户签字确认后，与客户签订书面合同。期货公司不得未经客户委托或者不按照客户委托内容，擅自进行期货交易。

期货公司不得向客户作获利保证；不得在经纪业务中与客户约定分享利益或者共担风险。

第二十五条　下列单位和个人不得从事期货交易，期货公司不得接受其委托为其进行期货交易：

（一）国家机关和事业单位；

（二）国务院期货监督管理机构、期货交易所、期货保证金安全存管监控机构和期货业协会的工作人员；

（三）证券、期货市场禁止进入者；

（四）未能提供开户证明材料的单位和个人；

（五）国务院期货监督管理机构规定不得从事期货交易的其他单位和个人。

第二十六条　客户可以通过书面、电话、互联网或者国务院期货监督管理机构规定的其他方式，向期货公司下达交易指令。客户的交易指令应当明确、全面。

期货公司不得隐瞒重要事项或者使用其他不正当手段诱骗客户发出交易指令。

第二十七条　期货交易所应当及时公布上市品种合约的成交量、成交价、持仓量、最高价与最低价、开盘价与收盘价和其他应当公布的即时行情，并保证即时行情的真实、准确。期货交易所不得发布价格预测信息。

未经期货交易所许可，任何单位和个人不得发布期货交易即时行情。

第二十八条　期货交易应当严格执行保证金制度。期货交易所向会员、期货公司向客户收取的保证金，不得低于国务院期货监督管理机构、期货交易所规定的标准，并应当与自有资金分开，专户存放。

期货交易所向会员收取的保证金，属于会员所有，除用于会员的交易结算外，严禁挪作他用。

期货公司向客户收取的保证金，属于客户所有，除下列可划转的情形外，严禁挪作他用：

（一）依据客户的要求支付可用资金；

（二）为客户交存保证金，支付手续费、税款；

（三）国务院期货监督管理机构规定的其他情形。

第二十九条　期货公司应当为每一个客户单独开立专门账户、设置交易编码，不得混码交易。

第三十条　期货公司经营期货经纪业务又同时经营其他期货业务的，应当严格执行业务分离和资金分离制度，不得混合操作。

第三十一条　期货交易所、期货公司、非期货公司结算会员应当按照国务院期货监督管理机构、财政部门的规定提取、管理和使用风险准备金，不得挪用。

第三十二条　期货交易的收费项目、收费标准和管理办法由国务院有关主管部门统一制定并公布。

第三十三条　期货交易的结算，由期货交易所统一组织进行。

期货交易所实行当日无负债结算制度。期货交易所应当在当日及时将结算结果通知会员。

期货公司根据期货交易所的结算结果对客户进行结算，并应当将结算结果按照与客户约定的方式及时通知客户。客户应当及时查询并妥善处理自己的交易持仓。

第三十四条　期货交易所会员的保证金不足时，应当及时追加保证金或者自行平仓。会员未在期货交易所规定的时间内追加保证金或者自行平仓的，期货交易所应当将该会员的合约强行平仓，强行平仓的有关费用和发生的损失由该会员承担。

客户保证金不足时，应当及时追加保证金或者自行平仓。客户未在期货公司规定的时间内及时追加保证金或者自行平仓的，期货公司应当将该客户的合约强行平仓，强行平仓的有关费用和发生的损失由该客户承担。

第三十五条　期货交易的交割，由期货交易所统一组织进行。

交割仓库由期货交易所指定。期货交易所不得限制实物交割总量，并应当与交割仓库签订协议，明确双方的权利和义务。交割仓库不得有下列行为：

（一）出具虚假仓单；

（二）违反期货交易所业务规则，限制交割商品的入库、出库；

（三）泄露与期货交易有关的商业秘密；

（四）违反国家有关规定参与期货交易；

（五）国务院期货监督管理机构规定的其他行为。

第三十六条　会员在期货交易中违约的，期货交易所先以该会员的保证金承担违约责任；保证金不足的，期货交易所应当以风险准备金和自有资金代为承担违约责任，并由此取得对该会员的相应追偿权。

客户在期货交易中违约的，期货公司先以该客户的保证金承担违约责任；保证金不足的，期货公司应当以风险准备金和自有资金代为承担违约责任，并由此取得对该客户的相应追偿权。

第三十七条　实行会员分级结算制度的期货交易所，应当向结算会员收取结算担保金。期货交易所只对结算会员结算，收取和追收保证金，以结算担保金、风险准备金、自有资金代为承担违约责任，以及采取其他相关措施；对非结算会员的结算、收取和追收保证金、代为承担违约责任，以及采取其他相关措施，由结算会员执行。

第三十八条　期货交易所、期货公司和非期货公司结算会员应当保证期货交易、结算、交割资料的完整和安全。

第三十九条　任何单位或者个人不得编造、传播有关期货交易的虚假信息，不得恶意串通、联手买卖或者以其他方式操纵期货交易价格。

第四十条　任何单位或者个人不得违规使用信贷资金、财政资金进行期货交易。

银行业金融机构从事期货交易融资或者担保业务的资格，由国务院银行业监督管理机构批准。

第四十一条　国有以及国有控股企业进行境内外期货交易，应当遵循套期保值的原则，严格遵守国务院国有资产监督管理机构以及其他有关部门关于企业以国有资产进入期货市场的有关规定。

第四十二条　境外期货项下购汇、结汇以及外汇收支，应当符合国家外汇管理有关规定。

境内单位或者个人从事境外期货交易的办法，由国务院期货监督管理机构会同国务院商务主管部门、国有资产监督管理机构、银行业监督管理机构、外汇管理部门等有关部门制订，报国务院批准后施行。

第五章　期货业协会

第四十三条　期货业协会是期货业的自律性组织，是社会团体法人。

期货公司以及其他专门从事期货经营的机构应当加入期货业协会，并缴纳会员费。

第四十四条　期货业协会的权力机构为全体会员组成的会员大会。

期货业协会的章程由会员大会制定，并报国务院期货监督管理机构备案。

期货业协会设理事会。理事会成员按照章程的规定选举产生。

第四十五条　期货业协会履行下列职责：

（一）教育和组织会员遵守期货法律法规和政策；

（二）制定会员应当遵守的行业自律性规则，监督、检查会员行为，对违反协会章程和自律性规则的，按照规定给予纪律处分；

（三）负责期货从业人员资格的认定、管理以及撤销工作；

（四）受理客户与期货业务有关的投诉，对会员之间、会员与客户之间发生的纠纷进行调解；

（五）依法维护会员的合法权益，向国务院期货监督管理机构反映会员的建议和要求；

（六）组织期货从业人员的业务培训，开展会员间的业务交流；

（七）组织会员就期货业的发展、运作以及有关内容进行研究；

（八）期货业协会章程规定的其他职责。

期货业协会的业务活动应当接受国务院期货监督管理机构的指导和监督。

第六章　监督管理

第四十六条　国务院期货监督管理机构对期货市场实施监督管理，依法履行下列职责：

（一）制定有关期货市场监督管理的规章、规则，并依法行使审批权；

（二）对品种的上市、交易、结算、交割等期货交易及其相关活动，进行监督管理；

（三）对期货交易所、期货公司及其他期货经营机构、非期货公司结算会员、期货保证金安全存管监控机构、期货保证金存管银行、交割仓库等市场相关参与者的期货业务活动，进行监督管理；

（四）制定期货从业人员的资格标准和管理办法，并监督实施；

（五）监督检查期货交易的信息公开情况；

（六）对期货业协会的活动进行指导和监督；

（七）对违反期货市场监督管理法律、行政法规的行为进行查处；

（八）开展与期货市场监督管理有关的国际交流、合作活动；

（九）法律、行政法规规定的其他职责。

第四十七条　国务院期货监督管理机构依法履行职责，可以采取下列措施：

（一）对期货交易所、期货公司及其他期货经营机构、非期货公司结算会员、期货保证金安全存管监控机构和交割仓库进行现场检查；

（二）进入涉嫌违法行为发生场所调查取证；

（三）询问当事人和与被调查事件有关的单位和个人，要求其对与被调查事件有关的事项作出说明；

（四）查阅、复制与被调查事件有关的财产权登记等资料；

（五）查阅、复制当事人和与被调查事件有关的单位和个人的期货交易记录、财务会计资料以及其他相关文件和资料；对可能被转移、隐匿或者毁损的文件和资料，可以予以封存；

（六）查询与被调查事件有关的单位的保证金账户和银行账户；

（七）在调查操纵期货交易价格、内幕交易等重大期货违法行为时，经国务院期货监督管理机构主要负责人批准，可以限制被调查事件当事人的期货交易，但限制的时间不得超过15个交易日；案情复杂的，可以延长至30个交易日；

（八）法律、行政法规规定的其他措施。

第四十八条　期货交易所、期货公司及其他期货经营机构、期货保证金安全存管监控机构，应当向国务院期货监督管理机构报送财务会计报告、业务资料和其他有关资料。

对期货公司及其他期货经营机构报送的年度报告，国务院期货监督管理机构应当指定专人进行审核，并制作审核报告。审核人员应当在审核报告上签字。审核中发现问题的，国务院期货监督管理机构应当及时采取相应措施。

必要时，国务院期货监督管理机构可以要求非期货公司结算会员、交割仓库，以及期货公司股东、实际控制人或者其他关联人报送相关资料。

第四十九条　国务院期货监督管理机构依法履行职责，进行监督检查或者调查时，被检查、调查的单位和个人应当配合，如实提供有关文件和资料，不得拒绝、阻碍和隐瞒；其他有关部门和单位应当给予支持和配合。

第五十条　国家根据期货市场发展的需要，设立期货投资者保障基金。

期货投资者保障基金的筹集、管理和使用的具体办法，由国务院期货监督管理机构会同国务院财政部门制定。

第五十一条 国务院期货监督管理机构应当建立、健全保证金安全存管监控制度，设立期货保证金安全存管监控机构。

客户和期货交易所、期货公司及其他期货经营机构、非期货公司结算会员以及期货保证金存管银行，应当遵守国务院期货监督管理机构有关保证金安全存管监控的规定。

第五十二条 期货保证金安全存管监控机构依照有关规定对保证金安全实施监控，进行每日稽核，发现问题应当立即报告国务院期货监督管理机构。国务院期货监督管理机构应当根据不同情况，依照本条例有关规定及时处理。

第五十三条 国务院期货监督管理机构对期货交易所和期货保证金安全存管监控机构的董事、监事、高级管理人员，实行资格管理制度。

第五十四条 国务院期货监督管理机构应当制定期货公司持续性经营规则，对期货公司的净资本与净资产的比例，净资本与境内期货经纪、境外期货经纪等业务规模的比例，流动资产与流动负债的比例等风险监管指标作出规定；对期货公司及其分支机构的经营条件、风险管理、内部控制、保证金存管、关联交易等方面提出要求。

第五十五条 期货公司及其分支机构不符合持续性经营规则或者出现经营风险的，国务院期货监督管理机构可以对期货公司及其董事、监事和高级管理人员采取谈话、提示、记入信用记录等监管措施或者责令期货公司限期整改，并对其整改情况进行检查验收。

期货公司逾期未改正，其行为严重危及期货公司的稳健运行、损害客户合法权益，或者涉嫌严重违法违规正在被国务院期货监督管理机构调查的，国务院期货监督管理机构可以区别情形，对其采取下列措施：

（一）限制或者暂停部分期货业务；

（二）停止批准新增业务；

（三）限制分配红利，限制向董事、监事、高级管理人员支付报酬、提供福利；

（四）限制转让财产或者在财产上设定其他权利；

（五）责令更换董事、监事、高级管理人员或者有关业务部门、分支机构的负责人员，或者限制其权利；

（六）限制期货公司自有资金或者风险准备金的调拨和使用；

（七）责令控股股东转让股权或者限制有关股东行使股东权利。

对经过整改符合有关法律、行政法规规定以及持续性经营规则要求的期货公司，国务院期货监督管理机构应当自验收完毕之日起3日内解除对其采取的有关措施。

对经过整改仍未达到持续性经营规则要求，严重影响正常经营的期货公司，国务院期货监督管理机构有权撤销其部分或者全部期货业务许可、关闭其分支机构。

第五十六条 期货公司违法经营或者出现重大风险，严重危害期货市场秩序、损害客户利益的，国务院期货监督管理机构可以对该期货公司采取责令停业整顿、指定其他机构托管或者接管等监管措施。经国务院期货监督管理机构批准，可以对该期货公司直接负责的董事、监事、高级管理人员和其他直接责任人员采取以下措施：

（一）通知出境管理机关依法阻止其出境；

（二）申请司法机关禁止其转移、转让或者以其他方式处分财产，或者在财产上设定其他权利。

第五十七条　期货公司的股东有虚假出资或者抽逃出资行为的，国务院期货监督管理机构应当责令其限期改正，并可责令其转让所持期货公司的股权。

在股东按照前款要求改正违法行为、转让所持期货公司的股权前，国务院期货监督管理机构可以限制其股东权利。

第五十八条　当期货市场出现异常情况时，国务院期货监督管理机构可以采取必要的风险处置措施。

第五十九条　期货公司的交易软件、结算软件，应当满足期货公司审慎经营和风险管理以及国务院期货监督管理机构有关保证金安全存管监控规定的要求。期货公司的交易软件、结算软件不符合要求的，国务院期货监督管理机构有权要求期货公司予以改进或者更换。

国务院期货监督管理机构可以要求期货公司的交易软件、结算软件的供应商提供该软件的相关资料，供应商应当予以配合。国务院期货监督管理机构对供应商提供的相关资料负有保密义务。

第六十条　期货公司涉及重大诉讼、仲裁，或者股权被冻结或者用于担保，以及发生其他重大事件时，期货公司及其相关股东、实际控制人应当自该事件发生之日起5日内向国务院期货监督管理机构提交书面报告。

第六十一条　会计师事务所、律师事务所、资产评估机构等中介服务机构向期货交易所和期货公司等市场相关参与者提供相关服务时，应当遵守期货法律、行政法规以及国家有关规定，并按照国务院期货监督管理机构的要求提供相关资料。

第六十二条　国务院期货监督管理机构应当与有关部门建立监督管理的信息共享和协调配合机制。

国务院期货监督管理机构可以和其他国家或者地区的期货监督管理机构建立监督管理合作机制，实施跨境监督管理。

第六十三条　国务院期货监督管理机构、期货交易所、期货保证金安全存管监控机构和期货保证金存管银行等相关单位的工作人员，应当忠于职守，依法办事，公正廉洁，保守国家秘密和有关当事人的商业秘密，不得利用职务便利牟取不正当的利益。

第七章　法律责任

第六十四条　期货交易所、非期货公司结算会员有下列行为之一的，责令改正，给予警告，没收违法所得：

（一）违反规定接纳会员的；

（二）违反规定收取手续费的；

（三）违反规定使用、分配收益的；

（四）不按照规定公布即时行情的，或者发布价格预测信息的；

（五）不按照规定向国务院期货监督管理机构履行报告义务的；

（六）不按照规定向国务院期货监督管理机构报送有关文件、资料的；

（七）不按照规定建立、健全结算担保金制度的；

（八）不按照规定提取、管理和使用风险准备金的；

（九）违反国务院期货监督管理机构有关保证金安全存管监控规定的；

（十）限制会员实物交割总量的；

（十一）任用不具备资格的期货从业人员的；

（十二）违反国务院期货监督管理机构规定的其他行为。

有前款所列行为之一的，对直接负责的主管人员和其他直接责任人员给予纪律处分，处 1 万元以上 10 万元以下的罚款。

有本条第一款第二项所列行为的，应当责令退还多收取的手续费。

期货保证金安全存管监控机构有本条第一款第五项、第六项、第九项、第十一项、第十二项所列行为的，依照本条第一款、第二款的规定处罚、处分。期货保证金存管银行有本条第一款第九项、第十二项所列行为的，依照本条第一款、第二款的规定处罚、处分。

第六十五条　期货交易所有下列行为之一的，责令改正，给予警告，没收违法所得，并处违法所得 1 倍以上 5 倍以下的罚款；没有违法所得或者违法所得不满 10 万元的，并处 10 万元以上 50 万元以下的罚款；情节严重的，责令停业整顿：

（一）未经批准，擅自办理本条例第十三条所列事项的；

（二）允许会员在保证金不足的情况下进行期货交易的；

（三）直接或者间接参与期货交易，或者违反规定从事与其职责无关的业务的；

（四）违反规定收取保证金，或者挪用保证金的；

（五）伪造、涂改或者不按照规定保存期货交易、结算、交割资料的；

（六）未建立或者未执行当日无负债结算、涨跌停板、持仓限额和大户持仓报告制度的；

（七）拒绝或者妨碍国务院期货监督管理机构监督检查的；

（八）违反国务院期货监督管理机构规定的其他行为。

有前款所列行为之一的，对直接负责的主管人员和其他直接责任人员给予纪律处分，处 1 万元以上 10 万元以下的罚款。

非期货公司结算会员有本条第一款第二项、第四项至第八项所列行为之一的,依照本条第一款、第二款的规定处罚、处分。

期货保证金安全存管监控机构有本条第一款第三项、第七项、第八项所列行为的,依照本条第一款、第二款的规定处罚、处分。

第六十六条　期货公司有下列行为之一的,责令改正,给予警告,没收违法所得,并处违法所得1倍以上3倍以下的罚款;没有违法所得或者违法所得不满10万元的,并处10万元以上30万元以下的罚款;情节严重的,责令停业整顿或者吊销期货业务许可证:

（一）接受不符合规定条件的单位或者个人委托的;

（二）允许客户在保证金不足的情况下进行期货交易的;

（三）未经批准,擅自办理本条例第十九条所列事项的;

（四）违反规定从事与期货业务无关的活动的;

（五）从事或者变相从事期货自营业务的;

（六）为其股东、实际控制人或者其他关联人提供融资,或者对外担保的;

（七）违反国务院期货监督管理机构有关保证金安全存管监控规定的;

（八）不按照规定向国务院期货监督管理机构履行报告义务或者报送有关文件、资料的;

（九）交易软件、结算软件不符合期货公司审慎经营和风险管理以及国务院期货监督管理机构有关保证金安全存管监控规定的要求的;

（十）不按照规定提取、管理和使用风险准备金的;

（十一）伪造、涂改或者不按照规定保存期货交易、结算、交割资料的;

（十二）任用不具备资格的期货从业人员的;

（十三）伪造、变造、出租、出借、买卖期货业务许可证或者经营许可证的；

（十四）进行混码交易的；

（十五）拒绝或者妨碍国务院期货监督管理机构监督检查的；

（十六）违反国务院期货监督管理机构规定的其他行为。

期货公司有前款所列行为之一的，对直接负责的主管人员和其他直接责任人员给予警告，并处1万元以上5万元以下的罚款；情节严重的，暂停或者撤销期货从业人员资格。

期货公司之外的其他期货经营机构有本条第一款第八项、第十二项、第十三项、第十五项、第十六项所列行为的，依照本条第一款、第二款的规定处罚。

期货公司的股东、实际控制人或者其他关联人未经批准擅自委托他人或者接受他人委托持有或者管理期货公司股权的，拒不配合国务院期货监督管理机构的检查，拒不按照规定履行报告义务、提供有关信息和资料，或者报送、提供的信息和资料有虚假记载、误导性陈述或者重大遗漏的，依照本条第一款、第二款的规定处罚。

第六十七条　期货公司有下列欺诈客户行为之一的，责令改正，给予警告，没收违法所得，并处违法所得1倍以上5倍以下的罚款；没有违法所得或者违法所得不满10万元的，并处10万元以上50万元以下的罚款；情节严重的，责令停业整顿或者吊销期货业务许可证：

（一）向客户作获利保证或者不按照规定向客户出示风险说明书的；

（二）在经纪业务中与客户约定分享利益、共担风险的；

（三）不按照规定接受客户委托或者不按照客户委托内容擅自

进行期货交易的；

（四）隐瞒重要事项或者使用其他不正当手段，诱骗客户发出交易指令的；

（五）向客户提供虚假成交回报的；

（六）未将客户交易指令下达到期货交易所的；

（七）挪用客户保证金的；

（八）不按照规定在期货保证金存管银行开立保证金账户，或者违规划转客户保证金的；

（九）国务院期货监督管理机构规定的其他欺诈客户的行为。

期货公司有前款所列行为之一的，对直接负责的主管人员和其他直接责任人员给予警告，并处1万元以上10万元以下的罚款；情节严重的，暂停或者撤销期货从业人员资格。

任何单位或者个人编造并且传播有关期货交易的虚假信息，扰乱期货交易市场的，依照本条第一款、第二款的规定处罚。

第六十八条　期货公司及其他期货经营机构、非期货公司结算会员、期货保证金存管银行提供虚假申请文件或者采取其他欺诈手段隐瞒重要事实骗取期货业务许可的，撤销其期货业务许可，没收违法所得。

第六十九条　期货交易内幕信息的知情人或者非法获取期货交易内幕信息的人，在对期货交易价格有重大影响的信息尚未公开前，利用内幕信息从事期货交易，或者向他人泄露内幕信息，使他人利用内幕信息进行期货交易的，没收违法所得，并处违法所得1倍以上5倍以下的罚款；没有违法所得或者违法所得不满10万元的，处10万元以上50万元以下的罚款。单位从事内幕交易的，还应当对直接负责的主管人员和其他直接责任人员给予警告，并处3

万元以上 30 万元以下的罚款。

国务院期货监督管理机构、期货交易所和期货保证金安全存管监控机构的工作人员进行内幕交易的，从重处罚。

第七十条　任何单位或者个人有下列行为之一，操纵期货交易价格的，责令改正，没收违法所得，并处违法所得 1 倍以上 5 倍以下的罚款；没有违法所得或者违法所得不满 20 万元的，处 20 万元以上 100 万元以下的罚款：

（一）单独或者合谋，集中资金优势、持仓优势或者利用信息优势联合或者连续买卖合约，操纵期货交易价格的；

（二）蓄意串通，按事先约定的时间、价格和方式相互进行期货交易，影响期货交易价格或者期货交易量的；

（三）以自己为交易对象，自买自卖，影响期货交易价格或者期货交易量的；

（四）为影响期货市场行情囤积现货的；

（五）国务院期货监督管理机构规定的其他操纵期货交易价格的行为。

单位有前款所列行为之一的，对直接负责的主管人员和其他直接责任人员给予警告，并处 1 万元以上 10 万元以下的罚款。

第七十一条　交割仓库有本条例第三十五条第二款所列行为之一的，责令改正，给予警告，没收违法所得，并处违法所得 1 倍以上 5 倍以下的罚款；没有违法所得或者违法所得不满 10 万元的，并处 10 万元以上 50 万元以下的罚款；情节严重的，责令期货交易所暂停或者取消其交割仓库资格。对直接负责的主管人员和其他直接责任人员给予警告，并处 1 万元以上 10 万元以下的罚款。

第七十二条　国有以及国有控股企业违反本条例和国务院国有

资产监督管理机构以及其他有关部门关于企业以国有资产进入期货市场的有关规定进行期货交易，或者单位、个人违规使用信贷资金、财政资金进行期货交易的，给予警告，没收违法所得，并处违法所得1倍以上5倍以下的罚款；没有违法所得或者违法所得不满10万元的，并处10万元以上50万元以下的罚款。对直接负责的主管人员和其他直接责任人员给予降级直至开除的纪律处分。

第七十三条 境内单位或者个人违反规定从事境外期货交易的，责令改正，给予警告，没收违法所得，并处违法所得1倍以上5倍以下的罚款；没有违法所得或者违法所得不满20万元的，并处20万元以上100万元以下的罚款；情节严重的，暂停其境外期货交易。对单位直接负责的主管人员和其他直接责任人员给予警告，并处1万元以上10万元以下的罚款。

第七十四条 非法设立期货交易场所或者以其他形式组织期货交易活动的，由所在地县级以上地方人民政府予以取缔，没收违法所得，并处违法所得1倍以上5倍以下的罚款；没有违法所得或者违法所得不满20万元的，处20万元以上100万元以下的罚款。对单位直接负责的主管人员和其他直接责任人员给予警告，并处1万元以上10万元以下的罚款。

非法设立期货公司及其他期货经营机构，或者擅自从事期货业务的，予以取缔，没收违法所得，并处违法所得1倍以上5倍以下的罚款；没有违法所得或者违法所得不满20万元的，处20万元以上100万元以下的罚款。对单位直接负责的主管人员和其他直接责任人员给予警告，并处1万元以上10万元以下的罚款。

第七十五条 期货公司的交易软件、结算软件供应商拒不配合国务院期货监督管理机构调查，或者未按照规定向国务院期货监督管理机构提供相关软件资料，或者提供的软件资料有虚假、重大遗漏的，责令改正，处 3 万元以上 10 万元以下的罚款。对直接负责的主管人员和其他直接责任人员给予警告，并处 1 万元以上 5 万元以下的罚款。

第七十六条　会计师事务所、律师事务所、资产评估机构等中介服务机构未勤勉尽责，所出具的文件有虚假记载、误导性陈述或者重大遗漏的，责令改正，没收业务收入，暂停或者撤销相关业务许可，并处业务收入 1 倍以上 5 倍以下的罚款。对直接负责的主管人员和其他直接责任人员给予警告，并处 3 万元以上 10 万元以下的罚款。

第七十七条　任何单位或者个人违反本条例规定，情节严重的，由国务院期货监督管理机构宣布该个人、该单位或者该单位的直接责任人员为期货市场禁止进入者。

第七十八条　国务院期货监督管理机构、期货交易所、期货保证金安全存管监控机构和期货保证金存管银行等相关单位的工作人员，泄露知悉的国家秘密或者会员、客户商业秘密，或者徇私舞弊、玩忽职守、滥用职权、收受贿赂的，依法给予行政处分或者纪律处分。

第七十九条　违反本条例规定，构成犯罪的，依法追究刑事责任。

第八十条　对本条例规定的违法行为的行政处罚，除本条例已有规定的外，由国务院期货监督管理机构决定；涉及其他有关部门法定职权的，国务院期货监督管理机构应当会同其他有关部门处理；属于其他有关部门法定职权的，国务院期货监督管理机构应当移交其他有关部门处理。

第八章　附则

第八十一条　本条例下列用语的含义：

（一）商品期货合约，是指以农产品、工业品、能源和其他商品及其相关指数产品为标的物的期货合约。

（二）金融期货合约，是指以有价证券、利率、汇率等金融产品及其相关指数产品为标的物的期货合约。

（三）保证金，是指期货交易者按照规定交纳的资金或者提交的价值稳定、流动性强的标准仓单、国债等有价证券，用于结算和保证履约。

（四）结算，是指根据期货交易所公布的结算价格对交易双方的交易结果进行的资金清算和划转。

（五）交割，是指合约到期时，按照期货交易所的规则和程序，交易双方通过该合约所载标的物所有权的转移，或者按照规定结算价格进行现金差价结算，了结到期未平仓合约的过程。

（六）平仓，是指期货交易者买入或者卖出与其所持合约的品种、数量和交割月份相同但交易方向相反的合约，了结期货交易的行为。

（七）持仓量，是指期货交易者所持有的未平仓合约的数量。

（八）持仓限额，是指期货交易所对期货交易者的持仓量规定的最高数额。

（九）标准仓单，是指交割仓库开具并经期货交易所认定的标准化提货凭证。

（十）涨跌停板，是指合约在1个交易日中的交易价格不得高于或者低于规定的涨跌幅度，超出该涨跌幅度的报价将被视为无效，不能成交。

（十一）内幕信息，是指可能对期货交易价格产生重大影响的尚未公开的信息，包括：国务院期货监督管理机构以及其他相关部门制定的对期货交易价格可能发生重大影响的政策，期货交易所作出的可能对期货交易价格发生重大影响的决定，期货交易所会员、客户的资金和交易动向以及国务院期货监督管理机构认定的对期货交易价格有显著影响的其他重要信息。

（十二）内幕信息的知情人员，是指由于其管理地位、监督地位或者职业地位，或者作为雇员、专业顾问履行职务，能够接触或者获得内幕信息的人员，包括：期货交易所的管理人员以及其他由于任职可获取内幕信息的从业人员，国务院期货监督管理机构和其他有关部门的工作人员以及国务院期货监督管理机构规定的其他人员。

第八十二条　国务院期货监督管理机构可以批准设立期货专门结算机构，专门履行期货交易所的结算以及相关职责，并承担相应法律责任。

第八十三条　境外机构在境内设立、收购或者参股期货经营机构，以及境外期货经营机构在境内设立分支机构（含代表处）的管理办法，由国务院期货监督管理机构会同国务院商务主管部门、外汇管理部门等有关部门制订，报国务院批准后施行。

第八十四条　在期货交易所之外的国务院期货监督管理机构批准的交易场所进行的期货交易，依照本条例的有关规定执行。

第八十五条　不属于期货交易的商品或者金融产品的其他交易活动，由国家有关部门监督管理，不适用本条例。

第八十六条　本条例自2007年4月15日起施行。1999年6月2日国务院发布的《期货交易管理暂行条例》同时废止。

期刊摘要

▼

银行体制改革的若干探讨意见

（徐雪寒、黄达、俞天一、刘光第、沈大年、李茂生、曹凤岐、袁振宇、席长庚，《金融研究》，1984年09期）

在经济改革发展迅猛背景下，银行改革作为经济改革的重要组成部分，需要从理论和实际工作层面探讨体制改革问题。在银行体制改革问题座谈会上，相关工作者就当时银行改革问题与形势发展需要及相关建议进行了充分讨论：徐雪寒肯定了中央银行成立的必要性，黄达赞成中央银行对信贷资金实行实拨实贷的改革，俞天一建议考虑中央银行控制全国、专业银行由地方管理以解决纵横联系，刘光第认为体制改革要把整个计划管理体制建立在价值规律基础上，沈大年坚持政企必须分开、管理和经营不能混合，李茂生提出要建立中国式社会主义金融体系，曹凤岐认为过去"四龙治水"的问题仍未解决，袁振宇表明对待开放金融市场要慎重、需要考虑财政政策问题，席长庚表示银行实行分权是必要的。

我国金融体制改革的方向和步骤

（刘鸿儒，《金融研究》，1987 年 05 期）

金融体制改革的方向和重点：一是发展新型的、多样化的金融机构；二是逐步实行专业银行和其他金融机构的企业化；三是开拓、建立和发展金融市场；四是逐步理顺利率体系，发挥利率杠杆的调节作用；五是改进外汇、外债的管理；六是改善和强化中央银行的宏观管理，这一点是最重要的。金融体制改革的步骤和措施：第一，金融体制改革的复杂性和不平衡性决定必须分步骤、分层次地推进。第二，在改革的指导思想上要处理好新旧体制交替、转化，集中和分散，金融体制改革与经济体制改革等 3 个方面的关系。第三，加快人才培养的步伐。

专家学者座谈金融体制改革

（吴晓灵、郭树清、谢平、江其务、马建堂、李青原、谢杭生、周慕冰、王广谦、曹文炼、景学成、夏斌，《金融研究》，1992 年 06 期）

在深化金融体制改革过程中，在金融体制改革与企业化问题上：吴晓灵强调银行是解决社会效益问题的，而财政才是解决社会公平问题的，这两本账要分清；马建堂表示我国金融体制改革的双重任务是与直接融资有关的组织创新和与间接融资有关的主体改造；李青原提出现在银行和企业缺乏约束力的原因在于，我国不存在银行信用和企业信用；谢杭生认为当前金融体制改革深化的可行途径是通过包括证券发行市场和证券交易市场在内的证券市场的发展，形成一定比重的直接融资和一定数量的直接融资机构，在适当的时候实行证券业同银行业的分业管理，通过证券业同银行业的适度竞争，在经济体制改革逐步深化的基础上，推进银行的企业化改革步伐；周慕冰认为一是要强调中央银行的独立性，二是必须强调中央银行的独立性和中央银行的技术能力要对称；王广谦主张建立地方银行，有利于我国金融机构真正发挥其应有的作用。

关于金融市场建设问题：吴晓灵认为当下的首要任务是解决深层次的矛盾，着重机制的转换和管理的规范化。对于股票上市和证券管理机构的设立，谢平、曹文炼、景学成持谨慎态度。李青原表示，对于股票市场管理问题，建议尽快建立专业化管理规则，对股票市场实行集中管理，交易所除必要的维持费用，其他收入上交中央财政，在管理方面，政府应尽快脱离出来，市场发育到今天，政府已完成培育市场的责任，应成立专业化的证券管理委员会，由专职人员出任。

中国的银行制度改革——兼谈银行的股份制改革问题

（董辅礽，《经济研究》，1994年01期）

关于银行体制改革，首先应解决财政与中央银行的关系，中央银行的金融政策与货币信贷计划交全国人大审议，受全国人大监督。鉴于中国专业银行具有的垄断性问题，为了打破其垄断性，必须建立更多的商业银行，包括地区性的商业银行，促使银行之间竞争，允许建立民营的商业银行将是中国银行体制改革的重要突破。

银行体制存在的问题，不仅是银行体制本身的问题，它与经济体制的其他方面有密切的关系。因此，要改革银行体制，还必须相应地改变其他方面的经济体制。第一，专业银行不能自负盈亏，与国有企业改革还未完成，不能自负盈亏有密切关系。第二，银行不能自主经营、自负盈亏，与政府的职能尚未随着指令性计划经济向市场经济的转变而作相应的转变有密切关系。第三，不能自主经营、自负盈亏也与银行缺乏正常运作的市场环境，市场缺乏规则，即使有一些规则也难以严格遵行有密切关系。

金融体制改革的重大突破

（王兆星，《中国金融》，1994 年 03 期）

根据党的十四届三中全会精神，我国金融体制的深化改革，将使人民银行成为真正的中央银行，国家专业银行成为真正的商业银行，我国的金融体制将会有一个实质性的突破或质的飞跃。这种质的飞跃主要体现在以下几个方面：一是人民银行真正行使中央银行职能，把主要精力放在科学制定和实施货币政策，保持货币的基本稳定，加强对金融机构的严格监管，维护金融体系的安全、有效运行上。二是人民银行在实施金融宏观调控过程中，逐步改变主要通过贷款限额和直接再贷款控制货币、信贷总量的传统方式，逐步采用通过存款准备金率、再贷款利率、再贴现率及公开市场操作等方式。三是配合企业体制改革、财税体制改革、投资体制改革和政策性银行的设立，使国有专业银行逐步向商业银行转变。四是进一步改革利率体制，理顺利率结构，充分发挥利率的杠杆作用。五是进一步改革外汇管理体制，逐步建立起统一开放、有管理的、高效的外汇市场。

规范中国保险市场的重要法律武器

（魏迎宁，《中国保险》，1995 年 09 期）

  《保险法》从我国国情出发，总结了我国保险业的实践，借鉴、吸收了国外保险业的成功经验，既具中国特色，又尽可能地采用了国际惯例。市场经济是法治经济，市场经济要求健全的法制。保险业在中国的发展还处于起步阶段，中国的保险市场潜力巨大。改革的深化和对外开放的扩大必将进一步引发社会对保险的需求，经济的增长必将进一步为保险业的发展提供物质基础。《保险法》的颁布和施行将使我国的保险市场规范、公平、有序，将使我国的保险业持续、快速、健康地发展。

我国外汇体制改革的进展
——人民币实现从经常项目可兑换到资本项目可兑换

（吴晓灵，《金融研究》，1997 年 01 期）

  维持人民币汇率的基本稳定是中国人民银行货币政策的目标之一。我国在实现人民币经常项目可兑换之后，能否尽快实现资本项目可兑换，在很大程度上取决于能否有效地防止资本的大规模流动以及是否有能力消除大规模资本流动给经济带来的影响。在我国实现资本项目可兑换，主要需要以下几个条件：一是能否有一个健全的财政体制，逐渐减少财政赤字以及用非通货膨胀的方式弥补已有的财政赤字。二是微观活动主体能否对资本流动产生的后果作出灵敏且有效的反应。三是内、外资金融机构的同等税赋。四是健全的金融体系和强有力的金融监管。

市场结构和价格管制：对中国利率市场化的评析

（陆磊，《金融研究》，2001年04期）

由于我们的全部分析建立在机构垄断基础上，故正确的改革顺序应该是先改机构体系，放宽金融机构准入限制，打破现有城乡银行类金融机构的垄断局面，然后再推行利率市场化。如果打破机构垄断可能遇到经济层面和社会层面的阻力，并且在一般意义上，对任何国家而言，结构（包括市场结构）调整都是中期任务，按上述顺序进行改革不具备现实性，那么文章证明，保持存贷款利率管制可以在一定程度上同时发挥价格管制和质量管制的作用。一是贷款利率上限管理有助于部分抵消垄断造成的信贷市场失衡问题；二是存款利率上限管理能在客观上起到促进金融机构提高金融产品与服务质量的作用。因此，存贷款利率管制是在当前各种可能的改革思路中，相对有利于金融产品最终消费者的政策抉择。尽管在根本上，我们还是要朝利率市场化迈进。

深化投融资体制改革与完善货币政策传导机制

（郭树清，《金融研究》，2002年02期）

近几年，我国实施积极的财政政策和稳健的货币政策，同时采取了其他一系列改革措施，保持了国民经济的快速增长。但是，我国经济资源尚未得到充分利用,生产能力仍有较大比例的闲置,实际增长明显低于潜在水平。完善货币政策传导机制是目前宏观调控面临的首要问题,深化投融资体制改革是完善货币政策传导机制的关键。作者提出了抓紧探索加快债券市场发展的途径和方法,探讨了如何积极推进融资方式的多样化。

推进资本市场的改革开放和稳定发展
(尚福林,《中国金融》,2004 年 01 期)

该文在全面理解和把握推进资本市场改革开放和稳定发展的深刻历史背景的前提下,梳理了全面认识推进资本市场改革开放和稳定发展对实现我国国民经济发展战略的重要意义,认为应按照党的十六届三中全会的要求,全面加强市场建设,积极推进资本市场的改革开放和稳定发展。一是要注重保护好投资者权益,稳妥解决市场存在的问题;二是要适应不同的资金融通需求,建立多层次市场体系;三是要进一步丰富市场产品,拓展债券市场,扩大公司债券发行规模;四是要大力发展机构投资者,拓宽合规资金入市渠道;五是要不断完善和规范发行程序,从源头上把好上市公司质量关;六是要不断深化证券中介机构的改革;七是要完善交易、登记和结算体系,建立统一互联的证券市场;八是要稳步发展期货市场。

关于当前我国金融改革和资本市场发展若干重要问题的看法

（吴晓求，《金融研究》，2006年06期）

该文从构建现代金融体系和维护金融体系的稳定性的角度，对新时期我国资本市场的发展战略、国有大型、特大型企业从海外市场逐步回归国内资本市场、大型国有商业银行外资持股比例、债券市场发展的迫切性和中小企业发展与金融制度创新等重要问题作了新的探讨，认为构建一个结构合理、功能健全的资本市场，对中国金融体系的现代化和中国经济的持续成长具有战略意义，而让国有独资或控股的大型、特大型资源型企业回归国内资本市场的创新，则是构建结构完善、功能强大的资本市场的核心要素。

中国银行业的改革发展方向

（尚福林，《中国金融》，2012年03期）

作为服务国民经济发展的银行系统，必须坚持科学发展观，全面贯彻落实中央经济工作会议和全国金融工作会议精神，切实做到"六个准确把握"——准确把握发展基调、准确把握服务方向、准确把握改革重点、准确把握风险防线、准确把握创新精髓、准确把握监管导向，进一步转变发展方式，进一步强化风险管控，进一步提升对实体经济的服务水平。

深化金融体制改革

（周小川，《中国金融》，2015 年 22 期）

金融体制是社会主义市场经济体制的重要组成部分。要深刻领会和贯彻落实党的十八届五中全会精神，将五大理念贯穿金融改革全过程，创新宏观调控方式，改革并完善适应现代金融市场发展的金融监管框架，促进金融业协调发展，全面提升金融业双向开放水平，发挥金融服务创新驱动和绿色发展功能，提高金融服务实体经济效率，促进经济金融平衡、稳健、安全和可持续发展。

五大理念分别是：坚持创新发展理念，全面提高金融服务实体经济效率；坚持协调发展理念，构建结构平衡、可持续的金融体系；坚持绿色发展理念，建设绿色金融体系；坚持开放发展理念，构建金融业双向开放新体制；坚持共享发展理念，发展普惠金融。

新中国成立 70 年金融事业取得辉煌成就

（易纲，《中国金融》，2019 年 19 期）

新中国成立 70 年来，在中国共产党的坚强领导下，金融业始终坚持以人民为中心，服务经济建设和社会发展大局，取得了历史性成就。一是基本建成了与中国特色社会主义相适应的现代金融市场体系，二是基本建成了以服务实体经济为目标、便民利民的金融服务体系，三是基本建立了有效维护金融稳定的金融监管体系，四是基本形成了有效实施逆周期调节的宏观金融调控体系，五是基本确立了面向全球、平等竞争的金融开放体系。

我国外汇管理改革事业 70 年

（潘功胜，《中国金融》，2019 年 19 期）

新中国成立 70 年来，我国外汇管理工作始终围绕党和国家中心工作，高效集约配置和使用外汇资源，为不同时期经济建设发展大局作出了重要贡献。改革开放以来，外汇管理部门坚持社会主义市场经济改革方向，坚持对外开放基本国策，在促进贸易投资自由化便利化的同时，有效应对历次国际金融危机冲击。

1949—1978 年，立足实际国情，高度集中的外汇管理体制有力地支持了国民经济的恢复与发展；1979—1993 年，设立专门管理外汇的国家机关，计划管理与市场调节相结合的外汇管理模式初步形成；1994—2012 年，市场配置外汇资源的作用愈加重要，与社会主义市场经济相适应的外汇管理体制不断完善；2013 年至今，统筹平衡便利化和防风险，建立健全与更高水平开放相适应的跨境资本流动管理框架。

70 年保险监管改革与发展

（周延礼，《中国金融》，2019 年 19 期）

新中国成立 70 年来，我国保险业紧跟时代步伐，坚持改革创新，在行业发展、服务领域、支持实体经济发展方面均取得较好成效。截至2018年底，保险市场规模全球排名升至第二位，在世界500强中有7家中国内地的保险公司，我国成为全球最重要的新兴保险市场大国。新时代保险监管大有可为。一是以人民为中心，切实满足人民对保险的多样化需求，维护保险消费者合法权益。二是以监管促改革，引领保险业服务实体经济，实现高质量发展。三是监管要守住底线，防范化解行业风险。四是加强改善监管，持续推进金融供给侧结构性改革。

著作介绍

▼

《中国目前金融工作》

（陈慕华著，中国金融出版社1987年出版）

该书收集、选编了作者自1985年3月兼任中国人民银行行长以来，关于国内国际金融工作的一系列重要讲话、谈话和公开发表文章。该书全面阐述了当时我国金融工作、金融体制改革的指导思想、方针和政策，比较系统地记录了作者对我国金融工作提出的一系列观点和主张，记录了金融方面的一系列重要决策，反映了金融工作取得的显著成效，总结了金融工作和改革的基本经验，是研究我国金融体制改革历程的重要文献。

《中国金融体制改革问题研究》

（刘鸿儒编著，中国金融出版社1987年出版）

该书阐述了中华人民共和国成立初期社会主义金融体制形成的背景，论述了改革开放后金融体制改革的指导思想，明确了金融体制改革的目标，并对改革开放头十年的金融体制改革经验和教训进行了总结。该书指出，我国金融体系如何改革，并不是事先设计出一个固定的方案，而是在改革的实践中，随着经济发展的需要和经济体制改革的深入推进，逐步提高认识，逐步明确的。在此基础上，该书对未来我国金融体制改革进行了展望，认为未来我国应建立和发展以中央银行为领导的社会主义金融体系。

《中国金融体制改革》
（陈元主编，中国财政经济出版社1994年出版）

该书为建立社会主义市场经济体制系列图书，阐述了当时金融体制改革的新思路、新举措及改革的背景、前景和应注意的问题等。作者的货币管理思想在当今市场经济体制下，仍具有重要的现实意义。作者货币管理思想的主要内涵：货币发行权必须集中统一；货币发行必须有准备金；货币发行的基本原则是经济发行，但特殊时期货币的财政发行是解决财政困难的重要手段；货币供给与货币需求必须平衡。

《银行法的实践与发展》
（吴晓灵主编，中国经济出版社2005年出版）

该书是一部纪念《中国人民银行法》和《商业银行法》颁布实施十周年的文集，收录的文章包括以下几个方面内容：一是对我国银行法十年的历程作出回顾,并对银行法的未来发展提出有效建议;二是对人民银行依法履职、商业银行合规发展,进行积极探索;三是聚焦银行法中的热点难点,对金融控股公司的监管、最后贷款人制度的建立、金融监管协调机制的完善等问题展开讨论。

《戴相龙金融文集》
(戴相龙著,中国金融出版社2008年出版)

该书的内容主要包括四个方面:一是金融工作和人民银行工作的年度报告,二是在中央党校及部分高校所作的金融讲座,三是参加重要国际会议的讲话,四是在报刊上发表的重要文章。文集真实记录了我国金融业改革和发展相关阶段的历史,系统记载了作者主持中央银行工作期间,在加强和完善金融宏观调控、强化金融监管、组织外汇管理制度改革、扩大金融开放、应对金融危机等方面的工作情况、政策背景和学术观点。

《系统性的体制转变——改革开放进程中的研究与探索》
(周小川著,中国金融出版社2008年出版)

该书汇集了作者1991年至2004年所发表的部分重要论文,大多是过去30年间对中国经济改革和政策制定发生过直接影响的调研报告、政策建议、理论著作,展示了作者对当时改革方向的思考和阐述,对中央政策的解读,以及在政策探索中的理论交锋,具有重要的研究价值、文献价值和理论价值。

《中国金融体制改革 30 年回顾与展望》
（吴晓灵主编，人民出版社 2008 年出版）

该书作为《强国之路——纪念改革开放 30 周年重点书系》之一，分为金融宏观调控、外汇管理与外汇市场、银行业改革与监管、货币市场和金融衍生品市场、资本市场、保险市场、监管协调与金融稳定、金融基础建设等 8 个部分，力求通过描述各项重大改革事件、改革措施出台的背景、实施效果、经验教训及评述等，努力勾勒中国金融改革、发展、演变的基本脉络，揭示基本轨迹。

《中国金融改革开放大事记》
（吴晓灵主编，中国金融出版社 2008 年出版）

该书充分体现了中国共产党领导下的我国金融业的发展历程及改革开放取得的伟大成就，是研究我国金融领域改革开放历史的重要文献。全书按时间顺序记述了中国改革开放 30 年（1978—2008 年）金融领域的重要政策演进、重要机构变动和重要事件概要。该书题材涉及宏观经济、金融调控政策、金融监管措施、金融市场发展、金融机构演变以及对外开放与交流，涵盖银行、证券、保险、外汇等主要金融业务领域的制度安排、政策措施和业务创新等内容。

著作介绍

《中国金融改革 30 年》

(李扬著,社会科学文献出版社 2008 年出版)

金融体系的改革开放,是中国改革开放的重要组成部分。30年来,由中国人民银行一统天下到多种金融机构并存和金融市场竞相发展,由为计划提供资金服务到成为市场化配置资源的主渠道,由无足轻重到牵一发而动全身,中国金融体系走过了一条充满曲折和坎坷的改革开放之路。该书作者以中国金融改革开放的亲身参与者的身份,从 3 个方面回顾了中国金融改革开放 30 年艰辛历程:一是对中国金融改革开放的曲折历程进行了回顾,二是对中国金融宏观调控的利弊得失进行了回顾,三是对中国金融研究的发展变化进行了回顾。

《中国金融改革:历史经验与转型模式》

(王广谦、应展宇、江世银著,中国金融出版社 2008 年出版)

1978 年以来,中国经济在以渐进为特征的改革开放中迅猛崛起。以金融规模总量迅猛增长和金融结构深刻变化为核心的金融发展也成为中国崛起的重要标志之一。该书在勾勒中国历史上的金融发展与改革之前金融状况的基础上,系统回顾了 30 年中国金融机构、金融市场和金融监管与调控等领域的改革历程与发展状况,总结了金融改革的基本经验,再现了 30 年金融改革与发展使中国金融体系完成一次"涅槃"式质的飞跃的全过程,并从比较金融的视角,分析了中国与俄罗斯、波兰等中东欧转轨国家金融改革的差异，从目标设定、路径及顺序选择、动力来源以及推进策略等方面论证了转轨国家中金融改革的"中国模式"。

《中国金融改革思考录》
（易纲著，商务印书馆 2009 年出版）

该书是近年来思考中国金融改革的历程与成就、政策与措施的结晶，主要论题包括政府与市场的关系、宏观经济与货币政策、汇率与利率、中国金融企业改革开放的逻辑、农村金融与农村信用社改革等。阅读本书可对中国金融改革的历程及走向有一个全面且深入的了解。

《新中国财政金融制度变迁事件解读》
（陈雨露、郭庆旺主编，中国人民大学出版社 2013 年出版）

该书选取 60 多年来中国财政金融制度变迁过程中具有重要影响的 28 个标志性事件进行了刻画与解读。围绕每一个事件的故事刻画和理论提炼单独成文，但事件之间又保持着整体结构上的逻辑呼应。该书对每一个事件的解读追求理论逻辑与历史逻辑的统一，同时强调宏大背景与故事细节的结合。每个事件解读大致包括事件背景描述、事件故事原型刻画、事件制度含义以及理论发现等部分，力争得出具有中国特色的财政金融新观点和新假说，进而推动中国财政金融理论新框架的构建。

著作介绍

《新中国金融业发展历程》

（李德主编，人民出版社 2015 年出版）

该书作者李德在掌握大量资料的基础上，按照新中国金融沿革的时间顺序，采用史论结合、图文并茂的方法，精心编排了金融业在各个时期演进的框架，通过详细的论述和分析，全面反映了新金融体系建立与发展过程中各个阶段的历史背景、重大事件、关键问题、政策的实施及其效果等。

《资管大时代》

（吴晓灵、邓寰乐 等著，中信出版社 2020 年出版）

该书全面系统地回顾了我国资产管理行业的发展历程与监管制度设计的沿革，同时详细介绍了美国、英国、日本等发达经济体的资产管理市场的特点和实践。通过理论分析、典型案例和比较研究，客观反映了当前资产管理行业发展所面临的问题和短板。特别是结合我国国情和金融体系特点，对直接融资间接化、投资业务融资化等问题和现象作了深入的成因分析。该书对完善我国资产管理市场监管体系和推动行业转型发展提出了中肯的意见与建议。

《中国资本市场变革》
（肖钢著，中信出版社 2020 年出版）

2020 年，恰逢中国资本市场建立 30 周年。打造规范、透明、开放、有活力、有韧性的资本市场，关键是加快推进资本市场基础制度建设。因此，该书选取了资本市场基础制度建设这个视角来作探讨，回顾了若干项制度建立的来龙去脉，分析了制度执行的利弊得失，呈现了各方面对某些制度的不同意见，提出了未来制度建设的方案设想。

《读懂中国金融：金融改革的经济学分析》
（黄益平、王勋著，人民日报出版社 2022 年出版）

该书系统梳理了改革开放 40 多年来中国金融体系的发展、变革历程，对中国金融体系的运行特点进行了深入分析，论述了中国政府对金融体系干预的历史合理性及其对经济增长、金融稳定的促进作用，以及政府干预金融在当下经济环境中的局限性，对未来可能的发展进行了合理预测、分析。该书还对公众普遍关注的"金融不支持实体经济"、"小微企业融资难、融资贵"、"中国数字金融如何领先全球"等问题进行了深入探讨，并对相关问题给出了相应的政策建议，对未来的金融体系进行了分析、展望。

重要文献索引

政策文件

《关于切实加强信贷管理 严格控制货币发行的决定》,《中华人民共和国国务院公报》,1981年02期。

《国务院关于中国银行地位问题的通知》,《中华人民共和国国务院公报》,1982年15期。

《国务院批转中国人民银行关于国营企业流动资金改由人民银行统一管理的报告的通知》,《中华人民共和国国务院公报》,1983年15期。

《国务院关于中国人民银行专门行使中央银行职能的决定》,《中华人民共和国国务院公报》,1983年21期。

《中华人民共和国一九八四年国库券条例》,《中华人民共和国国务院公报》,1983年21期。

《国务院关于进一步扩大国营工业企业自主权的暂行规定》,载中共中央文献研究室编,《十二大以来重要文献选编(上)》,人民出版社,1986年版。

《国务院关于进一步控制货币稳定金融的决定》,《吉林省人民政府公报》,1988年20期。

《国务院关于坚决制止乱集资和加强债券发行管理的通知》,《中华人民共和国国务院公报》，1993年08期。

《国务院关于金融体制改革的决定》，《中华人民共和国国务院公报》，1993年31期。

《中国人民银行关于进一步改革外汇管理体制的公告》，《中华人民共和国国务院公报》，1993年31期。

《国务院办公厅转发国务院证券委员会关于坚决制止期货市场盲目发展若干意见请示的通知》，《中华人民共和国国务院公报》，1994年13期。

《关于股份有限公司境外募集股份及上市的特别规定》，《中华人民共和国国务院公报》，1994年18期。

《国务院关于组建城市合作银行的通知》，《中华人民共和国国务院公报》，1995年24期。

《关于股份有限公司境内上市外资股的规定》，《中华人民共和国国务院公报》，1995年33期。

《国务院办公厅转发国务院证券委员会关于1996年全国证券期货工作安排意见的通知》，中国政府网，1996年9月2日。

《关于进一步加强在境外发行股票和上市管理的通知》，《中华人民共和国国务院公报》，1997年22期。

《证券投资基金管理暂行办法》，《中华人民共和国国务院公报》，1997年35期。

《中共中央 国务院关于深化金融改革，整顿金融秩序，防范金融风险的通知》，载中共中央文献研究室编，《十五大重要文献选编（上）》，人民出版社，2000年版，第105—126页。

中国证券监督管理委员会股票发行审核委员会条例》，《中华人民共和国国务院公报》，2000年04期。

《关于申请设立基金管理公司若干问题的通知》,《中国证券监督管理委员会公告》,2001 年 05 期。

《关于发布〈开放式证券投资基金试点办法〉的通知》,《中华人民共和国国务院公报》,2001 年 28 期。

《开放式证券投资基金试点办法》,《中华人民共和国国务院公报》,2001 年 28 期。

《关于基金管理公司设立审核程序有关问题的通知》,《中国证券监督管理委员会公告》,2002 年 01 期。

《中华人民共和国外资保险公司管理条例》,《中华人民共和国国务院公报》,2002 年 03 期。

《国家外汇管理局关于实施国内外汇贷款外汇管理方式改革的通知》,《国家外汇管理局文告》,2002 年 25 期。

《合格境外机构投资者境内证券投资管理暂行办法》,《中华人民共和国国务院公报》,2003 年 21 期。

《中共中央关于完善社会主义市场经济体制若干问题的决定》,人民出版社,2003 年版。

《中国人民银行关于完善人民币汇率形成机制改革的公告》,《中国人民银行文告》,2005 年 Z4 期。

《关于保险机构投资者股票投资交易有关问题的通知》,中国银行保险监督管理委员会网站,2005 年 12 月 26 日。

《中国人民银行关于扩大外汇指定银行对客户远期结售汇业务和开办人民币与外币掉期业务有关问题的通知》,《中国人民银行文告》,2005 年 13 期。

《商务部办公厅关于扩大开放、提高吸收外资水平、促进中部崛起的指导意见》,中华人民共和国商务部网站,2006 年 1 月 9 日。

《中国人民银行关于进一步完善银行间即期外汇市场的公告》,《中国外汇》,2006年Z1期。

《国家外汇管理局关于进一步改进贸易外汇收汇与结汇管理有关问题的通知》,中国政府网,2006年9月30日。

《国务院关于保险业改革发展的若干意见》,《中华人民共和国国务院公报》,2006年22期。

《上市公司信息披露管理办法》,中国政府网,2007年2月13日。

《中国人民银行关于扩大银行间即期外汇市场人民币兑美元交易价浮动幅度的公告》,中国人民银行网站,2007年5月18日。

《境内金融机构赴香港特别行政区发行人民币债券管理暂行办法》,中国政府网,2007年6月8日。

《国务院关于推进资本市场改革开放和稳定发展的若干意见》,中国政府网,2008年3月28日。

《信托公司集合资金信托计划管理办法》,中国政府法制信息网,2008年4月2日。

《国家外汇管理局关于进一步规范银行结售汇统计管理有关问题的通知》,《国家外汇管理局文告》,2008年06期。

《中西部地区外商投资优势产业目录(2008年修订)》,《中国对外经济贸易文告》,2009年04期。

《商业银行投资保险公司股权试点管理办法》,中国政府网,2009年11月26日。

《关于金融支持经济结构调整和转型升级的指导意见》,中国政府网,2013年7月5日。

《中国人民银行关于人民币合格境内机构投资者境外证券投资有关事项的通知》,中国人民银行网站,2014年11月15日。

《中国银监会关于民营银行监管的指导意见》，中国银行保险监督管理委员会网站，2017年1月5日。

《关于扩大对外开放积极利用外资若干措施的通知》，《中华人民共和国国务院公报》，2017年05期。

《中西部地区外商投资优势产业目录（2017年修订）》，《中华人民共和国国务院公报》，2017年25期。

《外商投资产业指导目录》，《中华人民共和国国务院公报》，2017年31期。

《中国银行保险监督管理委员会办公厅关于进一步放宽外资银行市场准入相关事项的通知》，中国政府网，2018年4月27日。

《外商投资证券公司管理办法》，《中华人民共和国国务院公报》，2018年20期。

《人民银行 银保监会 证监会 外汇局关于规范金融机构资产管理业务的指导意见》，《中华人民共和国国务院公报》，2018年26期。

《关于在上海证券交易所设立科创板并试点注册制的实施意见》，《中国证券监督管理委员会公告》，2019年02号。

法律规章

《中华人民共和国国库券条例》，《中华人民共和国国务院公报》，1981年02期。

《保险企业管理暂行条例》，《中华人民共和国国务院公报》，1983年09期。

《国务院关于进一步扩大国营工业企业自主权的暂行规定》，《中华人民共和国全国人民代表大会常务委员会公报》，1984年10期。

《信贷资金管理试行办法》，《中国金融》，1984年12期。

《中华人民共和国银行管理暂行条例》，法律出版社，1986年版。

《国务院批转中国人民银行〈关于办理留成外汇调剂的几项规定〉的通知》（国发〔1986〕18号），中国政府网，2013年10月22日。

《中国人民银行关于发布〈城市信用合作社管理暂行规定〉的通知》，《中华人民共和国国务院公报》，1986年21期。

《国务院关于鼓励外商投资的规定》，法律出版社，1987年版。

《国务院批转商业部等八部门关于试办郑州粮食批发市场报告的通知》，《中华人民共和国全国人民代表大会常务委员会公报》，1990年17期。

《关于境内居民外汇和境内居民因私出境用汇参加调剂的暂行办法》，《陕西省人民政府公报》，1992年01期。

《股票发行与交易管理暂行条例》，《中华人民共和国全国人民代表大会常务委员会公报》，1993年10期。

《企业债券管理条例》，《中华人民共和国全国人民代表大会常务委员会公报》，1993年16期。

《中华人民共和国外资金融机构管理条例》，《中华人民共和国国务院公报》，1994年03期。

《国务院关于股份有限公司境外募集股份及上市的特别规定》，《中华人民共和国全国人民代表大会常务委员会公报》，1994年18期。

《中华人民共和国中国人民银行法》，中国法制出版社，1995年版。

《中华人民共和国商业银行法》，中国法制出版社，1995年版。

《中华人民共和国保险法》，法律出版社，1995年版。

《中华人民共和国票据法》，法律出版社，1995年版。

《中华人民共和国担保法》，中国法制出版社，1995年版。

《国务院关于股份有限公司境内上市外资股的规定》，《中华人民共和国国务院公报》，1995年33期。

《上海浦东外资金融机构经营人民币业务试点暂行管理办法》，《上海金融》，1997年01期。

《国务院关于进一步加强在境外发行股票和上市管理的通知》，《中华人民共和国国务院公报》，1997年22期。

《关于发布〈证券投资基金管理暂行办法〉的通知》，《中华人民共和国国务院公报》，1997年35期。

《中华人民共和国证券法》，中国法制出版社，1998年版。

《上海证券交易所股票暂停上市相关事项的处理规则》，《中国证券监督管理委员会公告》，1999年06期。

《关于发布〈中国证券监督管理委员会股票发行审核委员会条例〉的通知》，《中华人民共和国国务院公报》，2000年04期。

《关于发布〈中国证监会股票发行核准程序〉的通知》，《中华人民共和国国务院公报》，2000年23期。

《关于发布〈股票发行上市辅导工作暂行办法〉的通知》，《中华人民共和国国务院公报》，2000年23期。

《中华人民共和国中外合资经营企业法》，《中华人民共和国全国人民代表大会常务委员会公报》，2001年03期。

《关于发布〈亏损上市公司暂停上市和终止上市实施办法〉的通知》，《中华人民共和国国务院公报》，2002年06期。

《合格境外机构投资者境内证券投资管理暂行办法》，中国证券监督管理委员会网站，2002年11月5日。

《中华人民共和国证券投资基金法》，法律出版社，2003年版。

《证券发行上市保荐制度暂行办法》，《中国证券监督管理委员会公告》，2003年12期。

《中华人民共和国银行业监督管理法》,《中华人民共和国国务院公报》,2004年07期。

《保险机构投资者股票投资管理暂行办法》,《司法业务文选》,2005年14期。

《商业银行设立基金管理公司试点管理办法》,《中华人民共和国国务院公报》,2005年29期。

《中华人民共和国外资银行管理条例》,《中华人民共和国国务院公报》,2007年01期。

《期货交易管理条例》,中国政府网,2007年3月16日。

《信托公司管理办法》,《中华人民共和国国务院公报》,2007年34期。

《金融租赁公司管理办法》,《中华人民共和国国务院公报》,2007年34期。

《合格境内机构投资者境外证券投资管理试行办法》,《中华人民共和国国务院公报》,2008年07期。

《中华人民共和国外汇管理条例》,《中华人民共和国国务院公报》,2008年23期。

《外资参股证券公司设立规则》,《中华人民共和国国务院公报》,2008年25期。

《跨境贸易人民币结算试点管理办法》,中国政府网,2009年7月2日。

《中国人民银行关于印发〈跨境贸易人民币结算试点管理办法实施细则〉的通知》,中国人民银行网站,2009年7月3日。

《中国银监会关于印发〈商业银行投资保险公司股权试点管理办法〉的通知》,中国银行保险监督管理委员会网站,2009年11月26日。

《存款保险条例》，中国法制出版社，2015年版。

《商业银行理财子公司管理办法》，《中华人民共和国国务院公报》，2019年06期。

《公司债券发行与交易管理办法》，《中华人民共和国国务院公报》，2021年12期。

期刊文章

《银行体制改革的若干探讨意见》，《金融研究》，1984年09期。

侯涌泉、王喜义，《按照政企分开的方向改革银行信贷资金管理体制》，《中国金融》，1984年10期。

刘鸿儒，《我国金融体制改革的方向和步骤》，《金融研究》，1987年05期。

杨帆、钟业昌、苑林亚，《论我国对外开放的初期特征》，《国际经济合作》，1987年11期。

高天鹏，《实行"切块"信贷资金管理体制是金融体制改革的关键》，《金融研究》，1988年06期。

吴晓灵、郭树清、谢平、江其务、马建堂、李青原、谢杭生、周慕冰、王广谦、曹文炼、景学成、夏斌，《专家学者座谈金融体制改革》，《金融研究》，1992年06期。

刘平春，《"宝延风波"启示录》，《证券市场导报》，1993年04期。

周宏明，《改革信贷资金管理办法》，《浙江金融》，1993年07期。

董辅礽，《中国的银行制度改革——兼谈银行的股份制改革问题》，《经济研究》，1994年01期。

王兆星，《金融体制改革的重大突破》，《中国金融》，1994年03期。

王廷科，《关于中央银行制度与货币政策的几个问题》，《财贸经济》，1995 年 05 期。

何德旭，《论中国金融的对外开放》，《经济学家》，1995 年 06 期。

魏迎宁，《规范中国保险市场的重要法律武器》，《中国保险》，1995 年 09 期。

杨文武，《进一步扩大对外开放及其对策》，《经济问题探索》，1996 年 03 期。

吴晓灵，《我国外汇体制改革的进展——人民币实现从经常项目可兑换到资本项目可兑换》，《金融研究》，1997 年 01 期。

高剑虹，《信贷资金管理体制的改革》，《改革》，1997 年 04 期。

史晋川、孙福国、严谷军，《市场深化中民间金融业的兴起——以浙江路桥城市信用社为例》，《经济研究》，1997 年 12 期。

谢金玉，《论我国保险市场的对外开放》，《保险研究》，1998 年 03 期。

吴建光、杨子健，《信贷资金管理体制改革与国有银行管理方式调整》，《国际金融》，1998 年 06 期。

陈汉文、林志毅、严晖，《公司治理结构与会计信息质量——由"琼民源"引发的思考》，《会计研究》，1999 年 05 期。

于良春、鞠源，《垄断与竞争：中国银行业的改革和发展》，《经济研究》，1999 年 08 期。

朱民、黄金老，《论中国的资产管理公司》，《经济研究》，1999 年 12 期。

陈小云，《总结立法经验 加强金融立法——纪念〈中国人民银行法〉颁布实施五周年》，《中国金融》，2000 年 04 期。

樊纲，《发展民间金融与金融体制改革》，《上海金融》，2000 年 09 期。

黄正威，《城市信用社和城市商业银行体制改革探索》，《中国金融》，2000年12期。

余永定、陆磊，《中国应从亚洲金融危机中汲取的教训》，《金融研究》，2000年12期。

谢平，《中国农村信用合作社体制改革的争论》，《金融研究》，2001年01期。

黄金老，《利率市场化与商业银行风险控制》，《经济研究》，2001年01期。

臧学英，《中国共产党对外开放思想述略》，《探索》，2001年04期。

陆磊，《市场结构和价格管制：对中国利率市场化的评析》，《金融研究》，2001年04期。

王国松，《中国的利率管制与利率市场化》，《经济研究》，2001年06期。

郭树清，《深化投融资体制改革与完善货币政策传导机制》，《金融研究》，2002年02期。

戴相龙，《贯彻全国金融工作会议精神 依法履行中央银行职责》，《中国金融》，2002年03期。

吴小明，《从银广夏、安然事件谈如何铸造会计信息的诚信》，《财会研究》，2002年09期。

陈志昂，《以监管促进国有商业银行治理——兼评国有商业银行改制上市》，《商业经济与管理》，2004年01期。

尚福林，《推进资本市场的改革开放和稳定发展》，《中国金融》，2004年01期。

成春林，《重新认识金融创新——对我国金融业混业趋势与现行分业监管的思考》，《现代经济探讨》，2004年02期。

王国刚，《建立多层次资本市场体系 保障经济的可持续发展》，《财贸经济》，2004 年 04 期。

范建军，《现代中央银行最后贷款人制度的演进——一个制度历史变迁过程的个案研究》，《经济评论》，2004 年 06 期。

侯茂章，《浅议我国四大国有商业银行改革》，《青海金融》，2004 年 09 期。

颜海波，《中国建立存款保险制度所面临的困境与选择》，《金融研究》，2004 年 11 期。

张杰、高晓红，《注资博弈与中国农信社改革》，《金融研究》，2006 年 03 期。

丁志杰，《回顾与展望——完善人民币汇率形成机制改革之路》，《国际贸易》，2006 年 04 期。

邱润根、张志勋，《我国金融业的入世承诺与法律监管体制的调整》，《企业经济》，2006 年 04 期。

吴晓求，《关于当前我国金融改革和资本市场发展若干重要问题的看法》，《金融研究》，2006 年 06 期。

周小川，《积极推进中国政策性银行的改革与发展》，《中国金融》，2006 年 10 期。

李自然、成思危，《完善我国上市公司的退市制度》，《金融研究》，2006 年 11 期。

陆磊，《金融新局——从国家主体向市场主体的金融体制演进》，《农村金融研究》，2007 年 02 期。

阎冰竹、巴曙松、钟伟、史蔓丽，《新一轮金融改革意义：金融改革走进新时代——阎冰竹、巴曙松、钟伟谈全国金融工作会议精神》，《中国金融家》，2007 年 02 期。

白钦先、常海中，《中国金融业对外开放进程回顾与评述》，《西南金融》，2007年02期。

段引玲，《中央银行信贷资金管理体制改革回顾》，《中国金融》，2008年03期。

余明桂、潘红波，《政治关系、制度环境与民营企业银行贷款》，《管理世界》，2008年08期。

王鹤立，《我国金融混业经营前景研究》，《金融研究》，2008年09期。

易纲，《中国改革开放三十年的利率市场化进程》，《金融研究》，2009年01期。

北京国际金融论坛课题组，《中国金融对外开放：历程、挑战与应对》，《经济研究参考》，2009年04期。

潘健，《新中国中央银行职能的法规诠释》，《当代中国史研究》，2009年05期。

余丽霞，《中国证券市场发展的回顾和展望》，《西南金融》，2009年09期。

尚福林，《中国银行业的改革发展方向》，《中国金融》，2012年03期。

周小川，《资本市场的多层次特性》，《经济导刊》，2012年Z1期。

管涛，《汇改八年：当人民币汇率趋向均衡》，《中国外汇》，2013年13期。

周小川，《深化金融体制改革》，《中国金融》，2015年22期。

王道平，《利率市场化、存款保险制度与系统性银行危机防范》，《金融研究》，2016年01期。

辜胜阻、庄芹芹、曹誉波，《构建服务实体经济多层次资本市场的路径选择》，《管理世界》，2016年04期。

孙娟娟,《大资管时代金融机构财富管理业务的差异化拓展——基于财富管理与资产管理的辨析》,《南方金融》,2017年01期。

陈创练、姚树洁、郑挺国等,《利率市场化、汇率改制与国际资本流动的关系研究》,《经济研究》,2017年04期。

徐忠,《新时代背景下中国金融体系与国家治理体系现代化》,《经济研究》,2018年07期。

温信祥、苏乃芳,《大资管、影子银行与货币政策传导》,《金融研究》,2018年10期。

易纲,《继续扩大金融业开放 推动经济高质量发展》,《中国金融家》,2019年04期。

易纲,《新中国成立70年金融事业取得辉煌成就》,《中国金融》,2019年19期。

潘功胜,《我国外汇管理改革事业70年》,《中国金融》,2019年19期。

周延礼,《70年保险监管改革与发展》,《中国金融》,2019年19期。

张智富,《推进现代中央银行制度建设》,《中国金融》,2020年06期。

中国人民银行办公厅课题研究小组,《建设现代中央银行制度》,《中国金融》,2020年08期。

易纲,《建设现代中央银行制度》,《时代金融》,2021年01期。

图书著作

陈慕华著,《中国目前金融工作》,中国金融出版社,1987年版。

刘鸿儒编著,《中国金融体制改革问题研究》,中国金融出版社,1987年版。

陈元主编,《中国金融体制改革》,中国财政经济出版社,1994年版。

楼继伟、许美征、谢平主编,《中国国有专业银行商业化改革》,中国金融出版社,1998年版。

樊纲主编,《金融发展与企业改革》,经济科学出版社,2000年版。

中国金融税制改革研究小组编著,《中国金融税制改革研究》,中国税务出版社,2004年版。

吴晓灵主编,《银行法的实践与发展》,中国经济出版社,2005年版。

李曙光著,《中国征信体系框架与发展模式》,科学出版社,2006年版。

戴相龙著,《戴相龙金融文集》(上下),中国金融出版社,2008年版。

刘鸿儒编著,《突破——中国资本市场发展之路》(上下),中国金融出版社,2008年版。

周小川著,《系统性的体制转变——改革开放进程中的研究与探索》,中国金融出版社,2008年版。

吴晓灵主编,《中国金融体制改革30年回顾与展望》,人民出版社,2008年版。

吴晓灵主编,《中国金融改革开放大事记》,中国金融出版社,2008年版。

李扬著,《中国金融改革30年》,社会科学文献出版社,2008年版。

中国证券监督管理委员会编,《中国资本市场发展报告》,中国金融出版社,2008年版。

王广谦、应展宇、江世银著,《中国金融改革:历史经验与转型模式》,中国金融出版社,2008年版。

韩俊 等著,《中国农村金融调查》,上海远东出版社,2009年版。

刘鸿儒 等著,《变革——中国金融体制发展六十年》,中国金融出版社,2009 年版。

汪小亚著,《农村金融体制改革研究》,中国金融出版社,2009 年版。

易纲著,《中国金融改革思考录》,商务印书馆,2009 年版。

陈雨露、郭庆旺主编,《新中国财政金融制度变迁事件解读》,中国人民大学出版社,2013 年版。

李德主编,《新中国金融业发展历程》,人民出版社,2015 年版。

贾康、黄益平 等著,财新传媒选编,《金融供给侧改革》,浙江大学出版社,2019 年版。

吴晓求主编,《中国改革开放 40 年与中国金融学科发展》,中国经济出版社,2019 年版。

吴晓灵、邓寰乐 等著,《资管大时代》,中信出版社,2020 年版。

肖钢著,《中国资本市场变革》,中信出版社,2020 年版。

中国金融体制改革大事记

▼

1978 年

1月1日,财政部、中国人民银行正式分开办公。

12月18—22日,党的十一届三中全会在北京召开,作出了把党和国家工作中心转移到经济建设上来、实行改革开放的战略方针。

1979 年

3月13日,中国农业银行正式恢复建立,成为从事农村金融工作的专业银行。

同日,中国银行从中国人民银行中分立出来,作为外汇管理专业银行,承办国际结算和外汇信贷业务,同时行使国家外汇管理总局的职能。

4月9日,国务院批转《中国人民银行分行行长会议纪要》,明确提出要开展保险业务。

4月25日,中国人民银行发出《关于恢复国内保险业务和加强保险机构的通知》。

8月13日,国务院改革外汇分配制度,决定实行贸易和非贸易外汇留成办法。

8月28日，国务院批准中国人民建设银行从财政部独立出来。

10月4日，中国国际信托投资公司（集团）在北京成立，是中国第一家信托投资公司。

11月19—27日，中国人民银行在北京召开全国保险工作会议，停办20多年的国内保险业务开始复业。

1980年

1月14日，国务院批转国家经委、中国人民银行等部门《关于请批准轻工、纺织工业中短期专项贷款试行办法的报告》。

3月19日，国家外汇管理总局发出《关于中国银行发行"外汇兑换券"的通知》。

4月17日，国际货币基金组织执行董事会通过决议恢复中华人民共和国在基金组织的席位。

5月16日，中共中央、国务院批准《广东、福建两省会议纪要》，决定在广东省的深圳市、珠海市、汕头市和福建省的厦门市各划出一定范围的区域，试办经济特区。

10月9日，中国银行开始办理外汇调剂业务，外汇调剂市场在各地逐步建立。

12月18日，国务院发布《中华人民共和国外汇管理暂行条例》。

1981年

1月1日，经国务院批准，国家外汇管理总局决定对进出口贸易和非贸易外汇结算实行两种不同的汇价，即公开的对外牌价和贸易外汇内部结算价。

1月28日，国务院公布《中华人民共和国国库券条例》。

1月29日，国务院发布《关于切实加强信贷管理严格控制货币发行的决定》。

8月10日，国家外汇管理总局公布《对外国驻华机构及其人员的外汇管理施行细则》，同时公布《对外汇、贵金属和外汇票证等进出境的管理实施细则》。

12月23日，中国投资银行在北京成立。

12月31日，国务院批准《对个人的外汇管理施行细则》，以加强对个人持汇和用汇的管理。

1982年

1月18日，中国国际信托投资公司在日本东京发行了100亿日元的武士债券，中国金融机构首次进入国际债券市场发行海外债券。

2月11日，国务院批转中国人民银行《关于国内保险业务恢复情况和今后发展意见的报告》并发出通知，充分肯定保险存在的必要性。

7月14日，国务院批转中国人民银行《关于人民银行的中央银行职能及其与专业银行的关系问题的请示》，对中国人民银行行使中央银行职能和任务作了规定。中国农业银行、中国银行和中国人民建设银行为总局级经济单位，各专业银行总行业务上受中国人民银行总行的领导。

8月9日，中国人民银行总行发出通知，决定在国内恢复销售黄金制品。

10月26日，国家外汇管理局发布《关于加强留成外汇额度管理的暂行办法》。

1983 年

1月14日，国务院办公厅下发《关于中国人民建设银行、中国农业银行组织机构问题的通知》。

2月1日，中国人民银行发布《关于侨资外资金融机构在中国设立常驻代表机构的管理办法》。

6月15日，为加强对金银生产及销售的管理，国务院公布《中华人民共和国金银管理条例》。

6月25日，国务院批转《中国人民银行关于国营企业流动资金改由人民银行统一管理的报告》并发出通知，国务院决定国营企业的流动资金，改由中国人民银行统一管理。

8月1日，经国务院批准，国家外汇管理局发布《对侨资企业、外资企业、中外合资经营企业外汇管理施行细则》。

9月1日，国务院公布《中华人民共和国财产保险合同条例》，这是新中国成立之后第一部财产保险合同方面的法规。

9月17日，国务院作出《关于中国人民银行专门行使中央银行职能的决定》，规定中国人民银行是领导和管理全国金融事业的国家机关。

1984 年

1月1日，中国工商银行成立，原由中国人民银行办理的储蓄、信贷等商业银行业务划归中国工商银行办理，中国人民银行专门行使中央银行职能。

5月30日，国务院批转中国人民银行《关于各专业银行发放固定资产贷款分工问题的报告》并发出通知，指出基本建设贷款和技术改造贷款是两种性质不同、用途有别的资金。

8月6日，国务院下发《批转中国农业银行关于改革信用合作社管理体制的报告的通知》。

8月10日，中国人民银行上海市分行印发《关于发行股票的暂行管理办法》。

10月17日，中国人民银行发布《关于金融机构设置或撤并管理的暂行规定》，初步规定金融机构的市场准入和市场退出的法律准则。

11月18日，经中国人民银行上海市分行批准，上海飞乐音响股份有限公司公开向社会发行每股面值50元的股票1万股。

12月4日，中国人民银行印发《商业汇票承兑、贴现暂行办法》。

12月14日，国家计委、财政部、中国人民建设银行发布《关于国家预算内基本建设投资全部由拨款改为贷款的暂行规定》。

1985年

1月1日，国家外汇管理局宣布取消人民币贸易结算汇率，实行单一汇率。

2月18日，财政部、中国人民建设银行联合发出通知，将国营施工企业的国拨流动资金转为建设银行流动资金贷款。

3月3日，国务院公布《保险企业管理暂行条例》。

4月2日，国务院公布《中华人民共和国经济特区外资银行、中外合资银行管理条例》。

9月27日，深圳经济特区证券公司经中国人民银行总行批准开始试办，是新中国第一家证券公司。

12月14日，国家计委、财政部、中国人民建设银行发布《关于调整国家预算内基本建设投资拨款改贷款范围等问题的若干规定》，提出从1986年起，规定豁免本息的建设项目不再采用"拨改贷"方式进行管理，恢复拨款办法。

1986 年

1月6—10日，国家体改委和中国人民银行联合在广州市召开五城市金融体制改革试点座谈会，决定在广州、重庆、沈阳、武汉、常州进行金融体制改革试点，把银行同业拆借列为重要的金融体制改革试点内容。

1月7日，国务院公布《中华人民共和国银行管理暂行条例》，对建立以中央银行为领导的社会主义金融体系的一系列问题作了明确规定。

4月1日，经邮电部和中国人民银行商定，邮政储蓄在全国正式开办。

4月12日，六届全国人大四次会议通过并颁布《中华人民共和国外资企业法》。

4月26日，中国人民银行印发《金融信托投资机构管理暂行规定》，对信托业的资金来源作出限定。

7月15日，中国人民银行发布《城市信用合作社管理暂行规定》并发出通知，指出城市信用合作社为群众性合作金融组织，必须办成自主经营、独立核算、自负盈亏、民主管理的经济实体，不得办成银行或其他任何部门的附属机构。

7月30日，中国人民银行发出通知，决定自9月1日起，上海市和深圳经济特区各银行实行以"块块"为主的信贷资金差额包干管理办法。

9月26日，国家计委、财政部、中国人民建设银行发出《关于国家预算内基本建设"拨改贷"投资豁免本息有关问题的通知》。

11月26日，上海万国证券公司成立，这是上海首家证券公司。

1987 年

2月6日，中国人民银行发出《关于审批金融机构若干问题的通知》，对设立银行等金融机构的基本原则、条件及审批权限作了规定。

3月28日，国务院下发《关于加强股票、债券管理的通知》。

4月11日，中国人民银行颁布《全国银行统一会计基本制度（试行本）》，该制度适用于中国人民银行和专业银行各级机构。

4月25日，中国人民银行发出《关于储蓄存款利率规定的通知》，规定各专业银行和金融机构均须执行人民银行总行拟定的统一利率政策，不得擅自提高存款利率。

5月10日，深圳发展银行首次向社会公开发行股票，成为深圳第一股。

6月17日，中国人民银行印发《关于经济特区外资银行、中外合资银行业务管理的若干暂行规定》。

9月27日，中国第一家专业性证券公司——深圳经济特区证券公司正式成立。

10月1日，中国人民银行印发《非银行金融机构外汇的管理办法》。

11月2日，以该日为基期，中国工商银行上海市分行信托投资公司编制了上海静安股价指数，这是第一次编制股票指数。

1988 年

3月5日，经国务院批准，国家外汇管理局发布《金融机构代客户办理即期和远期外汇买卖管理规定》。

3月21日，招商局蛇口工业区和深圳工商银行合资成立平安保险公司，资本金为4500万元。这是我国第一家股份制、地方性的保险企业。

4月7日，深圳发展银行股票在深圳经济特区证券公司挂牌交易，成为全国第一只挂牌交易的股票。

4月13日，七届全国人大一次会议通过《中华人民共和国中外合作经营企业法》。

9月8日，国务院公布《现金管理暂行条例》，自10月1日起施行。

9月27日，国务院发布施行《基金会管理办法》。

1989年

1月12日，中国人民银行全国分行行长会议在北京召开，大会作了《加强宏观调控、整顿金融秩序、深化金融改革》的报告。

1月18日，中国人民银行发出《关于调整银行存款、贷款利率的通知》。对各档次存贷款利率分别提高2—3个百分点，并相应提高了人民银行对专业银行和其他金融机构的存贷款利率。

3月6日，中国人民银行发出《关于撤销融资公司的通知》，决定撤销中国人民银行系统的融资公司。

5月7日，中国人民银行发出《关于农村信用社存、贷款利率浮动问题的通知》，规定农村信用社存贷款率可以分别最高上浮70%与100%。

1990年

1月3日，中国人民银行发出《关于由总行外事局统一负责外资银行管理工作的通知》。从1990年1月1日起，对外资银行的管理、机构审批和日常监管由中国人民银行外事局统一负责。

5月9日，中国人民银行清算总中心正式成立。

9月8日,中国人民银行印发《上海外资金融机构、中外合资金融机构管理办法》。

10月12日,中国人民银行发出关于印发《证券公司管理暂行办法》的通知。

同日,中国人民银行发出关于印发《农村信用合作社管理暂行规定》的通知,规定农村信用合作社信贷资金管理的基本原则是以存定贷、自主运用、比例管理。

12月11日,中国人民银行发出关于印发《利率管理暂行规定》的通知,自1991年1月1日起施行。

12月19日,上海证券交易所正式开业,这是新中国成立以来在内地开的第一家证券交易所。

1991年

1月12日,国务院办公厅下发《关于加强经济体制改革协调工作的通知》。

4月11日,经国务院授权,中国人民银行批准正式成立深圳证券交易所。

4月26日,太平洋保险公司在上海成立。

8月28日,中国证券业协会在北京成立。

10月31日,中国南方玻璃股份有限公司与深圳市物业发展(集团)股份有限公司向社会公众招股,这是中国股份制企业首次发行B股。

12月14日,国务院批转国家计委、国家体改委、国务院生产办公室《关于选择一批大型企业集团进行试点请示》并发出通知,指出试点企业集团要逐步建立财务公司。

1992 年

2月21日，中国第一个人民币特种股票（B股）——上海真空电子器件股份有限公司在上海证券交易所挂牌上市。

3月18日，国务院公布《中华人民共和国国库券条例》。

7月13日，中国人民银行发出《关于农村信用社实行资产负债比例管理试点的通知》，开始在部分省市的农村信用社实行资产负债比例管理试点工作。

8月8日，中国第一个外汇调剂中心公开市场在北京正式开业。

10月14日，华夏银行成立，这是中国第一家由工业企业负责兴办的银行。

10月19日，深圳宝安企业（集团）股份有限公司发行1992年认股权证，这是中国首家发行权证的上市企业。

10月26日，国务院证券委员会在北京正式成立，同时成立监管执行机构——中国证券监督管理委员会。

12月11日，国务院公布《储蓄管理条例》，自1993年3月1日起施行。

12月28日，上海证券交易所首次开放国债期货交易，推出12个品种的国债期货合约。

1993 年

1月1日，国家外汇管理局印发《银行外汇业务管理规定》《非银行金融机构外汇业务管理规定》。

1月20日，国务院印发《中华人民共和国国家货币出入境管理办法》，自同年3月1日起施行。

4月22日，国务院公布《股票发行与交易管理暂行条例》。

4月28日，全国电子交易系统（NET系统）由中国证券交易系统有限公司在北京投入运行。

12月29日，八届全国人大常委会第五次会议通过《中华人民共和国公司法》。

1994年

1月1日，人民币官方汇率与外汇调剂市场汇率并轨，建立起以市场供求为基础的、有管理的浮动汇率制度。

1月8日，我国首家外汇交易中心——深圳外汇交易中心成立。

2月25日，国务院公布《中华人民共和国外资金融机构管理条例》。

4月1日，银行结售汇制度正式实施。

4月18日，全国统一的银行间外汇市场——中国外汇交易中心正式开业。

7月1日，中国进出口银行正式开业。

11月22日，中国人民银行发布《关于外汇兑换券停止流通和限期兑换的公告》，规定外汇兑换券从1995年1月1日起停止在市场上流通，境内机构持有的外汇兑换券可在1995年6月30日之前兑换。

1995年

1月1日，股票市场开始实行"T+1"交易制度。

3月18日，八届全国人大第三次会议通过《中华人民共和国中国人民银行法》，即日起颁布施行。

5月10日，八届全国人大常委会第十三次会议审议通过《中华人民共和国商业银行法》，自同年7月1日起施行。

6月22日，深圳城市合作银行正式成立，是全国第一家城市合作银行。

6月30日，八届全国人大常委会第十四次会议通过《中华人民共和国保险法》，自同年10月1日起施行。

10月5日，中国人民银行向社会发布接管公告，接管中银信托投资公司。

12月25日，国务院发布《关于股份有限公司境内上市外资股的规定》。

1996年

1月1日，由八届全国人大常委会第十三次会议通过的《中华人民共和国票据法》正式实施。

1月3日，全国统一银行同业拆借交易系统开始试运行。

1月12日，中国民生银行正式成立，是我国第一家以非国有企业为主要股东出资设立的股份制商业银行。

1月29日，国务院公布《中华人民共和国外汇管理条例》，自同年4月1日起施行。

3月1日，经国务院批准，中国人民银行授权国家外汇管理局组织在上海、江苏、大连、深圳对外商投资企业实行银行结售汇试点工作。

5月13日，国家外汇管理局印发《境内居民因私兑换外汇办法》，自同年7月1日起施行。

7月1日，经国务院批准，中国人民银行开始对外商投资企业实行银行结售汇，正式施行新修订的《结汇、售汇及付汇管理规定》。

8月22日，国务院印发《关于农村金融体制改革的决定》，提出把农村信用社逐步改为由农民入股、由社员民主管理、主要为入股社员服务的合作性金融组织。

11月27日,中国人民银行行长致函国际货币基金组织,宣布中国从同年12月1日起,实行人民币经常项目下的可兑换。

12月26日,中国证监会发布《关于股票发行与认购方式的暂行规定》,对三种新股发行与认购的方式加以确认,明确股票发行可采用"上网定价"发行方式、"全额预缴款"方式以及"与储蓄存款挂钩"方式。

1997 年

1月1日,我国全面推行国际收支统计申报制度。

4月16日,国家计委、国家外汇管理局联合发出关于印发《境外进行项目融资管理暂行办法》的通知。

6月6日,中国人民银行发出《关于禁止银行资金违规流入股票市场的通知》。

6月16日,银行间同业拆借中心开始办理银行间债券回购和现券交易,全国银行间市场正式运行。

9月30日,中国人民银行发布《关于允许中资企业保留一定限额外汇收入的通知》,决定从10月15日起,逐步允许中资企业开设外汇账户,保留一定限额的外汇收入。

11月14日,经国务院批准,国务院证券委发布《证券投资基金管理暂行办法》。

1998 年

3月21日,中国人民银行改革存款准备金制度,将商业银行的法定存款准备金和备付金两个账户合二为一,并降低商业银行的存款准备金率，由原来的13%降为8%。

4月1日，中国人民银行印发《企业债券发行与转让管理办法》。

5月5日，中国人民银行批准8家在上海经营人民币业务的外资银行进入全国同业拆借市场，允许进行人民币同业拆借、债券买卖和债权回收业务。

6月22日，中共中央金融工作委员会正式成立。

8月5日，国务院正式批转《证监会证券监管机构体制改革方案》并发出通知，明确提出建立全国统一、高效的证券期货监管体系，理顺中央和地方监管部门的关系，实行由证监会垂直领导的管理体制。

8月12日，中国证监会发出《关于证券投资基金配售新股有关问题的通知》。

10月12日，中国人民银行批准保险公司加入全国同业拆借市场，从事债券买卖业务。

10月25日，中国人民银行和国家外汇管理局联合发布《关于停办外汇调剂业务的通知》，决定取消外商投资企业的外汇调剂业务，统一纳入银行结售汇体系。

1999年

3月2日，中国人民银行印发新修订的《人民币利率管理规定》。

3月10日，1999年凭证式（一期）国债500亿元发行，分3年期和5年期两种，年利率分别为4.72%和5.13%。

4月20日，中国首家经营商业银行不良资产的公司——中国信达资产管理公司成立。

5月4日，经国务院批准，由上海金属交易所、上海商品交易所和上海粮油交易所合并组建的我国第3家期货交易所——上海期货交易所开始合并试营业。

6月2日，国务院正式公布《期货交易管理暂行条例》，同年9月1日起施行。

7月1日，经九届全国人大常委会第六次会议通过的《中华人民共和国证券法》正式实施。

7月8日，经国务院批准，中国人民保险（集团）公司当日正式宣告撤销。下设的中保财产保险有限公司、中保人寿保险有限公司和中保再保险有限公司分别更名为中国人民保险公司、中国人寿保险公司和中国再保险公司。

8月31日，中国证监会印发《期货交易所管理办法》《期货经纪公司管理办法》。

9月30日，国务院印发《对储蓄存款利息所得征收个人所得税的实施办法》。

11月11日，中国证监会发出《关于进一步做好证券投资基金配售新股工作的补充通知》，基金配售政策放宽。

2000年

1月3日，中国保监会印发《保险公司管理规定》。

2月2日，中国人民银行与中国证监会联合发布关于印发《证券公司股票质押贷款管理办法》的通知，允许符合条件的证券公司以自营的股票和证券投资基金券作为抵押，向商业银行借款。

2月3日，国务院公布《中华人民共和国人民币管理条例》，同年5月1日起施行。

4月30日，中国人民银行印发《全国银行间债券市场债券交易管理办法》。

5月18日，中国证监会正式发布《关于调整证券投资基金认购新股事项的通知》。

6月9日，中国证监会发出《关于涉及境内权益的境外公司在境外发行股票和上市有关问题的通知》。

6月16日，经中国保监会批准，国内首家保险经纪公司——江泰保险经纪有限公司在北京揭牌开业，标志着中国保险经纪市场正式启动。

10月8日，中国证监会发布《开放式证券投资基金试点办法》，商业银行可以开始买卖开放式基金，开放式基金管理公司也可以向商业银行申请短期贷款。

11月16日，中国保险行业协会在北京宣告成立，成立大会上通过《中国保险行业公约》。

11月23日，中国证监会发布《关于禁止非法公开发行或变相公开发行股票的公告》。

2001 年

1月22日，国家外汇管理局、海关总署联合发布《关于进行"口岸电子执法系统"出口收汇核销联网核查试点的通知》，决定在北京、上海、天津、广州试点运行出口收汇系统。

2月22日，中国证监会、国家外汇管理局联合发布《关于境内居民个人投资境内上市外资股若干问题的通知》，自2001年2月19日起，境内居民个人可以办理资金划转和开立B股资金账户。

同日，中国证监会发布《亏损上市公司暂停上市和终止上市实施办法》并发出通知，连续亏损的上市公司将依法退市。

5月25日，中国证监会发布《关于申请设立基金管理公司若干问题的通知》，引入"好人举手"（自律承诺）制度，将基金管理公司申请设立发起人的范围扩大。

9月21日，"华安创新"基金募满50亿基金单位并正式宣告成立，标志着我国证券投资基金业发展由封闭式证券投资基金进入开放式证券投资基金试点新阶段。

11月16日，中国保监会发布《保险公估机构管理规定》，自2002年1月1日起施行。

12月12日，国务院公布《中华人民共和国外资保险公司管理条例》，自2002年2月1日起施行。

12月13日，财政部、劳动和社会保障部印发《全国社会保障基金投资管理暂行办法》。

12月18日，我国首家国有政策性保险公司——中国出口信用保险公司在北京宣布成立。

12月20日，国务院公布《中华人民共和国外资金融机构管理条例》，自2002年2月1日起施行。

2002 年

1月25日，中国人民银行发布《中华人民共和国外资金融机构管理条例实施细则》。

4月1日，银行间外汇市场开设欧元对人民币交易。这是继美元、港币和日元之后开设的第四种外币对人民币交易。

同日，中国证监会、国家发展计划委员会、国家税务总局联合发布了《关于调整证券交易佣金收取标准的通知》，其核心是实行佣金浮动制。

6月1日，中国证监会发布《外资参股证券公司设立规则》，提前履行了证券业对外开放的承诺。

6月24日,国务院作出决定,除企业海外发行上市外,对国内上市公司停止执行《减持国有股筹集社会保障资金管理暂行办法》。

9月28日,中国证监会发布《上市公司收购管理办法》《上市公司股东持股变动信息披露管理办法》,同年12月1日起施行。

11月5日,中国证监会和中国人民银行联合制定的《合格境外机构投资者境内证券投资管理暂行办法》正式对外发布,同年12月1日起施行。

12月1日,经国家外汇管理局批准,上海、福建、山东、广东和江苏开始进行境外投资外汇管理改革试点。至此,包括浙江省从10月1日起试点在内,全国共有6个省(市)开展了境外投资外汇管理改革试点。

2003年

1月12日,中国第一家中外合资基金管理公司——招商基金,在深圳正式开业。

3月1日,中国人民银行发布的《金融机构反洗钱规定》《人民币大额和可疑支付交易报告管理办法》《金融机构大额和可疑外汇资金交易报告管理办法》实施。

4月25日,首家中外合资证券公司——华欧国际,在北京宣布成立。

4月28日,中国银行业监督管理委员会正式挂牌履行职责,标志着我国金融业分业监管体系已经基本成立。

6月2日,全国社保基金理事会与南方、博时、华夏、鹏华、长盛、嘉实等6家基金管理公司签订相关授权委托协议,全国社保基金正式进入证券市场。

6月27日,《国务院关于印发深化农村信用社改革试点方案的通知》发布，并决定在浙江等8个省（市）实施农村信用社体系改革试点。

7月9日，首批获得QFII（合格境外机构投资者）资格的瑞银证券亚洲有限公司下单买进4只A股，标志着外资迈出了进入中国A股市场的第一步。

8月28日，国家外汇管理局、海关总署联合发布《携带外币现钞出入境管理暂行办法》，调整并统一了居民和非居民个人携带外币现钞出入境标准，以满足个人的合理日常需求，自2003年9月1日起施行。

9月1日，国家外汇管理局发布《关于调整境内居民个人经常项目下购汇政策的通知》，提高了居民个人经常项目下的购汇限额，并扩大了供汇范围，自2003年10月1日起施行。

9月9日，国家外汇管理局发布《关于银行间外汇市场开展双向交易的通知》，允许中国外汇交易中心自2003年10月1日起，在银行间外汇市场实行双向交易。

12月27日，十届全国人大常务委员会第六次会议通过《中华人民共和国银行业监督管理法》，并自2004年2月1日起施行。

12月28日，中国银行业监督管理委员会发布《境外金融机构投资入股中资金融机构管理办法》，规定入股中资银行的资格条件和持股比例。

2004年

1月31日，国务院发布《关于推进资本市场改革开放和稳定发展的若干意见》。

4月12日，中国人民银行颁布《全国银行间债券市场债券买断式回购业务管理规定》。

5月20日，中小企业板块获准在深交所设立。

6月17日，中国人民银行、中国银监会发布《商业银行次级债券发行管理办法》，规范商业银行发行次级债券行为，维护投资者合法权益。

8月17日，国务院办公厅发布《关于进一步深化农村信用社改革试点的意见》，农村信用社改革进入新阶段。

8月18日，深交所获准推出LOF（上市开放式基金）。

8月26日，中国银行整体改制为中国银行股份有限公司。

9月17日，中国建设银行股份有限公司挂牌成立。

10月24日，中国保监会和证监会联合发布《保险机构投资者股票投资管理暂行办法》，允许保险机构投资者在严格监管的前提下直接投资股票市场。

11月5日，中国人民银行、中国银监会、中国证监会联合出台《证券公司股票质押贷款管理办法》。

12月7日，中国人民银行发布《全国银行间债券市场债券交易流通审核规则》，建立了较为全面的信息披露制度，对信用评级和担保要求作出了相应规定。

12月13日，中国证监会发布了《关于首次公开发行股票试行询价制度若干问题的通知》，标志着询价制正式推出。

12月30日，中国人民银行发布《在银行间债券市场发行债券的信用评级的有关具体事项公告》，对在银行间债券市场发行债券信用评级的有关具体事项进行要求。

2005年

2月4日，国家外汇管理局发布《关于调整经常项目外汇账户限额管理办法的通知》，延长境内机构超限额结汇期限，扩大按实际外汇收入100%核定经常项目外汇账户限额的企业范围。

2月7日、2月17日，中国保监会分别发布《保险公司股票资产托管指引（试行）》《关于保险机构投资者股票投资有关问题的通知》，明确了保险资金直接投资股票市场涉及的资产托管、投资比例、风险监控等有关问题。

2月18日，中国人民银行会同财政部、发展和改革委、证监会联合发布了《国际开发机构人民币债券发行管理暂行办法》，允许国际开发机构在境内发行人民币债券。

2月20日，中国人民银行、中国银监会和中国证监会联合发布《商业银行设立基金管理公司试点管理办法》。

4月21日，国家运用外汇储备通过中央汇金公司向工商银行注资150亿美元，工商银行股份制改革正式启动。

4月27日，中国人民银行发布《全国银行间债券市场金融债券发行管理办法》，同年6月1日起施行。

5月19日，国家外汇管理局发布《关于扩大境外投资外汇管理改革试点有关问题的通知》，将试点地区扩大到全国。

7月5日，由平安保险集团和汇丰银行两大金融机构持股的平安银行总部正式落户上海，平安持股比例达到73%，汇丰持股27%。

7月18日，经中国人民银行批准，中国工商银行上海市分行和上海黄金交易所共同合作开发的个人黄金交易系统开通，国内首个个人实物黄金投资品种——"金行家"试运行。

7月21日，中国人民银行发布《关于完善人民币汇率形成机制改革的公告》，实施人民币汇率形成机制改革。

8月8日，中国银行业监督管理委员会发布《货币经纪公司试点管理办法》。

8月23日，中国证监会等五部门联合发布《关于上市公司股权分置改革的指导意见》，就下一步上市公司股权分置改革提出了指导思想和总体要求。

8月25日，第一家省级农商行——上海农村商业银行成立。

10月27日，作为第一家成功上市的国有商业银行，建行股份在香港联交所挂牌上市。

12月19日，全国首家合资货币经纪公司——上海国利货币经纪有限公司成立，标志着货币经纪服务正式进入中国金融市场。

12月31日，商务部等五部门联合发布《外国投资者对上市公司战略投资管理办法》，允许外国投资者对已完成股权分置改革的上市公司进行战略性投资。

2006年

5月25日，全流通条件下的IPO第一单亮相，中工国际发行6000万A股。

6月15日，国务院发布《关于保险业改革发展的若干意见》。

8月1日，银行间即期外汇市场正式开设英镑/人民币交易，银行间即期外汇市场的外币交易币种扩大到5个。

8月24日，中国证监会、中国人民银行、国家外汇管理局联合发布《合格境外机构投资者境内证券投资管理办法》，同年9月1日起施行。

9月8日，中国金融期货交易所在上海挂牌成立，股指期货仿真交易开始操练。

10月31日，《中华人民共和国反洗钱法》经十届全国人大常委会第二十四次会议审议通过，于2007年1月1日开始施行。

11月11日，国务院发布《中华人民共和国外资银行管理条例》，允许外资银行以独立法人的形式存在。

11月24日，中国银监会发布《中华人民共和国外资银行管理条例实施细则》，自2006年12月11日起施行。

12月25日，中国人民银行发布《个人外汇管理办法》，决定自2007年2月1日起对个人结汇和境内个人购汇实行年度总额管理。

2007年

1月23日，中国银监会颁布《金融租赁公司管理办法》《信托公司管理办法》，均自2007年3月1日起施行。

3月20日，中国邮政储蓄银行正式揭牌成立。

4月9日，中国证监会发布《期货交易所管理办法》《期货公司管理办法》，自2007年4月15日起施行。

6月18日，中国证监会发布《合格境内机构投资者境外证券投资管理试行办法》和相关通知，QDII制度开始实施。

6月26日，国家开发银行在香港举行首笔香港人民币债券发行仪式。

7月25日，中国保监会、中国人民银行和国家外汇管理局联合发布《保险资金境外投资管理暂行办法》，自公布之日起施行。

9月29日，中国投资有限责任公司成立。中投公司的成立被视为中国外汇管理体制改革的标志性事件。

2008年

4月29日，国家外汇管理局发布《货币经纪公司外汇经纪业务管理暂行办法》，进一步发展外汇市场，提高外汇衍生产品市场流动性。

6月20日，最后一只股改权证——南航认沽权证——存续期满，自此，股改权证彻底退出资本市场。

8月1日，国务院第20次常务会议修订通过《中华人民共和国外汇管理条例》，自公布之日起施行。

9月1日，《保险公司偿付能力管理规定》正式施行，首次引入资本充足率指标。

9月11日，中国保监会、财政部、中国人民银行联合发布《保险保障基金管理办法》，自公布之日起施行。

10月23日，国家外汇管理局批准中国外汇交易中心推出银行间外汇市场询价交易净额清算业务。

12月16日，国家开发银行股份有限公司正式挂牌成立。

12月26日，中国银监会发布《关于外商独资银行、中外合资银行在银行间债券市场交易及承销非金融企业债务融资工具有关事项的通知》，允许外资独资银行与中外合资银行在银行间债券市场交易及承销金融债券和非金融企业债务融资工具，但事后须向所在地银监局报告。

2009年

1月23日，中国银监会发布《信托公司证券投资信托业务操作指引》，是第一个规范证券类信托产品的文件。

3月31日，中国证监会发布《首次公开发行股票并在创业板上市管理暂行办法》，明确创业板的上市发行门槛不变，仍采用两套上市财务标准。

6月6日，深交所正式发布《创业板股票上市规则》，同年7月1日起施行。

6月10日，中国证监会正式公布《关于进一步改革和完善新股发行体制的指导意见》，完善询价和申购的报价约束机制。

6月27日，十一届全国人大常务委员会第九次会议审议通过《中华人民共和国统计法》，自2010年1月1日起实施。

7月1日，中国人民银行、财政部、商务部、海关总署、国家税务总局和中国银监会联合发布《跨境贸易人民币结算试点管理办法》。

7月6日，上海市办理第一笔跨境贸易人民币结算业务，人民币跨境收付信息管理系统（RCPMIS）正式上线运行。

7月7日，华夏基金吸收合并中信基金获得中国证监会批准，国内首例基金公司并购案完成。

9月15日，财政部首次在香港发行人民币国债，债券金额共计60亿元人民币。

10月30日，创业板正式揭开帷幕，首批28只股票同日挂牌。

11月19日，国家外汇管理局发布《关于进一步完善个人结售汇业务管理的通知》，对个人分拆结售汇行为实行针对性管理，防范异常资金通过个人渠道流出流入。

2010年

2月11日，国务院发布《中华人民共和国审计法实施条例》，同年5月1日起施行。

3月19日，中国人民银行和海关总署签署《关于跨境贸易以人民币结算协调工作合作备忘录》。

4月16日，股指期货合约正式上市交易，挂牌基准价定为3399点。

6月10日，国务院发布《关于加强地方政府融资平台公司管理有关问题的通知》。

6月17日，中国人民银行等六部门联合发布《关于扩大跨境贸易人民币结算试点有关问题的通知》，扩大跨境贸易人民币结算试点范围。

10月28日，十一届全国人大常务委员会第十七次会议审议通过《中华人民共和国社会保险法》，自2011年7月1日起实施。

12月1日，在全国范围内推广实施进口付汇核销制度改革，95%以上进口企业的正常付汇业务无须再办理核销手续，全面取消银行为企业办理进口付汇业务的联网核查手续。

2011年

1月6日，中国人民银行发布《境外直接投资人民币结算试点管理办法》，允许跨境贸易人民币结算试点地区的银行和企业开展境外直接投资人民币结算试点。

6月30日，十一届全国人大常委会第二十一次会议表决通过《全国人大常委会关于修改〈中华人民共和国个人所得税法〉的决定》。

7月27日，中国人民银行、财政部、商务部、海关总署、国家税务总局、中国银监会发布《关于扩大跨境贸易人民币结算地区的通知》，明确将跨境贸易人民币结算境内地域范围扩大至全国。

11月25日，沪深交易所分别发布《融资融券交易实施细则》，融资融券业务由试点转为常规。同时，沪深交易所还分别调整融资融券标的证券范围。

12月16日，中国证监会、中国人民银行、国家外汇管理局联合发布《基金管理公司、证券公司人民币合格境外机构投资者境内证券投资试点办法》。

12月19日，银行间市场清算所股份有限公司正式向银行间市场提供现券交易净额清算服务，标志着银行间债券市场集中清算机制的正式建立。

2012 年

2月3日，中国人民银行、财政部、商务部、海关总署、国家税务总局和中国银监会联合发布《关于出口货物贸易人民币结算企业管理有关问题的通知》。

4月3日，经国务院批准，香港地区人民币合格境外机构投资者（RQFII）试点额度增加500亿元人民币。

6月1日，经中国人民银行授权，中国外汇交易中心在银行间外汇市场完善人民币对日元的交易方式，发展人民币对日元直接交易。

6月7日，基金行业的自律组织——中国证券投资基金业协会，在北京挂牌成立。

8月31日，两岸货币管理机构签署《海峡两岸货币清算合作备忘录》。

9月16日，国务院办公厅发布《关于促进外贸稳定增长的若干意见》。

10月31日，中国证监会发布修订后的《证券投资基金管理公司子公司管理暂行规定》。

12月7日，国家外汇管理局修改并重新发布《合格境外机构投资者境内证券投资外汇管理规定》，提高特殊类型QFII机构投资额度上限。

12月26日，国务院第228次常务会议通过《征信业管理条例》，自2013年3月15日起施行。

12月31日，中国人民银行、中国证监会签署《关于加强证券期货监管合作共同维护金融稳定的备忘录》。

2013 年

2月16日，中国银监会办公厅发布《关于做好2013年农村金融服务工作的通知》。

3月1日，中国证监会、中国人民银行、国家外汇管理局联合发布《人民币合格境外机构投资者境内证券投资试点办法》。

3月11日，中国证监会、中国人民银行、国家外汇管理局发布《关于人民币合格境外机构投资者境内证券投资试点有关问题的通知》，配合人民币合格境外机构投资者试点扩大。

6月21日，两岸签署《海峡两岸服务贸易协议》，允许台资金融机构以人民币合格境外机构投资者（RQFII）方式投资大陆资本市场，投资额度考虑按1000亿元掌握。

7月1日，国务院办公厅发布《关于金融支持经济结构调整和转型升级的指导意见》。

8月8日，国务院办公厅发布《关于金融支持小微企业发展的实施意见》。

9月29日，中国（上海）自由贸易试验区挂牌成立。

12月12日，信达资产在香港联合交易所主板挂牌上市，成为首家登陆国际资本市场的中国金融资产管理公司。

12月13日，国务院发布《关于全国中小企业股份转让系统有关问题的决定》。

12月21日，中国银监会、发展和改革委、工业和信息化部、财政部、商务部、中国人民银行、国家工商总局、国务院法制办等八部委联合发布了《关于清理规范非融资性担保公司的通知》，对非融资性担保公司清理规范时限、强化监管措施、严守风险底线等提出了明确要求。

2014年

1月7日，中国人民银行联合科技部、银监会、证监会、保监会和国家知识产权局发布《关于大力推进体制机制创新扎实做好科技金融服务的意见》。

1月28日,中国人民银行发布《关于建立场外金融衍生产品集中清算机制及开展人民币利率互换集中清算业务有关事宜的通知》。

3月13日,中国人民银行、财政部、商务部、海关总署、国家税务总局和中国银监会联合发布《关于简化出口货物贸易人民币结算企业管理有关事项的通知》。

5月9日,国务院发布《关于进一步促进资本市场健康发展的若干意见》("新国九条"),明确提出到2020年,基本形成结构合理、功能完善、规范透明、稳健高效、开放包容的多层次资本市场体系。

5月14日,中国证监会公布《首次公开发行股票并在创业板上市管理办法》。

8月14日,中国银监会、财政部、中国人民银行、中国证监会、中国保监会联合发布《金融资产管理公司监管办法》。

9月21日,国务院发布《关于加强地方政府性债务管理的意见》。

9月30日,经中国人民银行授权,中国外汇交易中心在银行间外汇市场完善人民币对欧元的交易方式,发展人民币对欧元直接交易。

10月29日,国务院第67次常务会议通过《存款保险条例》,自2015年5月1日起施行。

11月27日,国务院发布《关于修改〈中华人民共和国外资银行管理条例〉的决定》,允许外资银行、中外合资银行和外国银行分行按照银监会批准的业务范围,在银行间市场从事"债券买卖"业务。

12月10日,中国银监会、财政部联合发布《信托业保障基金管理办法》。

12月27日,国务院发布《关于改革和完善中央对地方转移支付制度的意见》。

2015 年

1月6日，中国证券业协会发布《证券市场资信评级机构评级业务实施细则（试行）》。

3月30日，国家外汇管理局发布《关于改革外商投资企业外汇资本金结汇管理方式的通知》，在全国范围内实行外商投资企业外汇资本金意愿结汇制度。

4月8日，国务院办公厅发布《自由贸易试验区外商投资准入特别管理措施（负面清单）》。

5月28日，中国人民银行发布《关于境外人民币业务清算行、境外参加银行开展银行间债券市场债券回购交易的通知》。

6月22日，《国务院办公厅转发〈银监会关于促进民营银行发展指导意见〉的通知》发布。

7月1日，中国证监会发布《证券公司融资融券业务管理办法》。

7月18日，中国人民银行等十部门联合发布《关于促进互联网金融健康发展的指导意见》。

9月21日，中国人民银行批复同意香港上海汇丰银行有限公司和中国银行（香港）有限公司在银行间债券市场发行金融债券，这是国际性商业银行首次获准在银行间债券市场发行人民币债券。

10月8日，人民币跨境支付系统（一期）成功上线运行。

10月24日，中国人民银行宣布放开存款利率浮动上限，标志着利率市场化改革迈出关键性的一步。

11月30日，国际货币基金组织执董会决定将人民币纳入特别提款权（SDR）货币篮子，SDR货币篮子相应扩大至美元、欧元、人民币、日元、英镑等5种货币，人民币在SDR货币篮子中的权重为10.92%，新的SDR货币篮子将于2016年10月1日生效。

12月17日，中国证监会、中国人民银行联合发布《货币市场基金监督管理办法》，自2016年2月1日起施行。

12月21日，中国银监会发布《商业银行流动性覆盖率信息披露办法》。

2016年

1月15日，国务院发布《关于印发推进普惠金融发展规划（2016—2020年）的通知》。

2月1日，中国人民银行、中国银监会联合发布《关于调整个人住房贷款政策有关问题的通知》，加强住房金融的宏观调控。

4月12日，国务院办公厅发布《关于印发互联网金融风险专项整治工作实施方案的通知》。

5月27日，国家外汇管理局发布《关于境外机构投资者投资银行间债券市场有关外汇管理问题的通知》，规范境外机构投资者投资银行间债券市场外汇管理。

6月7日，中国人民银行、中国银监会发布《银行卡清算机构管理办法》，明确了境外银行卡清算机构参与我国银行卡清算市场的3种方式。

7月11日，中国银行（香港）有限公司以直接参与者身份接入人民币跨境支付系统（CIPS），这是CIPS的首家境外直接参与者。

8月30日，中国人民银行与国家外汇管理局联合发布《关于人民币合格境外机构投资者境内证券投资管理有关问题的通知》，对人民币合格境外机构投资者（RQFII）实施便利化改革。

9月11日，中国证监会公布《公开募集证券投资基金运作指引第2

号——基金中基金指引》。

9月30日，中国证监会新闻发言人指出，今后证监会原则上不再对合格境外机构投资者（QFII）、人民币合格境外机构投资者（RQFII）资产配置比例作出限制。

10月18日，申港证券在中国（上海）自由贸易试验区正式开业，是首家根据CEPA补充协议设立的合资证券公司。

12月5日，深港股票市场交易互联互通机制正式开通。

12月12日，中国证监会发布《证券期货投资者适当性管理办法》，自2017年7月1日起施行。

2017年

1月17日，国务院发布《关于扩大对外开放积极利用外资若干措施的通知》，要求服务业重点放宽银行类金融机构、证券公司、证券投资基金管理公司、期货公司、保险机构、保险中介机构外资准入限制，放开会计审计、建筑设计、评级服务等领域外资准入限制。

3月10日，中国银监会办公厅发布《关于外资银行开展部分业务有关事项的通知》，外商独资银行、中外合资银行、外国银行分行可以依法合规与母行集团开展境内外业务协作。

5月15日，中国人民银行发布《关于印发〈人民币跨境收付信息管理系统管理办法〉的通知》。

7月2日，中国人民银行与香港金融管理局发布联合公告，决定批准香港与内地"债券通"上线。

8月23日，中国银监会发布《网络借贷信息中介机构业务活动信息披露指引》《信息披露内容说明》。

9月4日，中国人民银行等七部门联合发布《关于防范代币发行融资风险的公告》。

12月13日,中国人民银行与证监会联合发布《绿色债券评估认证行为指引(暂行)》,完善绿色债券评估认证制度。

12月29日,中国人民银行、银监会、证监会和保监会联合发布《关于规范债券市场参与者债券交易业务的通知》,规范债券交易行为。

2018年

1月13日,中国银监会发布《关于进一步深化整治银行业市场乱象的通知》,明确整治银行业市场乱象工作要点。

3月22日,中国证监会《关于开展创新企业境内发行股票或存托凭证试点的若干意见》经国务院办公厅批准转发,支持创新企业在境内发行股票或者存托凭证。

3月23日,彭博宣布将人民币计价的中国国债和政策性银行债券纳入彭博巴克莱全球综合指数。

4月8日,中国银行保险监督管理委员会正式挂牌,中国银行业监督管理委员会和中国保险监督管理委员会成为历史。

4月27日,中国人民银行、中国银保监会、中国证监会、国家外汇管理局联合发布《关于规范金融机构资产管理业务的指导意见》。

4月28日,中国银保监会发布《保险公司信息披露管理办法》。

同日,中国证监会发布《外商投资证券公司管理办法》。

8月6日,中国人民银行将远期售汇业务的外汇风险准备金率从0调整为20%,以加强宏观审慎管理,防范宏观金融风险。

9月8日,中国人民银行、财政部联合发布《全国银行间债券市场境外机构债券发行管理暂行办法》,规范境外机构债券发行。

11月18日,中共中央、国务院发布《关于建立更加有效的区域协调发展新机制的意见》。

12月21日，中国人民银行发布《关于设立定向中期借贷便利支持小微企业和民营企业融资的通知》。

2019年

1月30日，中国证监会发布《关于在上海证券交易所设立科创板并试点注册制的实施意见》。

3月1日，中国证监会发布《科创板首次公开发行股票注册管理办法（试行）》《科创板上市公司持续监管办法（试行）》。

5月15日，中国人民银行、中国证监会联合发布《关于做好开放式债券指数证券投资基金创新试点工作的通知》。

5月25日，中国人民银行、国家外汇管理局联合发布《存托凭证跨境资金管理办法（试行）》。

8月8日，国务院办公厅发布《关于促进平台经济规范健康发展的指导意见》。

9月10日，国家外汇管理局公告取消合格境外机构投资者（QFII）和人民币合格境外机构投资者（RQFII）投资额度限制。

9月30日，中国人民银行与国家外汇管理局联合发布《关于进一步便利境外机构投资者投资银行间债券市场有关事项的通知》。

11月15日，国务院发布《关于在自由贸易试验区开展"证照分离"改革全覆盖试点的通知》。

11月26日，中国人民银行、发展和改革委、财政部、中国证监会发布《信用评级业管理暂行办法》。

12月18日，中国银保监会发布修订后的《中华人民共和国外资银行管理条例实施细则》。

2020 年

2月14日，证监会、财政部、人民银行、银保监会联合发布《关于商业银行、保险机构参与中国金融期货交易所国债期货交易的公告》，允许符合条件的试点商业银行和具备投资管理能力的保险机构，按照依法合规、风险可控、商业可持续的原则，参与中国金融期货交易所国债期货交易。

3月1日，中国证监会办公厅发布《关于公开发行公司债券实施注册制有关事项的通知》，自2020年3月1日起，公司债券公开发行实行注册制。

4月9日，中共中央、国务院印发《关于构建更加完善的要素市场化配置体制机制的意见》。

6月12日，中国证监会发布《创业板首次公开发行股票注册管理办法（试行）》《创业板上市公司证券发行注册管理办法（试行）》《创业板上市公司持续监管办法（试行）》《证券发行上市保荐业务管理办法》，自公布之日起施行。

7月3日，中国人民银行、中国银保监会、中国证监会、国家外汇管理局联合发布《标准化债权类资产认定规则》，明确标债资产与非标资产的界限、认定标准及监管安排。

9月18日，中国人民银行等八部门联合发布《关于规范发展供应链金融支持供应链产业链稳定循环和优化升级的意见》，建立供应链金融规范发展政策框架。

9月25日，中国证监会、中国人民银行、国家外汇管理局联合发布《合格境外机构投资者和人民币合格境外机构投资者境内证券期货投资管理办法》。

12月25日，中国人民银行、发展和改革委、中国证监会联合发布《公司信用类债券信息披露管理办法》，统一公司信用类债券信息披露标准。

2021年

1月4日，中国人民银行等六部门联合发布《关于进一步优化跨境人民币政策支持稳外贸稳外资的通知》。

1月5日，中国人民银行、国家外汇管理局发布《关于调整境内企业境外放款宏观审慎调节系数的通知》，将境内企业境外放款的宏观审慎调节系数由0.3调至0.5。

2月2日，国务院发布《关于加快建立健全绿色低碳循环发展经济体系的指导意见》。

4月15日，国务院办公厅发布《关于服务"六稳""六保"进一步做好"放管服"改革有关工作的意见》。

6月10日，十三届全国人大常委会第二十九次会议通过《中华人民共和国印花税法》，自2022年7月1日起施行。

同日，会议通过《中华人民共和国海南自由贸易港法》，自公布之日起施行。

8月18日，中国人民银行等六部门联合发布《关于推动公司信用类债券市场改革开放高质量发展的指导意见》。

9月10日，人民银行、银保监会、证监会、外汇局、广东省人民政府、香港特别行政区政府与澳门特别行政区政府共同举办了"跨境理财通"业务试点启动仪式。

9月15日，中国人民银行发布《关于开展内地与香港债券市场互联互通南向合作的通知》。

10月30日，中国证监会发布《北京证券交易所上市公司证券发行注册管理办法（试行）》。

2022 年

1月29日，中国人民银行、国家外汇管理局发布《关于银行业金融机构境外贷款业务有关事宜的通知》，进一步支持和规范境内银行开展境外贷款业务。

2月22日，《中共中央 国务院关于做好2022年全面推进乡村振兴重点工作的意见》发布，提出强化乡村振兴金融服务。

3月16日，中国人民银行批准中国中信金融控股有限公司（筹）和北京金融控股集团有限公司的金融控股公司设立许可。

4月6日，中国人民银行发布《中华人民共和国金融稳定法（草案征求意见稿）》。

4月18日，由浙江农村信用社联合社改制组建的浙江农商联合银行正式揭牌，标志着以省联社改革为重点的农信社改革进入实质性推进阶段。

5月27日，中国人民银行、中国证监会、国家外汇管理局发布联合公告〔2022〕第4号（关于进一步便利境外机构投资者投资中国债券市场有关事宜），统筹同步推进银行间和交易所债券市场对外开放。

7月4日，中国人民银行、香港证监会、香港金管局发布联合公告，宣布香港与内地利率互换市场互联互通合作（简称互换通）启动建设，便利境外投资者参与境内人民币利率互换市场，支持构建高水平金融开放格局。

7月29日，中国银行间市场交易商协会作为主任单位，牵头绿色债券标准委员会发布《中国绿色债券原则》，标志着国内初步统一、与国际接轨的绿色债券标准正式建立。

11月18日,中国人民银行等八部门印发《上海市、南京市、杭州市、合肥市、嘉兴市建设科创金融改革试验区总体方案》。

图书在版编目（CIP）数据

金融体制改革/尚福林，吴晓灵主编. -- 北京：中国工人出版社，2024. -- ISBN 978-7-5008-8031-8

Ⅰ.F832.1

中国国家版本馆CIP数据核字第2024YF4996号

金融体制改革

出 版 人	董　宽
责任编辑	杨　轶　孟　阳
责任校对	张　彦
责任印制	栾征宇
出版发行	中国工人出版社
地　　址	北京市东城区鼓楼外大街45号　邮编：100120
网　　址	http://www.wp-china.com
电　　话	（010）62005043（总编室）
	（010）62005039（印制管理中心）
	（010）62382916（工会与劳动关系分社）
发行热线	（010）82029051　62383056
经　　销	各地书店
印　　刷	北京印刷集团有限责任公司
开　　本	710毫米×1000毫米　1/16
印　　张	27.25
字　　数	316千字
版　　次	2024年9月第1版　2024年9月第1次印刷
定　　价	78.00元

本书如有破损、缺页、装订错误，请与本社印制管理中心联系更换
版权所有　侵权必究